**WERNER FÄRBER**

# Alsterwasser

WERNER FÄRBER

# Alsterwasser

*Genusskrimi*

GMEINER SPANNUNG

Bisherige Veröffentlichungen im Gmeiner-Verlag:
Baumkiller (2015), Wer mordet schon in Ulm, um Ulm und um Ulm herum (2015), Das Krokodil im Silbersee (2014, E-Book Only), Der Mops im Container (2014, E-Book Only)

Besuchen Sie uns im Internet:
www.gmeiner-verlag.de


Im Ehnried 5, 88605 Meßkirch
Telefon 07575/2095-0
info@gmeiner-verlag.de

1. Auflage 2016

Lektorat: Sven Lang
Herstellung: Mirjam Hecht
Umschlaggestaltung: U.O.R.G. Lutz Eberle, Stuttgart
unter Verwendung eines Fotos von: © akuepper / photocase.de
Druck: GGP Media GmbH, Pößneck
Printed in Germany
ISBN 978-3-8392-1846-4

Personen und Handlung sind frei erfunden.
Ähnlichkeiten mit lebenden oder toten Personen
sind rein zufällig und nicht beabsichtigt.

# 1. KAPITEL

»Sauerkraut-Lasagne?« Phil dreht sich zu Lea hin, drückt das Kopfkissen zurecht, um seinen Nacken zu entlasten, und betrachtet sie von der Seite, als hätte sie den Verstand verloren. Oder ihm ein zweifelhaftes oder gar widerwärtiges Angebot unterbreitet.

»Du magst also kein Sauerkraut?« Die Hände hinter dem Kopf verschränkt, den Blick Richtung Zimmerdecke gerichtet, betrachtet Lea die tanzenden Spektralfarben, die von den morgendlichen Sonnenstrahlen durch die im Fenster hängenden Glaskristalle projiziert werden. Sie muss nicht zu ihm hinübersehen, um zu wissen, dass Phil ihren nackten Körper mustert. Auch ist es ihr keineswegs unangenehm. Obwohl ihre Beziehung noch kurz ist, fühlt sie sich behaglich vertraut mit ihm. »Oder ist es etwa die Pasta, die dich stört?« Lea selbst hat diese deutsch-italienische Pasta-Variante auf Anhieb geschmeckt. Inzwischen hat sie das Gericht individualisiert und ihre spezielle Version der Sauerkraut-Lasagne bereits mehrfach zubereitet und mit jedem Mal ist sie ihr besser gelungen. Also plant sie sie für heute Abend als Hauptgang ein.

»Nein. Wenn du so fragst, mag ich beides. Ein schönes Sauerkraut finde ich durchaus lecker und für Pasta bin ich auch immer zu haben. – Aber in Kombination? Das ist ja wie …«

»Pass jetzt bloß auf, was du sagst«, warnt ihn Lea, während er nach einem geeigneten Vergleich sucht.

»Matjes auf Himbeermarmelade?«

Sie dreht sich zu ihm hin, legt den Arm um ihn und schaut ihm herausfordernd in die Augen. »Was hast du gegen Matjes mit Himbeermarmelade?«

»Du schielst.«

»Du auch. Lenk nicht ab.«

»Weißwurst mit Milchreis?«

»Mhm. Exotisch – aber denkbar.«

»Sushi mit Kartoffelpüree?«

Mit gespieltem Entsetzen rückt sie von ihm ab. »Das ist ja wohl ein absolutes No-go.«

»No-go! Eben. Genau das meine ich.«

»Du willst also allen Ernstes diese abartige Kombination aus japanischer Exotik und solider deutscher Hausmannskost mit meiner Sauerkraut-Lasagne vergleichen?«

Allmählich scheint er zu begreifen, dass es sich bei ihrer Ankündigung, heute Abend tatsächlich mit dieser für ihn undenkbaren Pasta-Version aufzuwarten, nicht um einen Scherz gehandelt hat. »Wozu haben wir uns dann gestern in Büsum mit Krabben und Matjes eingedeckt?«

»Für jetzt, zum Frühstück.«

»Was?«

»Wieso nicht?«

»Fisch? Zum Frühstück?«

»Was spricht dagegen? Gestern im Fischgeschäft sagtest du noch, dir liefe bereits beim Anblick das Wasser im Mund zusammen.«

»Lea, bitte, das war nachmittags. Ich liebe Fisch, ich liebe Meeresfrüchte. Aber alles zu seiner Zeit. Mittags, abends, wunderbar. Oder als Snack zwischendurch beim Hafenspaziergang – ein leckeres Matjesbrötchen auf die Hand –

großartig! Aber doch nicht früh morgens! Da brauche ich Marmelade, Honig, Müsli …«

»Sag jetzt nicht Rübenkraut.«

»… Rübenkraut.«

Leas Gesichtszüge entgleisen. Sie ist erst seit wenigen Wochen mit Phil zusammen. Da sie in Hamburg und er in Berlin lebt und sie bisher lediglich vier Nächte bei ihm verbrachte, ist die Beziehung viel zu frisch, um gegenseitig alle Essgewohnheiten zu kennen. Das augenblickliche Hamburg-Wochenende hat sich kurzfristig ergeben. Phil hatte in den vergangenen Tagen beruflich in Kiel zu tun. Bei einem ihrer abendlichen Skype-Dates sind sie darauf gekommen, dass sein Aufenthalt dort in nahezu wunderbarer Weise zu Leas Plänen passt. Ihre Umweltgruppe plante anlässlich des Tages der Bundeswehr eine medienwirksame Aktion im Flensburger Hafen. Also verabredeten sie, dass Phil sie dort treffen und abholen könnte, um anschließend das restliche Wochenende in Hamburg zu verbringen. Es ist das erste Mal, dass Phil bei ihr übernachtet.

Kennengelernt haben sie sich, als Phil und sein Berliner Freund Chris für einen Wochenendtrip in der Hansestadt waren. Zunächst outeten sich die beiden zu Leas großem Bedauern ohne Umschweife als schwules Paar. Während sie Chris, den sie während ihrer Berlinbesuche auch wiedergetroffen hat, durchaus sympathisch und nett fand, konnte sie sich bei Phil gleich am ersten Abend etwas mehr vorstellen. Kaum war er mit seinem vermeintlichen Lover wieder zurück in Berlin, meldete sich Phil bei Lea, um ihr zu gestehen, dass er und sein Freund das schwule Pärchen just for fun gegeben haben und dass er in Wirklichkeit hetero sei und sich während des Hamburgwochenendes Hals über Kopf in sie verliebt habe. Da Lea ihre

Gefühle bis zu Phils Anruf aufgrund der vermeintlichen Homosexualität bewusst im Zaum hielt, fiel ihr die Antwort am Ende des Telefonats, ob sie eventuell Lust habe, ihn in Berlin zu besuchen, nicht schwer. Der Umstand, dass ein paar Kilometer Distanz zwischen ihr und ihrem neuen Lover liegen, ist ihr im Übrigen zumindest für den Augenblick ganz recht. Sie kann nichts Negatives daran finden, es langsam angehen zu lassen.

Lea sind ihre letzten Berlintrips zu Phil noch gut in Erinnerung. Aus naheliegenden Gründen standen sie immer sehr spät auf und kehrten gerade noch rechtzeitig in Phils Stammbistro ein, um das Brunch-Buffet zu plündern.

Zu dieser Tageszeit hat sich Phil durchaus herzhafte Nahrung auf den Teller geladen. Zu normalen Frühstückszeiten scheint er jedoch ausschließlich Süßes zu sich zu nehmen.

»Rübenkraut hab ich nicht.«

Er lässt den Kopf frustriert aufs Kissen sinken. »Okay, dann muss ich jetzt nach Hause.«

»Alternativ könntest du dich anziehen, runter zum Bäcker gehen und frische Brötchen besorgen. Mit ein wenig Glück steht bei denen auch noch so ein Becher Wagenschmiere rum.«

»Was für Schmiere?«

»Ist dir das noch nicht aufgefallen? Rübenkraut sieht aus wie Wagenschmiere und wurde meines Wissens früher auch als solche verwendet, ehe jemand auf die äußerst abwegige Idee kam, sich das Zeug aufs Brot zu schmieren. Du kaufst ein, ich mache Kaffee.« Sie schnuppert in Richtung ihrer Achselhöhlen. »Und vielleicht sollte ich vorher noch duschen. Ich stink ja wie ein Iltis.«

»Wenn ich das gesagt hätte«, grummelt Phil, während er

sich von Leas komfortabler Matratze erhebt, die aufgrund des eingeschränkten Raumangebots ihres Schlafzimmers ohne Bettgestell auf dem Boden liegt.

»Dann hättest du dein Frühstück im nächstbesten Café einnehmen und tatsächlich umgehend nach Berlin zurückfahren können.«

Vom Flur aus reckt er seinen Kopf noch einmal um den Türpfosten. »Deshalb käme so eine Äußerung auch niemals über meine Lippen. Im Übrigen riechst du immer gut.« Mit einem gehauchten Kuss verschwindet er um die Ecke. »Selbst als Iltis!«

Lea lässt sich aufs Kissen sinken, schließt lächelnd die Augen, um sich dem morgendlichen Gedankenfluss hinzugeben. Im Augenblick hat sie keine Probleme mit ihrer bisweilen überbordenden negativen Hirnbefeuerung. Bei den zahlreichen positiven Momenten, die zurzeit in luxuriöser Weise über sie hinwegspülen, scheinen die Glücksbotenstoffe eindeutig zu dominieren. Sie will die nun schon länger anhaltende fantastische Strähne in vollen Zügen genießen und sich einfach daran erfreuen. Erst die Geschichte mit Phil, dann der Auftrag, den sie vor knapp zwei Wochen mit dem Gourmet Verlag vereinbart hat und den sie heute Abend im Kreis einiger Freunden mit einem Menu zelebrieren mag. Natürlich kommt damit ein Berg Arbeit auf sie zu, der ihre Kapazitäten nahezu vollständig in Anspruch nehmen wird. Allerdings wird sie durch die Gestaltung des Internet-Auftritts unter dem Arbeitstitel ›Was cookst du?‹ ihre freiberufliche Existenz gleich für mehrere Monate sichern können. Und das in der für sie höchst attraktiven Gastronomie-Branche. Im Gegensatz zu den zuletzt fließbandartig von ihr produzierten Werbebannern für Haustier-Bedarf geht es beim neuen Auftrag um Food-Design, um ausgefallene Rezepte und fantasievolle Küche. Sofern sie mit ihrer Einschätzung nicht komplett daneben liegt, wird sie im Rahmen ihrer Tätigkeit sogar regelmäßig Gelegenheit erhalten, den Hamburger Spitzenköchen unterschiedlichster kulinarischer Orientierung in die Töpfe zu blicken. So leidenschaftlich gern wie sie selbst kocht, isst und genießt, hätte ihr kaum eine attraktivere Arbeit begegnen können.

Und dann ist da ja auch noch Lennart Fahnenberg. Auch er hat Anteil an der Welle des Glücks, auf der Lea im Augenblick surft. Der Kriminaloberkommissar, der im Laufe des Sommers mit ihrer Unterstützung einen Todesfall in ihrem Freundeskreis aufgeklärt hat, scheint ebenfalls großes persönliches Interesse an ihr zu haben. Zumindest glaubt Lea dies von seinem nur wenige Tage zurückliegenden Besuch ableiten zu können. Immerhin brachte er ihr am vergangenen Donnerstag die zwei versprochenen Felgen für ihr Fahrrad, das im Sommer von einem leicht unterbelichteten Ganoven-Duo mutwillig zusammengetreten worden war. Mit den Felgen quer auf seinem Gepäckträger kam Lennart nachmittags im strömenden Regen mit dem Rad zu ihr. Da sie gerade nichts vorhatte, was sie nicht hätte aufschieben können, und Lennart nicht unbedingt gleich wieder im Regen zurückfahren wollte, nahmen sie sich ihr demoliertes Vehikel gemeinsam vor. Knappe zwei Stunden später war ihr Fahrrad wieder einsatzbereit. In Anbetracht des nicht nachlassenden Regens zog es Lea jedoch vor, die Probefahrt auf einen späteren Zeitpunkt zu verschieben. Lennart stellte sein City-Bike bei ihr im Keller unter, lieh sich einen Schirm und machte sich zu Fuß auf den Weg zur U-Bahn. Sein Fahrrad wollte er bei Gelegenheit wieder abholen. So wie sie ihn kannte, konnte das durchaus dauern. Auch mit den versprochenen Felgen, die laut eigener Auskunft seit Jahren bei ihm im Keller lagen, ließ er sich, nach seinem Versprechen sie bei Gelegenheit vorbeizubringen, knappe zwei Monate Zeit. Dass er sich überhaupt erinnert und Wort gehalten hat, interpretiert Lea jedoch als Beweis für seine unausgesprochene Zuneigung. Immerhin hatte er schon mehrmals angekündigt vorbeizukommen, um dann jeweils kurzfristig aus beruflichen Gründen wieder abzusagen. Natürlich kann sie sich nicht ganz sicher sein. Ihr die Felgen nun tatsächlich gebracht und eingebaut zu haben, kann auch ein argloser Gefallen gewesen sein. Egal welche Motive ihn getrieben haben, Lea ist froh, nicht mehr auf Öffis angewiesen und wieder mit einem funktionsfähigen Fahrrad ausgestattet zu sein.

Noch immer im Bett stellt Lea fest, welch bemerkenswerte und überraschende Fügungen ihr Leben in den letzten Wochen genommen hat. Vor nicht allzu langer Zeit sehnte sie sich nach jemandem, mit dem sie kuscheln kann. Aber es herrschte tote Hose. Und kaum taucht jemand auf, mit dem sie gerne zusammen ist, stehen weitere potenzielle Lover Schlange. Sie scheint nämlich, sofern sie dies möchte, sogar zwischen dreien auswählen zu können. Denn auch bei Rüdiger aus ihrer Umweltgruppe hat sie sicherlich Chancen. Auch seine Bemühungen sind nicht mehr zu übersehen und sein gestriger Einsatz, den man als heldenhaft bezeichnen kann, ist durchaus dahingehend interpretierbar, dass er bereit ist, für sie einiges zu riskieren.

Man kann mit Fug und Recht behaupten, dass Rüdiger Lea im Rahmen einer Aktion ihrer Umweltgruppe auf dem Segelschulschiff Gorch Fock in Flensburg, zumindest vor der Feststellung ihrer Personalien durch die Polizei bewahrt oder sie sogar vor einer vorläufigen Festnahme gerettet hat. Im Rahmen ihrer zwar legitimen, jedoch nicht immer ganz legalen Aktivitäten müssen natürlich immer alle Gruppenmitglieder darauf gefasst sein, von der Polizei in Gewahrsam genommen zu werden. Vermeiden möchte man einen derart engen Kontakt mit der Staatsgewalt selbstverständlich trotzdem.

So waren sie auch am letzten Wochenende nicht nach Flensburg gefahren, um sich festnehmen zu lassen, sondern um mit der Umweltgruppe ein Zeichen gegen den bundesweit zelebrierten Tag der Bundeswehr zu setzen, indem sie eine spektakuläre und medienwirksame Aktion durchführten. Wie zuvor besprochen, zog der Großteil ihrer Leute die Aufmerksamkeit der Polizeikräfte, Hafenbesucher und Marinesoldaten mit einer lauten Musikeinlage auf sich, damit Lea und Rüdiger ungestört auf die Gorch Fock spazieren konnten. Im Moment des größten Lärms und Ablenkungsspektakels kletterten sie unbemerkt in die Takelage des Segelschulschiffs. Ehe auch nur einer an Bord mitbekam, dass die beiden eine Anti-Kriegs- und Anti-Militär-Aktion im Schilde führten, befanden sie sich in luftiger Höhe von etwa 20 Metern über den Decksplanken. Sie hissten eine Jolly-Roger-Flagge, auf der sich anstelle zweier Knochen zwei zerbrochene Gewehre unter dem Totenschädel kreuzten, und spannten ein Transparent. Als schließlich die ersten aufmerksam wurden und zunehmend mehr Besucher vom Kai aus in Richtung Schiff zeigten, waren Lea und ihr Partner bereits wieder im Abstieg begriffen. Zu ihrem Vorteil schien ein Großteil der Menge zunächst zu glauben, es handle sich um eine zum Programm gehörige Einlage. Dieser Umstand war vermutlich Rüdigers spontaner Minimalkostümierung geschuldet. Er hatte unmittelbar vor der Kletterpartie ein Piratentuch um den Kopf gebunden und fügte sich allein wegen seiner beinahe schulterlangen Haare und wegen des rotblonden Vollbarts stilecht in die Kulisse eines Segelschulschiffs ein. Trotzdem hieß es nun schnell zu handeln. Richteten sich inzwischen doch so gut wie alle Blicke auf sie und auch die Schiffsbesatzung wurde der Situation gewahr. Befehle wurden übers Deck gebellt. Ob niedrig- oder höherrangig, ob Matrose, Kadett oder Offizier, alle Crewmitglieder versuchten, die beiden Störenfriede zu fassen. Zurück auf den Decksplanken sah sich Lea mehreren Uniformierten gegenüber. Blitzschnelle Entscheidungen waren gefragt. Die eine Option war, nach Achtern zu fliehen und sich mit einem kühnen Sprung über die Reling ins Hafenbecken zu stürzen. Die andere, sich widerstandslos der personellen Übermacht zu ergeben. Im selben Augenblick ertönte hoch über Lea ein kräftiges »Ahoi!«. Wie von einem einzelnen Schnürchen gezogen, schauten Leas Widersacher hinauf zu Rüdiger, der mit diesem simplen Ablenkungsmanöver in der Takelage des Vortopps alle Aufmerksamkeit auf sich zog. In schwindelerregender Höhe wechselte er von der Backbord- auf die Steuerbordseite, um dort mit eleganter Gewandtheit wieder nach unten zu klettern. Lea nutzte den kurzen Moment der Unachtsamkeit, um der Besatzung zu entwischen, und gelangte über die Gangway unbehelligt zum Kai, wo sie von ihren Mitstreitern in Empfang genommen und schützend umringt wurde.

Um sich der noch immer drohenden vorübergehenden Festnahme zu entziehen, entfernte sich die gesamte Gruppe vom Ort des Geschehens. In sicherer Distanz schlüpfte sie in die eigens dafür mitgebrachten Kleidungsstücke, um eine Identifizierung durch die Polizei oder durch Marineleute zu erschweren. Obwohl sie ihr Erscheinungsbild dadurch stark veränderte, kehrte sie nicht mehr zum Infostand der Umweltaktivisten zurück, sondern zog es vor, das Zentrum des Geschehens zu meiden. Zwar war ihr niemand gefolgt, jedoch wollte sie ihr Glück nicht herausfordern. Wie sich später herausstellte, war es vor allem der Besonnenheit eines höheren Offiziers zu verdanken, dass es kurz nach ihrer erfolgreichen Flucht auch Rüdiger gelang, das Schiff unbehelligt zu verlassen. Es schien das zentrale Anliegen des Offiziers zu sein, weiteres Aufsehen zu vermeiden und jedwede medientaugliche Handgreiflichkeit gar nicht erst aufkommen zu lassen. Egal auf welcher Seite man stand, war dies mutmaßlich die klügste Entscheidung, die an diesem Tag von einem der Marineleute getroffen wurde. So durfte es sich jener Offizier auf seine Fahne schreiben, dass die Kontrolle über die Situation nicht entglitt und auch nicht in staatliche Gegengewalt umgeschlug. Zugleich konnte er jedoch nicht verhindern, dass es die Aufnahmen vom Transparent in der Takelage und von der am Großtopp gehissten Flagge in alle Medien schafften. Lea und ihre Gruppe waren sich selbstverständlich einig, dass sie mit ihrer Aktion einen moralischen Sieg davongetragen haben.

Natürlich freute sich Lea nach ihrer Aktion, als sie kurz darauf Phil in der Menschenmenge entdeckte. Andererseits fand sie es schade, nach so einem gelungenen Publicity-Coup nicht an der ausgelassenen Stimmung ihrer Gruppe teilhaben zu können. Aber diese Gelegenheit, ihren in Berlin lebenden Freund zu sehen, nicht zu nutzen, kam auch nicht infrage. Aufgrund seines beruflichen Besuchs in Schleswig-Holstein bot es sich an, dass er Lea nach der Aktion in

Flensburg abholen und sie das Restwochenende gemeinsam bei ihr in Hamburg verbringen würden. Ohne die Einsatzkräfte der Polizei aus den Augen zu lassen, kehrte sie noch einmal kurz zu ihren Leuten zurück, um sich von allen zu verabschieden. Sie winkten hinter ihr her und wünschten ihr ein schönes Wochenende. Allein Rüdiger stand dabei ein wenig abseits und blickte in die Wanten der Gorch Fock, als gäbe es dort etwas Neues zu beobachten. So fühlte sich Lea zunächst ein wenig hin und her gerissen, während sie sich von Phil zu seinem Auto führen ließ. Auf der Landstraße Richtung Süden verflogen die wehmütigen Gedanken jedoch recht schnell und sie konnte das Zusammensein in vollen Zügen genießen. Sie querten das nördlichste Bundesland von der Ostsee- hinüber zur Nordseeküste, machten Halt in Büsum, ließen sich dort bei einem Deichspaziergang von der lauen, noch immer sommerlichen Brise durchlüften und hielten bei Niedrigwasser Ausschau nach dem wieder einmal weit entfernten Meer. Als sie bei ihrem Bummel entlang der Hafenbecken des Küstenstädtchens an einem Fischgeschäft vorbeikamen, sagte Lea, dass sie nicht ohne frisch gepulte Büsumer Krabben und ein paar leckeren Matjesfilets nach Hause fahren würde.

Beim Gedanken an die Leckereien aus dem Fischladen, die ihnen die Verkäuferin mit viel Brucheis zur Kühlung über den Tresen reichte, läuft Lea das Wasser im Mund zusammen.

»Hängst ja immer noch in den Federn.« In einem farbenprächtigen Hawaii-Hemd und in kurze Hosen gekleidet, lehnt Phil im Türrahmen. »Irgendwelche Vorlieben?«

»Was?«

»Ob du irgendwelche Vorlieben hast. Brötchenmäßig.«

Lea schüttelt den Kopf. »Nö. Egal. Irgendwas mit Körnern. Und Croissants. Vielleicht ein Minibaguette.«

Er schüttelt lachend den Kopf. »Seltsame Auffassung von egal. Soll ich deinen Schlüssel mitnehmen?«

»Ja, mach. Steckt von innen im Türschloss.«

Ein weiterer gehauchter Kuss und Lea hat ihre Wohnung für ein paar Momente für sich.

# 2. KAPITEL

Obwohl sich Lea beim Duschen alle Zeit der Welt gelassen und am Frühstückstisch bereits ihren frisch gepressten Orangensaft und den zweiten Espresso hinter sich hat, ist Phil noch nicht da. Als sie ihn von außen mit dem Schlüssel im Türschloss stochern hört, gleitet sie vom Stuhl, um ihm zu öffnen. Umständlich den Schlüssel Richtung Tür haltend steht er vollbepackt vor ihr. »Was schleppst du denn alles ran?«

An beiden Unterarmen hängt einer von Leas Stoffbeuteln, die er offenbar beim Verlassen der Wohnung vom Haken genommen hat. Unterm linken Arm klemmt ein Päckchen. »Kost«, stößt er hinter dem wattierten Umschlag hervor, der zwischen seinen Zähnen klemmt.

»Was?«

»Die Kost wa ga.«

Lea versteht noch immer nicht, was er ihr mitteilen will. »Aus!«, sagt sie im knappen Befehlston, nimmt ihm den Umschlag ab und begutachtet missbilligend die Bissstellen.

»Die Post war da. Nun lass mich doch bitte die ganzen Sachen erst einmal abstellen.«

»Die haben dir einfach so meine Post gegeben?«, fragt Lea verwundert.

»Ja, klar, warum nicht?«

»Vielleicht, weil sie dich nicht kennen?«

»Wegen einer Unterschrift vier Stockwerke runterzurennen, wäre dir also lieber gewesen?«

»Die haben dich einfach unterschreiben lassen?« Sie zieht das handliche und zugleich überraschend schwere Päckchen unter seinem Arm hervor. »Was ist denn das?«

»Hör mal, woher soll ich das wissen?«

Vom Verhalten des Postzustellers noch immer leicht irritiert, zwängt sich Lea im engen Windfang hinter die Tür, um Phil passieren zu lassen.

»Danke«, sagt er mit überspitzter Note. Kaum ist er in der Wohnung, muss er mehrfach niesen.

Was er nur hat? Wie sie aus einigen jüngst gelesenen Büchern und anschließender Selbstbeobachtung seit geraumer Zeit erfahren hat, spiegeln Niesattacken häufig eine unterbewusste Unzufriedenheit wider. Phils Ego scheint sich durch ihre nicht einmal bös gemeinte Nachfrage angepisst zu fühlen. »He«, meint sie versöhnlich. »Ich wundere mich doch bloß über den Postzusteller, der wildfremden Menschen meine Post aushändigt.«

»Jetzt bin ich auch noch wildfremd?«

»Für den Postler schon.« Sie unterdrückt ihre Neugier und legt die Post zur Seite. »Was hast du uns denn mitgebracht?«

Grinsend greift er in eine der Plastiktüten. »Wagenschmiere«, verkündet er stolz. »Und alles, was man für einen anständigen Matjes-Salat braucht. Ich bereite dir für heute Abend eine Vorspeise zu. Wenn's recht ist.«

Lea schmust sich an ihn ran. Dass er sich freiwillig mit ihr ums Abendmenü kümmern möchte, gefällt ihr.

»Hm«, brummt er noch während des Begrüßungskusses. »Schmeckst lecker. Bekomme ich auch einen Espresso?«

Um genügend Matjes für die von Phil geplante Vorspeise übrig zu behalten, stürzt sich Lea vornehmlich auf die Krabben. Phil konzentriert sich tatsächlich auf die süßen Sachen. Neben Rübenkraut, das den Hauptgrund für seine ausgiebige Einkaufsrunde darstellt, isst er sich mit genießerischer Lust durch Leas Honig- und Konfitüren-Vorrat. Am Ende des Frühstücks schmeckt er bei ihren weiteren Küssen klebrig-süß, sie dagegen herb nach Meeresfrüchten. Die geschmacklichen Kontrapunkte resultieren in einem weiteren Intermezzo auf Leas Komfortmatratze und regen das Paar an, auch fürs Abendmenü noch einen Geschmackskracher zu kreieren.

»Hast du Mango?«, flüstert Phil, während sie noch immer beieinander liegen.

»Im Gegenteil, ich liebe Mango«, antwortet sie, als hätte sie seine Frage missverstanden.

»Ob du Mango im Haus hast, meine ich.«

»Ich hasse Mango weder drinnen noch draußen«, setzt sie das Wortspiel glucksend fort und lacht dabei Phils erschlaffendes Glied aus sich heraus.

»Ups.«

Kopfschüttelnd streicht er ihr zärtlich über die Wange. »Du weißt, dass deine Albernheit bisweilen ein wenig penetrant daherkommt.«

»Mhm. So bin ich nur, wenn ich mich wohlfühle. Im Übrigen liegen tatsächlich noch zwei Mangos im Obstkorb. Weshalb fragst du?«

»Chris hat vor ein paar Wochen ebenfalls eine kleine Tischrunde bekocht und uns dabei einen total irren Nachtisch vorgesetzt. Mango-Chili-Sorbet.«

»Hast du das Rezept?«

»Die Zutaten bekomme ich zusammen. Mit den Mengen bin ich mir nicht sicher.«

»Sorbet ist geduldig. Da kann man mit der Rezeptur

großzügig experimentieren. Oder im Netz recherchieren. Was brauchst du noch?«

»Mango, Chili, Joghurt, Zucker, am besten braunen, Ingwer …«

»Hab ich nur kandierten«, unterbricht Lea bei der letzten Zutat, nachdem sie die vorherigen alle abgenickt hat.

»Geht zur Not sicher auch. Limettensaft?«

»Zitrone hab ich.«

»Dann eben Zitrone. Und …«, er legt eine Kunstpause ein.

»Sag jetzt nicht …«

»… Rübenkraut.«

Am frühen Nachmittag beginnen sie mit den Vorbereitungen fürs Abendmenü. Neben Phil wird Lea in ihrer kleinen Wohnung weitere sechs Gäste am Tisch haben. Ergün und Rüdiger aus der Umweltaktionsgruppe werden dabei sein, wobei Ergün an diesem Abend den Anwesenden seine neue Freundin Daria vorstellen wird. Rüdiger ist im Augenblick solo und sagte Lea, dass er nicht wisse, wen er mitbringen solle. Insgeheim hofft Lea, dass er, wenn sie ihn erst einmal mit Phil bekannt gemacht hat, begreifen wird, keine Chance zu haben, bei ihr zu landen. Seitdem er ihr gegenüber so auffällig unauffällige Signale abgibt wie beispielsweise in Flensburg, hat sich ihr zuvor angenehm lockeres Verhältnis reichlich verspannt. Lea hofft, im Laufe des Abends eine Klärung zu erzielen, das wäre eine angenehme Begleiterscheinung des heutigen Dinners. Noch besser wäre es natürlich, wenn Lea Rüdiger mit Ronja, ihrer ehemaligen Kommilitonin und Freundin aus dem Webdesign-Studium, verkuppeln könnte. Ronja hat sich ihr gegenüber als im Moment glücklich getrennt bezeichnet und ist wieder bereit für einen neuen Kerl. Außerdem wird Yasmin der Runde angehören. Sie ist die Mutter von Leas vorherigem Freund Yannick, zu der sie trotz der Trennung und unschöner Szenen am Ende der Beziehung noch immer Kontakt hält. Zwar ist Yasmin einige Jahre älter als die anderen Gäste, jedoch merkt man ihr den Unterschied nicht an. Vor allem nicht im Kopf. Und auch äußerlich muss man zweimal hinsehen, um an ihren Lachfältchen zu erkennen, dass sie etwas älter sein könnte. Vielleicht liegt das auch daran, dass sie gerade einen vergleichsweise jungen Freund, Jonathan, hat, der altersmäßig eine Brücke zwischen Yasmin und den übrigen Gästen bildet. Bei der Zusammenstellung ihrer Liste hat Lea zunächst auch erwogen, Lennart einzuladen. Sie mag den Kriminaloberkommissar, den sie im Rahmen der Ermittlungen zum Todesfall von Yannicks Arbeitskollegen kennengelernt hat. Nach ihrer relativ kurzfristigen Verabredung mit Phil für dieses Wochenende hielt sie es dann doch für sinnvoll, es bei einem vergeblich um sie buhlenden Gast zu belassen und auf seine Anwesenheit zu verzichten. Schon allein aus Rücksicht Phil gegenüber kann sie neben Rüdiger nicht noch einen zweiten Kerl an den Tisch setzen, der eine Beziehung mit ihr eingehen würde. So reizvoll das Experiment theoretisch ist und so spannend es sicher zu beobachten wäre – an einer Tafelrunde mit acht Personen drei Typen sitzen zu haben, die was von der Gastgeberin wollen, wäre des Guten vermutlich doch zu viel. Und zwar für alle Beteiligten.

Nachdem sie und Phil das Sorbet zusammengerührt, ausgiebig gekostet und kalt gestellt haben, kommt Leas robuste Küchenmaschine zum Einsatz, um erst einen Hefeteig für Laugengebäck und danach den Nudelteig für die Lasagne zu kneten. Neben ihrer nicht ganz billigen und sehr komfortablen Kaffeestation stellen diese beiden Geräte den einzigen Luxus dar, auf den Lea in der Küche nie mehr verzichten möchte. Allen anderen auf dem Markt angebotenen Küchen-Schnickschnack hält sie für überflüssig. Sie braucht weder eine Eismaschine, noch eine elektrische Schneidemaschine, auch keinen Brotbackautomaten und sogar eine elektronische Waage mit digitaler Milligramm-Anzeige bezeichnet sie als höchst überflüssig. Zusätzlich zu ihrer Rühr- und Knetstation mit Pürier-Aufsatz und Fleischwolf und besagter Kaffeestation kommt für die Zukunft allenfalls noch die Anschaffung einer Nudelmaschine infrage. Und wenn sie sich tatsächlich irgendwann entscheidet, eine zu kaufen, wird es eine in Profi-Qualität sein. Um mit einer Nudelmaschine vernünftig hantieren zu können, braucht sie allerdings erst mal Platz, will heißen, eine größere Küche. Also muss oder wird sie ihrem selbst gemachten Nudelteig die richtige Dicke weiterhin mit einem gewöhnlichen Nudelholz verpassen.

Routiniert teilt Lea den Hefeteig nach kurzem Gehen in gleich große Portionen, um 12 bis 15 Zentimeter lange Würste daraus zu rollen. Phil kann sich die anzügliche Bemerkung, sie würde lauter Phalli produzieren, nicht verkneifen. Lea verdreht die Augen und windet aus einer der Teigrollen einen Knoten. »Ist das für dich jetzt auch noch ein Phallus?«

»Autsch. – Weißt du eigentlich, weshalb die Laugenstange erfunden wurde?«

»Weil jemand Lust darauf hatte?«

»Nein. Die Laugenstange wurde aus der Not heraus geboren.«

»Aha.«

»Es begab sich zu einer Zeit, da lebte im Schwabenland ein Bäckermeister …«

Lea bläst die Backen auf und schiebt die Augenbrauen hoch. Sie hat Phil schon mehrfach darauf aufmerksam gemacht, dass er seine Geschichten erzählerisch manchmal zu sehr in die Länge zieht.

»Okay – Kurzfassung. Der Bäcker hat den töffeligen Neffen seines Bruders …«

»Also seinen eigenen Sohn?«

»Hä? Quatsch. Der Bäcker war seinem Bruder einen Gefallen schuldig und hat seinen Sohn …«

»Wessen Sohn jetzt?«

»Das ist doch jetzt vollkommen egal. Der Kerl war jedenfalls linkisch und doof, als ihn besagter Bäckermeister in die Lehre nahm. Und weil er es gegen Ende des ersten Lehrjahrs noch immer nicht schaffte, eine Teigrolle zu einer Brezel zu winden, hat der Bäcker die Laugenstange erfunden. Somit erhielt er wenigstens eine Gegenleistung für das Monat für Monat an den Stift ausbezahlte Lehrgeld.«

»Azubi.«

»Was?«

»Es heißt Azubi.«

»Quatsch, ich erzähle schließlich von früher. Da hieß es Stift. Oder Lehrling.«

»Und – worin liegt jetzt der Witz?«, fragt Lea, obwohl sie Phils Geschichte von der Erfindung der Laugenstange im Grunde durchaus amüsant findet. Noch viel mehr Spaß macht es ihr allerdings, ihn mit seinen bisweilen übertrieben lehrhaft vorgetragenen Weisheiten auflaufen zu lassen. Er wird dann immer unsicher und blickt so wunderbar zerknirscht aus der Wäsche. Wie auch in diesem Moment. »He, hab's begriffen. War lustig. Gießt du mir bitte mal fünf, sechs Zentimeter Wasser in den flachen Topf da unten.«

»Nun bin ich also dein Stift, oder was?«

»Für mich bist du ein Azubi. Ich bin eine moderne Sklavenhalterin.« Sie haucht ihm einen Kuss zu. »Bekomme ich jetzt den Topf oder nicht? Süßer?«

»Sexuelle Belästigung am Arbeitsplatz – allmählich beginne ich mein Dasein als Auszubildender zu lieben.« Seinen darauffolgenden Annäherungsversuch wehrt Lea mit der Begründung ab, sonst nicht rechtzeitig fertig zu werden.

Als schließlich das Laugengebäck nach Tauchbad in heißer Natronlösung und 30 Minuten Backzeit zum Abkühlen auf dem Kuchengitter liegt, Phils Vorspeise, ein Matjes-Rote-Beete-Salat, angerichtet, die Sauerkraut-Lasagne im Ofen und das Sorbet ein letztes Mal umgerührt ist, bleibt ihnen tatsächlich noch Zeit, sich den Schweiß von den Körpern zu duschen. Einzeln. Stellen sie sich gemeinsam unter die Dusche, würden die Gäste bei ihrer Ankunft sicherlich keine perfekt gedeckte Tafel vorfinden.

Um fünf vor sieben sitzen Lea und Phil in den Sonnenstühlen auf der Loggia und pushen sich mit den beiden Espressi, die Lea stilgerecht mit einem Glas Wasser und einem Amarettini auf dem kleinen Teller serviert hat, noch einmal auf. Mit stillschweigendem Wohlwollen verfolgt Lea, wie Phil eine Löffelspitze Zucker ins Tässchen gibt und den Löffel bereits nach zwei Umdrehungen zur Seite legt. Bei allen Fortschritten, die sie im Lauf der letzten Jahre in Sachen eigener Gelassenheit gemacht hat, ist sie jedes Mal drauf und dran, die Contenance zu verlieren, wenn jemand minutenlang versucht, den Zucker mit dem Löffel in den Tassenboden einzuarbeiten.

Phil zuckt erschrocken zusammen, als sie plötzlich aufspringt. »Verdammt! Ich habe vergessen, die Getränke kalt zu stellen.« Obwohl sie weiß, dass ihr Eisfach sowohl zu klein als auch zu voll ist, um auch nur eine Flasche darin unterzubringen, reißt sie es auf und entscheidet sich nach kurzem Zögern, die Schale mit dem Sorbet herauszunehmen und im Kühlschrank unterzubringen. Das schafft tatsächlich Platz für zwei Bier und eine Flasche Weißwein. Drei weitere Flaschen Bier passen in den Kühlschrank, Phil lässt kaltes Wasser in die Duschwanne ein, um auch dort noch ein paar Flaschen notzukühlen. Wie sich kurz darauf herausstellt, ist die überstürzte Aktion völlig unnötig. Die nun im Minutentakt eintreffenden Gäste haben Bier, Wein, Sekt oder Prosecco dabei und ihre Flaschen bereits zu Hause gekühlt. Selbst der von Jonathan mitgebrachte Rotwein fühlt sich an, als habe er ein paar Stunden im Eisfach gelegen. In knapper Vorstellungsrunde erzählt Lea vor allen Dingen Phil, wie sich ihre heutige Abendrunde zusammensetzt. Alle anderen kennen einander zumindest flüchtig. In gewohnt offener Art mustert Yasmin Leas neuen Freund ausführlich von oben bis unten. »Du bist also der Berliner, der mit seinem Freund Hamburg besucht hat?«

»Ich hab ihr von unserem ersten Abend mit Chris erzählt«, erklärt Lea.

Phil schüttelt lachend den Kopf. »Ja, das trifft es ganz gut. Der Berliner, der mit seinem Freund in Hamburg war.«

»Und?«, fragt Rüdiger.

Phil sieht ihn verblüfft an. »Was und?«

»Bist du's jetzt oder nicht?«

»Was?«

Lea versteht als Erste, worauf Rüdiger hinauswill. »Wenn du mich fragst, ist er's nicht.«

Von Phils hilflosen Blicken in die Runde lässt sich ableiten, dass er als Letzter kapiert, was Rüdiger von ihm wissen will. »Ach so.« Er legt den Kopf in den Nacken, verdreht die Augen zur Decke. »Nein, weder schwul noch bi. War so eine verrückte Idee von Chris und dann haben wir das eben mal ein Wochenende lang durchgezogen. Und was wäre, wenn ich …«

»Dann wärst du jetzt vermutlich nicht hier«, fällt ihm Lea ins Wort. Für ihren Geschmack entwickelt sich das erste Gespräch des Abends in eine vollkommen falsche Richtung. Auch kommt ihr sowohl Rüdigers als auch Phils Tonlage unterschwellig aggressiv vor. »Im Übrigen möchte ich euch jetzt bitten, Platz zu nehmen. Phil hat als Vorspeise einen wunderbaren Matjes-Salat gezaubert. Aber esst nicht zu viel davon, es folgt noch ein Hauptgang und eine Nachspeise gibt's obendrein.«

»Und zwar?«

»Lasst euch überraschen.«

Ihre Aufforderung zum Essen bringt tatsächlich den von Lea angestrebten Stimmungswechsel. Spätestens beim ersten Anstoßen auf die Gastgeberin setzt lockerer Small Talk ein und es scheinen alle am Tisch miteinander zu können. Schmunzelnd nimmt Lea am Ende des Hauptganges zur Kenntnis, dass ausgerechnet Phil den letzten Rest aus der Ecke der Auflaufform kratzt.

Er bemerkt ihren Blick, fühlt sich ertappt. »Was denn?«, fragt er grinsend.

»Sauerkraut-Lasagne – wie kann man nur?« Über den Tisch hinweg haucht sie ihm einen Kuss zu.

Gegen neun Uhr klingelt es erneut. »Ihr entschuldigt mich«, sagt Lea.

»Weiß jemand, wer noch fehlt?« – »Keine Ahnung.« – »Eigentlich sind wir vollzählig«, hört sie vom Wohnzimmer die Gäste, während sie in ihrem winzigen Flur den Türöffner drückt. In solchen Momenten bedauert sie, dass die Gegensprechanlage, die ihr beim Einzug vor ungefähr einem halben Jahr versprochen wurde, noch immer nicht installiert ist. Sie öffnet die Tür zum Treppenhaus und blickt nach unten, um zu sehen, wer sie an einem Sonnabend um diese Zeit unangemeldet besuchen mag. »Hey, Lennart, das nenne ich mal eine Überraschung.«

»Stör ich?«

»Nein, du störst nie. Brauchst du dein Fahrrad?«

»Nein. Das heißt ja. Von wegen zwei Fliegen mit einer Klappe und so. Eigentlich bin ich gekommen, um mit dir zu reden.«

»Komm doch erst mal rein. Vorspeise und Hauptgang hast du leider verpasst. Aber vom Nachtisch ist noch reichlich da. Und dass du bei mir auch immer einen vernünftigen Espresso bekommst, weißt du ja.«

»Ach, du hast Besuch? Dann störe ich ja doch.« Er bleibt auf der obersten Stufe stehen. »Ich komme lieber ein andermal ...«

»Unsinn, nein.« Sie fasst ihn am Arm und zieht ihn – ohne bei ihm ernsthaften Widerstand wahrzunehmen – in die Wohnung. »Ein paar meiner Gäste kennst du sogar.«

Während der Ermittlungen zu Hannos Tod musste Lennart gleich mehrere Personen aus Leas Freundeskreis befragen und hat sowohl Yasmin, Ergün als auch Rüdiger kennengelernt. Auch Phil hätte der Kriminaloberkommissar damals in dieser Angelegenheit gern interviewt, Lea hat jedoch durch ihre eigenen Recherchen dafür gesorgt, dass dies nicht mehr nötig war.

Aufgrund der unerfreulichen Umstände, unter denen sie sich zum ersten Mal gesehen haben, wird der Überraschungsgast mit gebremster Euphorie begrüßt. Das bleibt weder Lea noch ihm selbst verborgen. Schon beim Betreten des Zimmers bringt er zum Ausdruck, dass er nicht lange stören und sich schnellstmöglich wieder zurückzuziehen werde. »Hätte ich gewusst, dass hier gemütlich getafelt wird …« Er lässt den Satz unvollendet im Raum verpuffen, um sich wieder an Lea zu wenden. »Entschuldige die Störung. Ich scheine wirklich nicht den passenden Moment erwischt zu haben. Ich versuche es ein andermal.«

»Weshalb sind Sie denn gekommen?«, fragt ausgerechnet Yasmin. Lennart Fahnenberg war gezwungen, ihren Sohn zumindest vorläufig festzunehmen.

Vermutlich, weil er mich anbaggern mag, quatscht Leas innere Stimme vorlaut dazwischen. Auch wenn sie noch so zielstrebig daran arbeitet, hat sie diese aus dem Unterbewussten abgefeuerten Einwürfe nach wie vor nicht unter Kontrolle. Es liegt nahe, dass Lennarts Spontanbesuch etwas mit seinen Sympathien ihr gegenüber zu tun haben könnte. Aber bevor er diese nicht ausgesprochen und sie es nicht offiziell von ihm gehört hat, gibt es keinen Grund, in diese Richtung weiter zu spekulieren.

»Brauchst du Hilfe bei einem neuen Fall?« Mit dieser Frage gelingt es Lea, die in Feindseligkeit zu kippende Stimmung aufzufangen.

Er hebt die Schultern, legt den Kopf schräg. »Wenn man so will.«

Damit hat Lea nicht gerechnet. Sie hat die flapsige Bemerkung lediglich zur Auflockerung der Atmosphäre fallen lassen. »Was ist denn – passiert?« Sie stellt sich darauf ein, dass Lennart Yannicks Namen nennen könnte. Denn aufgrund seiner Antwort ist ihr sofort ihr Exfreund in den Sinn gekommen. Hat sich im Verlauf der Ermittlungen nun doch herausgestellt, dass er tiefer in der Sache drinsteckt, als bisher angenommen? Nach wie vor scheinen in diesem Fall nicht alle Abläufe geklärt zu sein. Lennart hätte ihr gegenüber sicher längst erwähnt, wenn der Fall inzwischen abgeschlossen wäre. Lea blickt hinüber zu Yasmin, die ebenfalls zu befürchten scheint, dass der Kommissar Bezug auf ihren Sohn nehmen und schlechte Nachrichten überbringen könnte. Noch wurde von der Staatsanwaltschaft keine Anklage erhoben. Noch ist unklar, mit welchem Strafmaß Yannick zu rechnen hat. Immerhin hat er versucht, eine illegale Baumfällung zu vertuschen, indem er den Unfalltod seines Partners wie einen Selbstmord aussehen lassen wollte.

Lennart starrt auf den Tisch. Vermutlich ohne wahrzunehmen, was dort steht. Lea ist inzwischen sicher, dass er bereut, geklingelt zu haben. Hätte er gewusst, dass ihn hier so viele Leute erwarten, hätte er es bestimmt gelassen. Während er noch immer unentschlossen zu sein scheint, ob er sich dem Gespräch in großer Runde entziehen und zu einem passenderen Zeitpunkt wiederkommen solle, folgt Lea einer plötzlichen Eingebung, den überraschenden Besuch für ihre Zwecke zu nutzen. Sie deutet auf den Platz, auf dem sie bis eben gesessen hat und fordert ihn auf, sich zu setzen. Sie holt für sich den letzten in ihrer Wohnung zur Verfügung stehenden Klappstuhl vom Wandhaken. Ohne darum bitten zu müssen, öffnet sich eine Lücke zwischen Phil und Ronja, die sich dabei zugleich ein wenig näher an Rüdiger heranschiebt. Während Lea ihren Stuhl zurechtrückt, beobachtet sie Lennart, der ihr gegenüber zwischen Jonathan und Daria Platz nimmt. Wenn er schon hier ist, darf er auch mitbekommen, dass sie sich für Phil entschieden hat. Natürlich tut es ihr leid, wenn er daran zu knapsen hat. Aber da muss er jetzt durch.

Nach kurzer Vorstellungsrunde, bei der alle noch einmal feststellen und bestätigen, wer hier wem unter welchen Umständen über den Weg gelaufen ist, greift Lea den Faden wieder auf und fragt Lennart noch einmal, was ihn hergeführt hat.

»Es geht um die Tote, die gestern in der Alster gefunden wurde.«

»Schon wieder eine?«, fragt Yasmin. »Dort ist doch erst vor ein paar Wochen eine Leiche gefunden worden.«

»Das war nicht in der Alster«, widerspricht Jonathan. »Du meinst sicher den Penner, der in der Eilbek ersoffen ist.« Dass er mit dieser politisch nicht allzu korrekten Formulierung eher peinliche Betroffenheit auslöst und sogar ein paar empörte Blicke auf sich zieht, scheint er nicht einmal wahrzunehmen.

Recht souverän rettet Lennart die Situation, indem er den Fall aus dem März dieses Jahres einfach vollkommen nüchtern und sachlich richtigstellt. »Wenn ich Sie korrigieren darf: Sie erinnern sich vermutlich an den Obdachlosen, der im Isebekkanal ertrunken ist.« Mit einem kurzen Blick auf Lea versucht er sich wohl zu vergewissern, dass sie es ihm nicht verübelt, wenn er ihren Gästen widerspricht. Ihr kaum sichtbares, zustimmendes Nicken bekommt außer ihm selbst vermutlich niemand mit. »Was die aktuelle Tote betrifft, sind ihr einige von Ihnen schon einmal begegnet. Im Nachhinein betrachtet, nicht eben unter erfreulichen Umständen.« Erneut stellt er Augenkontakt zu Lea her. Dann schaut er zu Ergün und schließlich zu Rüdiger. Alle drei sind Mitglieder derselben Aktionsgruppe. Allerdings können sie mit dieser vagen Aussage überhaupt nichts anfangen. Überrascht oder auch fragend sehen sie den Kriminaloberkommissar an.

»Nun verraten Sie uns doch endlich, wer diese geheimnisvolle Tote ist«, bricht Phil das Schweigen.

»Iris Becker. Die unbekannte Tote, die gestern im Uferbewuchs des Alsterlaufs entdeckt wurde, ist heute Morgen als Iris Becker identifiziert worden.«

Als habe jemand einen Startschuss abgefeuert, prasseln von allen Seiten Fragen auf Lennart Fahnenberg ein. Kreuz und quer geht es durcheinander, es herrscht eine Atmosphäre wie bei einer aus dem Ruder laufenden Pressekonferenz.

»Die Alsterleiche aus dem Fernsehen?«, fragt Yasmin.

»Iris Becker?«, fragt Lea. »DIE Iris Becker?«

»Die Undercover-Tussi, die uns jahrelang ausspioniert hat?« Ergün erntet für seine Wortwahl den strafenden Blick seiner Freundin Daria. Für sie scheint der Mangel an politischer Korrektheit allmählich zu sehr überhandzunehmen. Bereits beim gedankenlos verwendeten Wort Penner war sie drauf und dran, eine etwas bewusstere Wortwahl einzufordern.

»Hauaha«, steuert Rüdiger in hanseatischer Knappheit bei.

»Hilft mir mal jemand weiter?«, fragt Jonathan. »Ich hab keine Ahnung, worum es geht. Wer ist diese Iris Becker? Wieso kennt ihr die alle?«

»Das ist die verdammte Tucke, die sich in unsere Gruppe eingeschlichen und uns über Jahre bespitzelt hat«, ereifert sich Ergün, der jegliches Gespür für die Empfindlichkeiten seiner Freundin vermissen lässt. »Das stand in allen Zeitungen, ging durch alle Medien. Obwohl die sich sonst ja gerne vornehm zurückhalten, wenn die Polizei Scheiße baut.«

Endlich herrscht wieder Ruhe.

»Was macht euch so sicher, dass es sich um Iris Becker handelt?«, richtet sich Lea erneut an den Kommissar.

»Die Frau hatte gültige Ausweispapiere bei sich. Als wir die Meldeadresse aufsuchten, ließen der Zustand ihrer

Zimmerpflanzen und der verdorbene Inhalt ihres Kühlschranks auf eine längere Abwesenheit der Bewohnerin schließen. Deshalb gehen wir zumindest vorläufig davon aus, dass es sich bei der Toten um die Inhaberin des Ausweises handelt.«

Lea schüttelt den Kopf. »Tut mir leid, Lennart. Das kann nicht sein.«

»Wie bitte?«

»Moment, Moment, Moment«, geht Phil dazwischen. »Ich kapiere hier gar nichts mehr.« Er wendet sich an Lea. »Die Tote, diese Iris Becker, soll die Frau von gestern sein? Die Bedienung aus dem Café?«

»Jap«, antwortet Lea knapp. Da sie sicher ist, dass Phil den gleichen Gedanken wälzt wie sie, überlässt sie ihm das Wort.

Er stützt die Ellbogen auf, richtet beide Hände auf den Kommissar, als wolle er etwas entgegennehmen. »Hab ich das jetzt richtig verstanden?«, fragt er betont langsam, als müsse er sich auf die von ihm erwartete Antwort erst sorgfältig vorbereiten. »Iris Becker soll die Tote sein, die bis gestern in der Alster gelegen hat?«

»Richtig.«

»Und – wann genau hat man sie in der Alster entdeckt?«

»Bereits früh am Morgen«, antwortet Lennart. Er kann seine Verwunderung darüber, dass Phil und Lea mit einem Mal so angespannt wirken, nicht verbergen. »Ein Jogger hat sie vom Ufer aus gesehen.«

»Wie lange hat sie im Wasser gelegen, ehe der Jogger sie gefunden hat?«, fragt Lea.

Lennart zögert. Offenbar versucht er abzuwägen, ob es seinen Ermittlungen eher hilft oder eher Schaden zufügt, wenn er in dieser Runde weitere Details preisgibt. »Nach einer ersten groben Einschätzung schon länger.«

»Wenn ihre Blumen vertrocknet und die Lebensmittel verdorben waren«, hakt Lea nach, »also deutlich länger als einen Tag?«

»Das kann ich so bestätigen.«

Erneut wendet sich Phil an Lea. »Dann erklär mir jetzt bitte mal, wie diese Iris Becker einerseits über einen längeren Zeitraum in der Alster gelegen haben soll, uns aber andererseits gestern Nachmittag in Büsum Kuchen an den Tisch gebracht hat? Gibt's zwei davon?«

Mit eindeutig verneinender Geste lehnt sich der Kommissar in seinem Stuhl zurück. »Nach allem, was ich weiß, ist das unmöglich«, stellt der Kommissar knapp fest.

»Ihr seid euch also absolut sicher?«, fragt Lea.

»In Bezug worauf?«, fragt der Kommissar.

»In Bezug auf ihre Identität. Seid ihr sicher, dass diese Tote aus der Alster Iris Becker ist?«

»Zumindest bin ich es bis vor wenigen Minuten gewesen. Wann und wo glaubt ihr, Iris Becker gesehen zu haben?«

»Wie Phil schon sagte: Wir waren gestern Nachmittag in Büsum. Sie hat uns bedient und uns Kuchen gebracht.« Lea schüttelt den Kopf. »Und dabei wirkte sie alles andere als tot. Sorry, Lennart, bei der Feststellung der Identität muss was falsch gelaufen sein. Könnte es vielleicht sein, dass diese Tote in jüngster Vergangenheit der Becker das Portemonnaie mit den Ausweispapieren geklaut hat? Oder die Frau hat eine Doppelgängerin. Ich habe Iris Becker nämlich nicht nur am Aussehen wiedererkannt. Auch die Mimik stimmte, ihre Stimme, die Gestik, alles. Merkwürdig war lediglich, dass sie so tat, als würde sie mich nicht kennen und ganz offensichtlich keine Lust hatte, mit mir zu reden.«

Ronja reibt sich erwartungsvoll die Hände. »Allmählich wird's spannend.«

»Weiß nicht, ob ich das spannend finden soll«, sagt Lea. »Wenn ihr Verhalten von gestern mit dem Fund einer weiblichen Leiche verknüpft ist, finde ich das eher mysteriös und seltsam und ich frage mich, ob das bei dieser Frau ein Zufall sein kann.« Sie blickt in die Runde. An der Mimik der anderen lässt sich leicht ablesen, dass nicht nur Ronja der Ansicht ist, dass die Geschichte eine gewisse Spannung in sich birgt. Vor allem um ihre eigene Erinnerung wachzurufen und sich selbst einen Überblick zu verschaffen, erzählt Lea weiter. »Phil und ich hielten gestern auf der Rückfahrt von Flensburg noch mal an, um in Büsum einen Kaffee zu trinken und uns bei dem tollen Wetter noch eine Nase Seeluft reinzuziehen. Während Phil einen Tisch auf der Sonnenterrasse sicherte, ging ich in diesem Café oder Bistro oder was auch immer es war noch mal zur Toilette. Als ich zurückkam, stand sie schon bei ihm am Tisch, um seine Bestellung aufzunehmen.«

»Wer?«, fragt Lennart aus reiner Gewohnheit. In seinem Berufsalltag müssen die Dinge stets genau bezeichnet und exakt festgehalten werden.

»Na, Iris Becker!«

»Und sie hat tatsächlich so getan, als würde sie dich nicht kennen?«, fragt Lennart weiter.

»Moment mal. Bitte langsam zum Mitschreiben«, sagt Ronja. »Wie soll diese Becker Lea erkannt haben? Gerade sagten Sie, die Frau wäre tot.«

Der Kommissar lässt sich von Ronja nicht beirren. Er stellt lediglich fest, dass dies ein guter Einwand sei, um dann präziser zu formulieren, was er von Lea wissen mag: »Hat die Frau, die du für Iris Becker gehalten hast, den

Anschein gemacht, als hätte sie dich umgekehrt ebenfalls erkannt?«

Lea kann sich nicht verkneifen zu lachen. Es klingt zynisch. »Diese Frau ist so was von abgebrüht. Sie hat diese Dich-kenne-ich-gar-nicht-Nummer voll durchgezogen.«

Phil stimmt zu. »Das war echt reif für 'nen Oscar. Beste Nebenrolle. Als mir Lea später erzählte, dass sie die Frau zu 100 Prozent aus Hamburg kennt, wollte ich es ihr erst nicht glauben. Diese Bedienung hat gegenüber Lea so überzeugend die Fremde gespielt, dass ich von selbst nie auf den Gedanken gekommen wäre, dass sie einander vorher schon mal begegnet sein könnten.«

Der Kommissar hat inzwischen einen seiner A6-Blöcke vor sich liegen, die Lea noch von den letzten Ermittlungen vertraut sind. »Lass hören.«

Sie denkt kurz nach, bei welchem Moment der Begegnung sie mit ihrer Schilderung fortfahren soll. »Als ich sie von drinnen durchs Fenster am Tisch stehen sah, hat sie mir so halb den Rücken zugewandt und Phils Bestellung aufgenommen. Da hab ich sie noch nicht erkannt. Während ich mich dem Tisch näherte, sah ich sie jedoch mehr im Profil und wusste sofort: Das ist sie. Im ersten Impuls wollte ich auf dem Absatz kehrtmachen, wieder nach drinnen gehen und abwarten, bis sie zum Tresen geht, um dort die Bestellung weiterzugeben. Im Grunde hatte ich nicht das geringste Bedürfnis, sie zu treffen. Ich wollte unbemerkt zu Phil gehen und ihm sagen, dass ich hier nicht bleiben möchte. Einfach abhauen.« Sie verdreht die Augen. »Aber kneifen war eben noch nie so richtig mein Ding.« Fast alle reagieren in irgendeiner Weise auf ihre beiläufige geäußerte Selbsteinschätzung. Die einen nicken zustimmend, die andern schmunzeln. Wenn man so will: Bestätigung der Aussage von allen Seiten. »Also bin ich doch hin zum Tisch, hab mich zu Phil gesetzt und sie freundlich begrüßt. Phil hatte seine Bestellung bereits aufgegeben. Nachdem ich Platz genommen hatte, fragte sie mich nach meinen Wünschen. Ich bestellte einen doppelten Espresso und ein Croissant und sah ihr dabei direkt in die Augen.«

»Und wie hat sie reagiert?«

»Sie hat nicht einmal mit der Wimper gezuckt. Sie spielte einfach die freundlich lächelnde Bedienung, tippte meine Order in ihr Tablet ein und brachte uns wenige Minuten später ebenso lächelnd unsere Bestellung nach draußen. Eiskalt die Frau.«

»Während ihrer Abwesenheit hat mich Lea dann schnell eingeweiht.«

»Es gab also keinerlei Anzeichen, dass sie dich erkannt hat?«, fragt Lennart.

»Doch, beim Bezahlen. Da dachte ich für einen Moment, sie hätte sich verraten.«

Der Kommissar scheint zu ahnen, dass noch ein Haken kommt. »Weshalb war es dann doch nicht so?«

»Sie wünschte uns eine gute Rückfahrt nach Hamburg. Für mich war dies ein klarer Hinweis darauf, dass sie wissen musste, wen sie vor sich hatte. Wie sonst sollte sie darauf kommen, dass wir uns auf dem Nachhauseweg nach Hamburg befinden?« Lea hebt den Kopf, blickt schulterzuckend in die Runde.

»Mach es nicht so spannend«, sagt Ronja. »Was hat denn dann wieder nicht gestimmt?«

»Auch ich wollte mir bei diesem Versteckspiel natürlich keine Blöße geben. Deshalb habe ich einfach bis zum Schluss mitgemacht. Als ich Phil auf dem Rückweg zum Auto ihren Lapsus erklärte und ihm erzählte, dass sie sich mit den guten Wünschen für die Fahrt nach Hamburg verraten habe, löste er meinen vermeintlichen Beweis leider wieder in Luft auf.«

»Inwiefern?«

»Als Lea von der Toilette zurückkam, hatte die Frau ja bereits einige Zeit am Tisch gestanden«, erklärte Phil. »Ich hatte mir zwar vorher von Lea sagen lassen, was ich für sie bestellen sollte, war mir aber nicht sicher, was ich selbst haben wollte. Während ich noch in der Karte hin- und herblätterte, fing sie locker mit Small Talk an. Durchaus angenehm, vollkommen unaufdringlich. Auf diese ganz besondere Art, bei der man sich nicht bedrängt oder zugetextet fühlt und am Ende bereit ist, mit Trinkgeld ein bisschen großzügiger zu sein. Ihr wisst, was ich meine. Im Verlauf dieser lockeren Plauderei hab ich eben erzählt, dass ich selbst zwar aus Berlin komme, aber mit meiner Freundin aus Hamburg hier sei und dass wir auf dem Weg dorthin einen kleinen Boxenstopp im schönen Büsum gemacht haben.«

»Du warst schon bei deinem Job in Kiel und dass wir jetzt gerade aber aus Flensburg kämen«, sagt Lea. »Ich dachte, ich höre nicht richtig, als ich mich dem Tisch näherte und mit anhören musste, was er da alles ausplauderte. Die Frau ist eine überführte Spitzelin und er erzählt einfach drauflos, dass ich mich an einer Aktion auf der Gorch Fock beteiligt habe. Ehe er ihr mitteilte, dass ich mich bei dieser Geschichte nur mit Glück und Rüdigers Einsatz dem Zugriff der Polizei entzog, musste ich natürlich dazwischengehen. Und sie blieb währenddessen eiskalt wie ein Tiefkühlfach.« Lea streicht Phil über den Kopf. »Du hättest ihr vermutlich alles erzählt.«

»Ach komm, was heißt hier alles?« Phil wirkt ein wenig angefressen und scheint zu glauben, sich rechtfertigen zu müssen. »Das war nichts als harmloses Geplauder. Vielleicht hab ich ein bisschen mehr erzählt als nötig. Ja. Aber es war ein herrlicher Tag, sie war nett und unaufdringlich zugleich. Wie gesagt, wenn sie sich tatsächlich verstellt hat …«

»Es gibt kein Wenn«, fällt Lea ihm ins Wort. »Sie hat sich verstellt.«

»Ja, eben, wie gesagt: reif für 'nen Oscar. Im Übrigen meintest du auf der Rückfahrt selbst, du konntest es kaum glauben, dass es ein und dieselbe Frau war.«

»Inzwischen bin ich mir aber sicher. Ohne jeden Zweifel. Gut, sie trug eine andere Frisur. Macht jetzt einen auf halb punkig. Auch diese Ohrringe mit den gefärbten Federn hatte ich vorher noch nie bei ihr gesehen. Als Bedienung musste sie so eine lange Schürze und 'ne schwarze Bluse tragen. Vielleicht war's auch ein Polohemd. Das punkige Styling war jedenfalls neu und auch auffällig. Aber sie war es. Punkt.«

»Sag mal«, fragt Phil, »habt ihr in eurer Gruppe denn niemals fotografiert? Oder sogar Videos gemacht? Dann gibt's doch bestimmt auch Aufnahmen von der Toten?«

»Sie ist nicht tot!«

Er legt Lea besänftigend die Hand auf den Arm. »He, ist schon klar, jetzt. Ich meine doch nur, dass es Bilder von dieser Iris Bender geben muss, die ich mir ansehen könnte. Um sie als die Bedienung identifizieren zu können.«

»Becker«, korrigiert der Kommissar. »Natürlich gibt es zumindest schon mal das Foto in ihrem Ausweis. Das können Sie sich gegebenenfalls mal ansehen. Weiterhin gehe ich davon aus, dass wir in ihrer Wohnung Bilder finden müssten. Sie sind also sicher, dass Sie die Frau anhand von Fotos wiedererkennen würden?«, fragt er Phil.

»Klar. Nachdem Lea mir erzählt hatte, was da abging, und vor allem nachdem ich mitbekommen hatte, wie heftig Lea auf diese Frau reagierte, hab ich sie mir natürlich ein wenig genauer angesehen.«

Lennart schaut Lea fragend an. Er scheint in diesem Zusammenhang einen Kommentar von ihr zu erwarten.

Sie grinst. »Nachdem ich Phil flüsternd eingeweiht hatte, woher ich die Frau kannte und sie sich so offensichtlich weigerte, mich zu erkennen, hat er sie mehr oder weniger gescannt. Aber selbst von seinen nicht wirklich unauffälligen Blicken ließ sie sich nicht aus der Ruhe bringen. Als Iris Becker, als die wir sie in unserer Gruppe kannten, hätte sie dich garantiert angesprochen, weshalb du sie so anstarrst.«

Rüdiger nickt zustimmend.

»Ich hab sie mir bloß gründlich angeschaut«, setzt sich Phil wenig überzeugend zur Wehr.

Lea lacht. »Phil, du hast geglotzt. Wäre ihr eigenes Verhalten nicht so absurd gewesen, hätte ich es durchaus peinlich gefunden.«

Er hebt entschuldigend die Hände. »Observierungen sind eben normalerweise nicht mein Ding. Egal, ich hab ja selbst mitbekommen, dass sie mein plötzliches Interesse und meine Blicke wahrgenommen hat. Da wirkte sie zunächst schon ein klein wenig steif. Oder befangen. Aber schon beim nächsten Mal, als sie an unserem Tisch vorbeikam, wich sie meinem Blick nicht mehr aus. Sie ließ sich darauf ein, als wäre es ein Spiel, und schaute mich ihrerseits an, als krame sie in ihrer Erinnerung, woher sie mich denn nun kennen könnte. Als wollte sie herausfinden, weshalb ich sie anschaute. Ich fand's höchst bemerkenswert. Andererseits – so was passiert einem ja immer wieder. Man ist unterwegs, glaubt eine Person zu kennen, stellt Augenkontakt her und bekommt dann von der betreffenden Person eben nicht den erwarteten bestätigenden Blick, sondern nur ein verblüfftes Stutzen und dabei lässt man es dann auch bewenden.«

»Gegenüber Lea hat sie sich weiterhin vollkommen neutral verhalten?«, fragt der Kommissar.

»Ohne Leas Hinweis wäre ich nie auf den Gedanken gekommen, dass sie einander kennen könnten.«

»Also ich glaub dir das sofort«, wendet sich Rüdiger an Lea. »Die Becker ist so was von abgebrüht. Selbst nachdem ihr längst klar war, dass ihr Cover aufgeflogen war, ließ sie sich nichts anmerken. Wahrscheinlich kann man als Spitzel gar nicht anders.«

Phil bläst die Backen auf. »Was ich von ihr mitbekommen habe, scheint die Frau ihr Handwerk richtig gut zu verstehen.«

»Seit wann ist Spitzel ein Handwerk?«, bemerkt Jonathan.

Lea lehnt sich auf ihrem Klappstuhl zurück, verschränkt beinahe trotzig die Arme. »Sie war's.«

Der Kommissar blickt auf den vor ihm liegenden Notizblock, als hätte er sich in seinen eigenen Gedanken verloren. Schließlich beginnt er langsam zu nicken. »Dann werde ich die Identität sicherheitshalber wohl ein weiteres Mal überprüfen müssen.« Aber schon im nächsten Moment lehnt auch er sich zurück und schüttelt zweifelnd den Kopf. Viel scheint er sich von dieser Maßnahme nicht zu versprechen. »Dass die so geschlampt haben sollen – ich kann es mir eigentlich nicht vorstellen.«

»Als man diese Frau gestern gefunden hat«, bringt Yasmin betont langsam einen offenbar vagen Gedanken hervor, den sie selbst erst während der Formulierung klarer zu fassen sucht, »war sie laut Nachrichtensprecher des NDR bereits längere Zeit tot. Darauf wollten Sie vorhin so gar nicht eingehen. Geht's ein klein wenig genauer?«

»Der Zeitpunkt des Todes liegt so lange zurück, dass sie gestern unmöglich in einem Büsumer Café bedient haben kann«, antwortet er, ohne den tatsächlichen Zeitraum preiszugeben.

»Wurde sie – umgebracht?«, fragt Yasmin.

Der Kommissar zögert. »Über weitere Details kann und darf ich beim derzeitigen Stand der Ermittlungen nicht sprechen.«

»Na ja, in der Alster zu ertrinken, ist ja ohne Fremdeinwirkung kaum möglich«, sagt Jonathan. »Die ist doch so flach, dass man einmal quer durchwaten kann. Wenn man sich das überhaupt antun möchte.«

Daria schüttelt den Kopf. »Das mit dem Durchwaten will ich sehen. Ich wette eine Flasche Schampus, dass du es nicht schaffst. Die Wette gilt allerdings nicht für die Binnenalster. Dass die deutlich flacher ist, weiß ich auch. Aber die Außenalster, wo die Leiche laut Medien gefunden wurde, ist an den tiefsten Stellen durchaus 2,50 tief. Für Nichtschwimmer tief genug, um zu ertrinken. Das haben sie jedenfalls bei meinem Segelkurs behauptet, den ich vor ein paar Jahren absolviert habe.«

»Dass sie einfach ertrinkt, kann ich mir bei Iris Becker sowieso nicht vorstellen. Sie ist eine ausgezeichnete Schwimmerin«, wendet sich Lea an Lennart. »Ich war ein paar Mal mit ihr in der Alsterschwimmhalle. Hat man in der Lunge der Toten Wasser gefunden?«

»Klar, Alsterwasser!« Mit diesem flapsigen Einwurf lockert Jonathan die seit geraumer Zeit anhaltende düstere Stimmung.

Lediglich Phil kann nichts damit anfangen und nicht nachvollziehen, weshalb Jonathans Bemerkung die andern zum Lachen oder wenigstens zum Schmunzeln bringt. »Klärt mich bitte mal jemand auf, was gerade so lustig ist?«

Lea erbarmt sich seiner. »Das kannst du als Berliner natürlich nicht unbedingt wissen: Alsterwasser nennt man in Hamburg ein gespritztes Bier.«

»So was wie Berliner Weiße?«, fragt er nach.

»Ne«, antwortet Jonathan gedehnt. »Berliner Weiße ist doch Bier mit Sirup.« So wie er dabei sein Gesicht verzieht, macht er kein Hehl daraus, dass er ganz und gar nichts von dieser Mixtur hält. »Alsterwasser ist Bier mit Limo.«

»Ach so, 'n Radler.«

»So heißt es zumindest in Süddeutschland«, sagt Daria.

»Wenn Sie mich fragen, Herr Kommissar, kann es unter diesen Umständen schon mal kein reiner Unfall gewesen sein«, stellt Ergün nüchtern fest und erntet fragende Blicke. »Ist doch wohl klar, Leute: Wenn die Frau Radler in der Lunge hatte und in der Alster gefunden wurde, dann hat sie das ja wohl kaum allein geschafft, aus Süddeutschland dorthin zukommen.«

»Ich werde es in meine Überlegungen einbeziehen«, bemerkt Lennart, während die anderen über Ergüns Brechstangen-Pointe stöhnen. Zieht man in Betracht, dass sich das Tischgespräch noch immer um einen ungeklärten Todesfall dreht, kann man die flapsigen Kommentare der Abendgesellschaft nicht eben als pietätvoll bezeichnen.

»Ob Wasser in der Lunge oder nicht und um welches Wasser es sich gegebenenfalls auch handeln mag, nach dem jetzigen Ermittlungsstand lässt sich weder ausschließen noch bestätigen, dass jemand nachgeholfen haben könnte.«

»Das nenne ich mal eine klare Aussage«, stellt Phil ironisch fest. »Damit scheint ja alles geklärt zu sein. Nur nicht, weshalb wir die Tote gestern in Büsum gesehen haben.«

Lea blickt über den Tisch zu Lennart. »Bei der Personenfeststellung muss was schiefgelaufen sein. Wenn die Gefundene schon seit Wochen …«

Mit Mimik und Gestik versucht der Kommissar einmal mehr klarzustellen, dass er sich bezüglich des Zeitraums zwischen dem Tod und dem Auffinden am Alsterufer weder festgelegt hat, noch bereit ist, sich auf irgendetwas festnageln zu lassen.

»… meinetwegen auch erst seit Stunden oder Tagen tot ist«, korrigiert sich Lea, »kann es sich nicht um Iris Becker handeln. Die Frau, die unsere Gruppe bespitzelt hat, lebt.«

Lennart nickt andächtig. »Du weißt, dass ich deine Beobachtungsgabe schätze. Aus diesem Grund bin ich ja vorbeigekommen. Ich wollte so bald wie möglich mit dir reden und dich fragen, was dir im Zusammenhang zu dieser verdeckten Ermittlerin einfällt. Schließlich kennen du und noch ein paar mehr hier am Tisch sie aus der Zeit, in der sie in eure Gruppe eingeschleust wurde und euch ausspioniert hat. Hätte ich gewusst, dass du ausgerechnet heute …« Er blickt entschuldigend in die Runde. »Es tut mir leid, wenn ich dir, wenn ich Ihnen allen den Abend verdorben habe.« Er erhebt sich vom Stuhl. »Zunächst mal werde ich die bisherigen Erkenntnisse noch einmal überprüfen lassen. Erinnerst du dich zufällig an den Namen des Cafés, in dem ihr gewesen seid?«

»Keine Ahnung.« Sie wendet sich an Phil. »Hast du dir gemerkt, wie der Laden heißt?«

»Tut mir leid. Vom Ambiente her würde ich sagen, dass es sich um 'ne Kette handeln könnte. Hab leider auch die Quittung liegen lassen.«

»Mann, als Freiberufler kannst du so was doch absetzen«, sagt Ronja.

Phil schaut sie zweifelnd an. »Geschäftsessen mit meiner Freundin in Büsum. Ja, super. Das lohnt sich aber.«

Auch Lennart kann sich ein Schmunzeln kaum verkneifen. Nach diesem offenkundigen Hinweis auf Einsparmöglichkeiten durch Steuerbetrug, wenn auch in äußerst geringem Rahmen, blicken fast alle am Tisch automatisch zu ihm. Derlei Verhalten begegnet ihm durchaus häufig. In solchen Momenten hat er stets das Gefühl, so etwas wie die personifizierte Staatsmacht zu sein. »Keine Sorge. Steuerdelikte sind eine vollkommen andere Abteilung. Damit habe ich nichts am Hut.«

Phil kommt noch einmal auf die Frage des Kriminaloberkommissars zurück. »Auf den Namen hab ich nicht geachtet. Allerdings könnte ich beschreiben, wo es liegt. Wir haben vor der Touristen-Info geparkt und sind dann über eine Treppe, so 'ne Freitreppe, runter zum Hafen.«

»Hieß die Straße nicht Am Fischerkai?«, fragt Lea.

»Auf Straßenschilder hab ich nicht geachtet. Allerdings war direkt gegenüber der Helgoland-Anleger.«

»Wenn's tatsächlich wichtig wird, melde ich mich noch mal«, sagt Lennart. »Dann können wir das gegebenenfalls recherchieren. Ich hoffe, Sie kommen alle noch einmal in Stimmung, sobald der Eindringling verschwunden ist.« Er legt eine Hand auf seine Brust. »In diesem Sinne wünsche ich trotz meines Auftritts noch einen schönen Abend.« Mit angedeuteter Verbeugung geht er zur Tür.

Lea begleitet ihn ins Treppenhaus. Als er zu einer weiteren Entschuldigung anhebt, versucht sie ihm die Sorge, er habe durch seinen Besuch ihre Essensrunde gestört, auszureden. »Lennart, lass gut sein jetzt. Es ist, wie es ist. Du konntest nicht wissen, dass ich heute Abend Gäste habe. Ich hätte es dir fairerweise schon hier vor der Tür sagen sollen. Ehe ich dich überhaupt reingebeten habe.«

Er verdreht die Augen. »Ah, ich hätte vorher anrufen können. Müssen.«

»Dann hätte ich den anderen von deinem Anruf erzählt und wir hätten unter Garantie genauso viel über Iris Becker geredet, wie wir es jetzt ganz sicher weiterhin tun werden. Schließlich hat sie einigen von uns persönlich durchaus nahegestanden und ist uns, nachdem sie aufgeflogen ist, in denkbar schlechter Erinnerung.«

»Sorry«, haucht er noch einmal beinahe tonlos und wendet sich zum Gehen. Nach zwei Treppenstufen bleibt er stehen, dreht sich erneut zu ihr um.

»Na, was ist dir jetzt noch in den Sinn gekommen?«

Er schüttelt nachdenklich den Kopf. »Du hast dich gerade so unglaublich sicher angehört, dass du die Becker gestern gesehen hast.«

»Ja, klar. War mir ja auch vollkommen sicher …«

»Und – bist du's immer noch?«

Sie macht eine hilflose Geste. »Wenn du sagst, dass sie tot ist, Lennart – fange ich zumindest an, darüber nachzudenken, ob ich mich unter Umständen doch getäuscht haben könnte. Allerdings habe ich in meinem ganzen Leben noch nie Haluzis gehabt. Ich könnt's nicht nachvollziehen, wenn es so wäre.«

Er zuckt mit den Schultern. »Ich melde mich noch mal. Und, wie gesagt, es tut mir …«

»Lennart! Ist gut!«

Mit zum Gruß erhobener Hand setzt er seinen Weg fort. Lea wartet vor der Wohnungstür und lauscht nach unten, ob er zur Haustür hinauskommt. Eine ihrer Nachbarinnen, die sich in übertriebenem Maß an der Hellhörigkeit des Mietshauses stört, nimmt es gern besonders genau und schließt an den meisten Abenden schon um 20 Uhr die Haustür ab.

»Gute Nacht, Frau Lehmann«, hört Lea den Kommissar im ersten OG jene Nachbarin durch deren geschlossene Wohnungstür grüßen. Lennart ist im Zusammenhang mit einem früheren Fall schon einige Male bei ihr gewesen und kennt daher die Eigenheiten der Lehmann. Bereits bei seinem ersten Besuch erzählte ihm Lea, dass die Frau offenbar nichts Besseres zu tun hat, als hinterm Türspion zu lauern und zu beobachten, wer aus und ein geht. Seitdem macht er sich beim Verlassen des Hauses einen Spaß daraus, ihr mit lautem Gruß mitzuteilen, wenn er sie beim Spionieren ertappt hat. Nach ihrer ersten Begegnung mit dem meist sehr sachlich und nüchtern auftretenden Kriminaloberkommissar hätte Lea ihm so einen ironischen Alltagshumor nicht zugeschrieben.

Schließlich hört sie unten die Scharniere der Haustür quietschen und wieder ins Schloss fallen. Sie muss bei Gelegenheit dem Hauswart Bescheid geben, dass dieser bis ins Mark dringende Ton in den letzten Tagen ständig lauter geworden ist. So laut, dass er selbst bei geschlossener Wohnungstür bis ins vierte Stockwerk dringt. Dass sich die anderen Mieter, allen voran die mäkelige Lehmann, noch nicht darüber beklagt haben, grenzt an ein Wunder.

Erleichtert, dass sie nicht nach unten laufen muss, um Lennart rauszulassen, kehrt sie zu ihren Gästen zurück. Unter ihnen herrscht nur ein Thema: Iris Becker. All diejenigen, die sie nicht aus der Aktionsgruppe kennen, verfolgen das Gespräch mit einer Mischung aus Verwunderung und Fassungslosigkeit.

»Wie hat die das über Jahre hinweg geschafft, euch was vorzumachen? Wie konnte sie in so eine Rolle schlüpfen und diese fiktive Person spielen, ohne dass auch nur irgendjemand von euch Verdacht schöpfte?« In Phils Frage schwingt ein Hauch von Faszination und zugleich eine Art Betroffenheit mit. Natürlich haben er und Lea das Thema schon während der Rückfahrt von Büsum gewälzt und er hat ihr gegenüber festgestellt, dass er zwar schon oft von derlei Bespitzelungen gehört oder auch darüber gelesen habe, dass jedoch andererseits solche Übergriffe von staatlicher Seite noch nie bis in sein persönliches Umfeld vorgedrungen seien.

Bis zu dem Moment, in dem die Becker durch reinen Zufall aufgeflogen ist, hätte Lea diesen Standpunkt noch geteilt, ohne lange darüber nachzudenken. Zuvor hat sie das paranoide Gerede darüber, dass man bei der Planung von Aktionen den Kreis der Insider so klein wie möglich halten sollte, kaum ertragen. Obwohl sie schon lange das Gefühl hatte, dass die Zahl derer, die sich vom Überwachungsstaat und vom Verlust bürgerlicher Freiheitsrechte bedroht fühlten, immer größer wurde, war sie der festen Überzeugung, dass sie selbst niemals zu den Betroffenen gehören wird. Sie hielt sich für einen viel zu kleinen Fisch, um bespitzelt zu werden. Die hätten sicher Wichtigeres zu tun. Das Thema gehörte für sie in den Bereich der Fiktion, wobei es nach ihrem Geschmack viel zu häufig in Filmen verarbeitet und in Romanen aufgegriffen wurde.

Während der Fahrt von Büsum nach Hause meinte Phil außerdem, dass er realiter kaum an solche Vorgänge glauben mochte, und verglich das Ganze mit den ungezählten Computer-Abstürzen, von denen er im Kreis seiner Freunde und Bekannten schon gehört habe. Wie viele Magisterarbeiten sind im Rahmen dieser Schilderungen schon in den Abgründen der Computer verschwunden? Wie viele Datenverluste dramatischen Umfangs sind ihm schon ausführlich geschildert worden? Die größte Panne, die er selbst jemals erlebt habe, kostete ihn einen halben, vielleicht sogar einen Dreiviertel-Arbeitstag. Und er sei beileibe kein disziplinierter Datensicherer.

Lea findet den Vergleich zwischen paranoidem Verhalten im Zusammenhang mit Bespitzelung und dramatisch fantasievollen Übertreibungen bei Computerabstürzen nachvollziehbar. Der Wettstreit, wer mit der größeren Katastrophe aufwarten kann, ist vermutlich so alt wie die Menschheit. Allerdings hat sie im Laufe dieses Jahres sowohl das eine, als auch das andere selbst erlebt. Der Computerabsturz war locker zu verschmerzen. Die Bespitzelung, den Angriff auf die Privatsphäre all derer, die sich in ihrer Gruppe engagierten, empfand sie dagegen als einen Schlag ins Kontor. Offenbar ist es mit der Wahrung demokratischer Grundrechte nicht mehr so weit her. Zumal es ihr nach wie vor ein Rätsel ist, was um alles in der Welt BKA, LKA, der Verfassungsschutz und wer noch alles für einen gewinnbringenden Nutzen daraus ziehen, wenn sie ausgerechnet ihre Umweltgruppe bespitzeln. Im Übrigen hätte sie vor Iris Beckers Entlarvung vollmundig behauptet, dass sie es mitbekomme, wenn in ihrem Umfeld ein Spitzel eingeschleust werden würde.

Sie blickt in die Runde. Niemand scheint Phils Frage beantworten zu können. Nur ratloses Schulterzucken und Kopfschütteln.

»Wann habt ihr Sonja zuletzt gesehen?«, wendet sich Lea an Rüdiger und Ergün.

»Und wer ist jetzt bitte Sonja?«, fragt Yasmin.

»Iris Beckers wirklicher Name. Eigentlich heißt sie Sonja

Kirchheimer«, erklärt Lea. »Sie hat sich uns nur als Iris Becker vorgestellt.«

»Weiß nicht«, sagt Ergün. »Wie lange mag das her sein? Es muss das Treffen gewesen sein, bei dem sie aufgeflogen ist. Du warst damals ja nicht dabei.«

Lea verdreht die Augen. Der Grund ihrer damaligen Abwesenheit war, dass sie selbst von ihrer Gruppe für die Undercover-Polizistin gehalten worden war. Rüdiger hatte ihr damals vertraulich mitgeteilt, dass sie verdächtigt werde und sich für den Augenblick still verhalten solle, weil sie eine Persona non grata wäre. Völlig absurd.

»Ihr Abgang war dann auch reichlich überstürzt«, fährt Ergün fort. »Jedenfalls ist sie mir anschließend nie wieder über den Weg gelaufen. Ist auch besser so. Keine Ahnung, was ich getan hätte, wenn mir die Schnalle noch mal vor die Hände gekommen wäre.«

»Sag mal, Ergün, wie bist du denn heute drauf?«, fragt Daria etwas überrascht über die Wortwahl ihres Freundes. »Die Frau ist tot! Und dir fällt nichts anderes ein, als sie zu beschimpfen.«

»He! Kapierst du das nicht? Die hat uns drei Jahre lang bespitzelt, angelogen und ausgehorcht! Soll ich die posthum plötzlich nett finden?«, hält er dagegen.

Ergüns Unmutsäußerungen kann Lea besonders gut nachempfinden. Iris, oder eben Sonja, hatte von Beginn an keine Gelegenheit ausgelassen, mit jedem einzelnen Typen der Gruppe zu flirten. Sie gab sich dabei weder besonders wählerisch noch hatte sie Scheu, mit wem auch immer in die Kiste zu steigen. Wenn Lea sich richtig erinnerte, war Ergün der Erste oder zumindest einer der Ersten, mit dem sie etwas anfing. Bereits kurz nach ihrem Auftauchen gehörte Ergrün zum Kreis der engeren Auserwählten. Diese Beziehung hatte dann mehrere Monate gehalten, vielleicht sogar ein halbes Jahr. Verglichen zu den Reaktionen auf die anderen, durchweg kürzeren Zwischenspiele, wirkten die Gruppenmitglieder bei Ergüns Trennung von Sonja richtig betroffen. Lea ist bis heute nicht klar, wer von den beiden damals Schluss machte. So wie Ergün nun verbal um sich beißt, kann man darauf schließen, dass sie ihm den Laufpass gab.

Allerdings spielt Ergün zuweilen gerne mal den Verbal-Attentäter. Mit Worten ist er stets wesentlich schärfer als mit Taten. Würde er seine Aussagen alle eins zu eins umsetzen, säße er längst im Knast. Und zwar im Hochsicherheitstrakt. Ergün hat in seinem Diskussionseifer schon ganze Heerscharen gemeuchelt. Ganz nebenbei nietet er verbal auch gerne mal jemanden um oder macht unliebsame Zeitgenossen einfach platt und verpasst einem Politiker, der sich nicht nach seinem Gusto verhält, kurzerhand ein paar Beton-Stiefel, um ihn in der Elbe zu versenken.

»Und du?«, wendet sich Lea an Rüdiger.

»Was?«

»Wann hast du Iris Becker das letzte Mal gesehen? Oder mit ihr geredet?«

»Weiß nicht.« Er hebt sein Weinglas, schwenkt es in Augenhöhe, als suche er darin eine Antwort. Endlich nimmt er einen Schluck, stellt das Glas behutsam zurück auf den Tisch. »Ist schon ein paar Wochen her, dass ich sie besucht habe.«

»Was?« Ergün scheint sich seiner Lautstärke nicht bewusst zu sein. Alle andern am Tisch zucken zusammen. »Du hast die verdammte Schlampe auch noch besucht?«

Daria schiebt geräuschvoll den Stuhl nach hinten und verschwindet sichtlich verärgert im Bad. Sie scheint von seinen Ausbrüchen endgültig genug zu haben.

Gelassen sieht Rüdiger Ergüns Freundin hinterher, wartet um des Dramas willen, bis sich im Schloss der Badezimmertür der Schlüssel gedreht hat. »Was dagegen? – Ich wollte sie zur Rede stellen«, erwidert er dann in einem Ton, als müsste er sich für sein Handeln doch rechtfertigen. »Mir wollte nicht in den Schädel, wie man so was machen kann. Ging uns doch allen so. Ihr würdet doch auch gern kapieren, warum man so was tut. Wie man anderen so eiskalt eine Freundschaft und in einzelnen Fällen sogar Liebe vorspielen kann. Aus Überzeugung? Für Geld? Oder puscht es einfach nur das Ego, wenn man es schafft, seine Mitmenschen über eine so lange Zeit hinters Licht zu führen?«

»Hast du Antworten von ihr bekommen?«, fragt Lea.

»Natürlich nicht. – Gelacht hat sie. Inzwischen weiß ich selbst nicht mehr, weshalb ich mich zu diesem Besuch verstiegen habe und ernsthaft davon ausgegangen bin, sie würde mir was erklären können.«

»Und dann hast du sie umgebracht«, stellt Jonathan knapp und nüchtern fest.

»Spinnst du jetzt oder was?«, fährt Rüdiger ihn an.

Jonathan hebt abwehrend die Hände. »He, Rüdiger. War'n Scherz.«

Während Rüdiger noch immer um Fassung ringt, fangen ringsum alle andern an zu grinsen. Yasmin gibt ihrem jungen Freund einen Klaps auf den Hinterkopf. »Doofmann.«

»War ein Sche-erz! Sorry«, sagt Jonathan noch einmal zu Rüdiger. »Hand drauf. Echt! Vielleicht war's auch einfach nur ein Versuch, das Thema zu beenden.«

»Schon okay.« Rüdiger verdreht die Augen, greift erneut nach seinem Glas, dreht es auf dem Tisch hin und her. Plötzlich hellt sich seine Miene auf. »Getroffene Hunde bellen eben«, sagt er lächelnd. Niemand begreift, was er damit sagen will. »Wenn man's nicht mehr leugnen kann, reagiert man als Täter im ersten Moment schon mal ein wenig gereizt. Sorry, Leute, tut mir leid.« Er hebt den Blick, grinst hinüber zu Jonathan. »Hut ab, Sherlock. Hätte nicht gedacht, dass ich ausgerechnet in so 'ner gemütlichen Abendrunde überführt werde.« Er hebt das Glas und prostet Lea zu. »Aber der Leichenschmaus war klasse.«

Während Rüdigers schwarzhumorigem Geständnisses einen Teil der Gäste zum Schlucken bringt, nimmt Lea sein Essenslob als Stichwort. »Freut mich, wenn's geschmeckt hat. Euch ist aber schon klar, dass Phil an der Zusammenstellung des Menüs beteiligt war.«

»Und?«, spricht Phil Rüdiger noch einmal auf den Mord an. »Wie hast du's gemacht?«

»Erschlagen. Zunächst wollte ich den Briefbeschwerer vom Schreibtisch nehmen. So ein schöner handlicher Flusskiesel. Lag griffbereit auf einem Stapel Papieren. Aber dann fand ich die Espresso-Kanne doch stilvoller.«

Mit kehligem Lachen schüttelt Yasmin den Kopf. »Ihr seid so was von morbide.« Sie hebt ihr Glas. »Auf den schwarzen Humor.«

Während alle die Gläser heben, kehrt Daria an den Tisch zurück. Ihren Ärger scheint sie im Bad gelassen zu haben. »Hab ich was verpasst?«

»Nö, eigentlich nicht«, sagt Ergün. »Jedenfalls nichts Wichtiges.«

»Na ja«, sagt Phil, »Rüdiger hat Iris erschlagen.«

»Nein, hab ich nicht«, korrigiert Rüdiger. »Iris Becker war für mich bereits vorher längst gestorben. Ich hab Sonja Kirchheimer erschlagen.«

»Dann eben Sonja. Sonst ist aber tatsächlich nichts weiter vorgefallen.«

Daria blickt hilfesuchend in die Runde.

Ehe noch jemand dummes Zeug von sich geben kann, erhebt sich Phil von seinem Platz: »Wem darf ich einen Espresso machen?«

»Einen doppelten bitte«, sagt Lea. »Und deinen genialen Nachtisch haben wir auch noch im Eisfach!«

Durch dieses seltsame Geständnis hat Rüdiger tatsächlich einen Themenwechsel eingeläutet. Während der Nachtisch- und Kaffeerunde hat Lea endlich Gelegenheit, von ihrem Auftrag zu erzählen, dem eigentlichen Anlass für diesen kulinarischen Abend. Mit leuchtenden Augen schildert sie ihre damit verbundenen Erwartungen. So wie sich das Ganze anlässt, glaubt sie, gute Chancen zu haben, im Rahmen der Arbeit für das Gourmet-Magazin erlesene Restaurants besuchen und dort auch noch kostenfrei speisen zu müssen.

»Und wie oft musst du diesen entsetzlichen Pflichten nachgehen?« Das Wort ›Pflichten‹ setzt Ronja mit ihren Fingern in Anführungszeichen.

»Ein-, zweimal pro Woche?«, antwortet Lea, als würde sie eine Frage stellen. Mit strahlender Miene hebt sie ihr Glas, um darauf anzustoßen. Dass sich alle mit ihr zu freuen scheinen und nicht die geringste Spur von Neid im Raume schwebt, ist für sie das Sahnehäubchen des Abends.

»Hmh, das war schön«, nuschelt sie weit nach Mitternacht, während sie von zwei Dutzend Teelichtern umringt mit Phil im Bett liegt.

»Was denn? Der Matjes, das Sorbet oder unsere Nummer grade eben?«

Sie knufft ihn in die Seite. »Erwartest du jetzt etwa ’ne Sex-Bewertung auf der Skala von 1 bis 10?«

»Jap.«

»Dein Matjes war 'ne 10.«

»Und?«

»Dein Mango-Sorbet war auch nicht von schlechten Eltern. Sagen wir mal 'ne 9.«

»Nur?«

»Mängel in der B-Note. Zu viel Rübenkraut.«

»Das ist unfair. Du hattest keinen braunen Zucker im Haus – ich musste Rübenkraut nehmen.«

»Das ändert doch am Urteil nichts.«

»Und?«

»Was und?«

»Du weißt schon.«

»Das bewerte ich nicht.«

»Hm.«

»Kerzen aus?«

»Mhm.«

»Okay. Du Kerzen aus, ich noch mal wo hin.«

Als sie zurückkehrt, steht das Fenster weit offen, eine exotische Mischung aus kühler Nachtluft und sich verflüchtigendem Kerzenrauch zieht durch Leas kleines Schlafzimmer. Phil scheint bereits zu schlafen. Darauf bedacht, ihn nicht noch einmal zu wecken, kuschelt sie sich mit größter Vorsicht neben ihn in ihre leichte Sommerdecke.

»Ich fand das ja schon ein bisschen gruselig«, brummelt er leise in die Dunkelheit.

»Wie ich mich reingeschlichen habe?«

»Ach was, nein.« Er dreht sich zu ihr. »Rüdigers Geständnis.«

»Wieso? War doch nur Spaß.«

»Hörte sich so authentisch an. Gruselig.«

»Du kennst ihn nicht.«

»Ist der immer so?«

»Manchmal. Ja. Oder meistens. Nur wenn er gerade depri ist. Dann ist er anders.«

»Wie anders?«

Lea starrt in der Dunkelheit zur Decke. Sie muss selbst erst darüber nachdenken, wie sie das meint. Rüdiger verhält sich häufig sehr still und passiv. Das macht den Umgang mit ihm bisweilen ein wenig mühselig. Dann hat sie das Gefühl, dass er mit seinem zurückhaltenden Schweigen allen Leuten um ihn herum die Energie abzieht. Wie ein schwarzes Loch im Weltall, das alles Licht in die Finsternis reißt. »Weiß nicht. Depri passt bei ihm auch nicht richtig. Wahrscheinlich trifft es Schwermut besser.«

»Hm. Ich fand's vorhin jedenfalls seltsam. Er klang so überzeugend, dass ich ihm das echt hätte abkaufen können. Ich habe ihm das in diesem Augenblick voll zugetraut. Vor allem die Antwort auf die Frage nach dem Wie: Erschlagen. Nicht mit dem Stein, sondern mit der Espresso-Kanne. Das kam so prompt. Wie aus der Pistole geschossen.«

»Und?«

»Gruselig eben.«

»Ich nenne so etwas schwarzen Humor. Wunderbar britisch. So ist Rüdiger eben drauf, wenn er nicht depri oder schwermütig ist. Wenn er erst mal aufgetaut ist, kann er echt witzig sein.« Lea liegt mit offenen Augen da und denkt über Phils düsteres Gefühl nach. »Weißt du was?«, fragt sie nach einer Weile, ohne eine Antwort abzuwarten. »Jetzt finde ich es gruselig, dass du das gruselig findest.«

»Hm«, brummt Phil. »Sorry.« Im nächsten Augenblick atmet er nur noch ruhig und regelmäßig vor sich hin.

Lea ist dagegen noch lange wach.

# 3. KAPITEL

Obwohl Phil deutlich früher eingeschlafen ist als sie, hat Lea bereits eine Stunde Küchenarbeit hinter sich, ehe er ihr mehr schlafwandelnd als wach auf dem Weg ins Bad einen Kuss auf die Wange drückt und seltsame Töne von sich gibt, die mit verständlicher Sprache wenig zu tun haben. Wenn das Grummeln überhaupt einen Sinn gehabt haben soll, steht für Lea die Tür zur freien Interpretation weit offen. Während sie darüber nachsinnt, was er ihr soeben bezüglich einer »verborgenen Katz« mitgeteilt hat, oder ob er ihr doch eher einen Hinweis auf seine »Sorgen am Latz« zugehaucht oder einfach nur schlicht »Guten Morgen, mein Schatz« gesagt hat, zelebriert sie ihr Espresso-Ritual und trägt das Tablett mit zwei Tassen auf die um diese Stunde noch im Schatten liegende Loggia. Sonntags um 9 Uhr ist es auf der sonst sehr lebhaften Hauptverkehrsstraße tief unter ihr angenehm ruhig.

»Oh, du bist ein Schatz«, sagt Phil, als er nach draußen tritt und den bereit stehenden Wachmacher sieht. »Gut geschlafen?«

»Mhm, nicht so richtig.«

»Hab ich geschnarcht?«

»Nein, zum Glück nicht.«

»Hast du geschnarcht?«

»Woher soll ich das wissen?«

»Meine letzte Freundin ist oft von ihrem eigenen Schnarchen aufgewacht und hat mich angestoßen, weil sie dachte, ich wäre es.«

»Das hast du dir gefallen lassen?«, fragt Lea grinsend.

»Ganz offensichtlich nicht. Sonst wäre ich noch mit ihr zusammen.«

Lea sieht ihn zweifelnd an. »Ihr habt euch echt wegen ihres Schnarchens getrennt?«

»Na ja, nicht nur. Sie hat auch gerülpst. Und gepupst. Und den Klodeckel nie runtergeklappt.«

»Sag jetzt nicht, sie hätte im Stehen gepinkelt.«

»Natürlich. Nach ihrer Denke war das Emanzipation.«

»Bist du sicher, dass sie kein Kerl war?«

»Lea, das Thema hatten wir doch jetzt durch, oder? Ich bin tatsächlich hetero.«

»Hm.«

»Was?«

»Ich konnte nie künstlich rülpsen.«

»Ist jetzt auch nicht so wichtig, das zu können.«

»Als toughes Teenie-Mädchen hätte ich das gern gekonnt. Eine Freundin aus dem Heim konnte sogar auf Kommando pupsen.«

»Du warst im Heim?«

»Mhm. Ein gutes Jahr.«

»Echt jetzt? Boah. Auch nicht schön.«

»Für mich war's vermutlich eher ein Glücksfall. Keine Ahnung, was sonst aus mir geworden wäre. Hab die Leute dort echt gemocht. Vielleicht hätte ich ohne die niemals die Kurve gekriegt. Wer's nicht gepackt hat, war leider besagte Pupserin.«

»Boah, ne, Lea. Ich hab noch nicht mal gefrühstückt.«

»Trennst du dich jetzt auch von mir?«

Entsetzt dreht er sich zu ihr. »Was? Wieso? Wie kommst du jetzt darauf?«

Sie grinst. »Richtige Antwort. Hundert Punkte.«

Er richtet sich im Liegestuhl halb auf. »Du bist die Erste, von der ich höre, dass ihr ein Heimaufenthalt was gebracht hat. Hast du nicht erzählt, dass du ab deiner Teenie-Zeit bei deiner Mutter aufgewachsen bist, weil dein Vater euch verlassen hat?«

»Das war die gekürzte Fassung«, antwortet Lea. Dann sagt sie lange nichts. Wenn sie könnte, würde sie ihre beiläufige Erwähnung ihres Aufenthalts in einer Jugendeinrichtung rückgängig machen. Da dies nicht geht und sie seit Jahren daran arbeitet, mit allen Situationen im Jetzt positiv umzugehen, teilt sie Phil einfach gerade heraus mit, dass sie das Thema im Moment nicht vertiefen möchte und sie ihm ein anderes Mal davon erzählen wird. »Heute würde ich einfach gerne den wunderbaren Morgen und den Tag genießen.«

»Okay.« Das klingt knapp. Offenbar muss er die Ablehnung erst verdauen und sich sammeln. Als er schließlich fragt, was sie unternehmen können, ehe er abends ins Auto steigt, um nach Berlin zu fahren, ertappt sich Lea dabei, dass ihre Gedanken längst wieder um das gestrige Thema kreisen. Es hat sie auch einen Großteil der Nacht beschäftigt. Obwohl sie für gewöhnlich keine Mühe hat, sich vor dem Einschlafen von Grübeleien zu befreien, konnte ihr Hirn nicht von der angeblich toten Iris Becker lassen. Das Rätsel, wie diese Frau sie und Phil in einem Büsumer Café bedient haben kann, wenn sie Tage oder gar Wochen zuvor zu Tode gekommen sein soll, hat sie stundenlang umgetrieben. Lea kann sich nicht erinnern, jemals einen Doppelgänger eines ihr bekannten Menschen gesehen zu haben. Ja, Ähnlichkeiten auf den ersten Blick sind ihr zuweilen durchaus schon untergekommen. Im letzten Frühjahr zum Beispiel war sie vollkommen sicher, im vorderen Waggon der U3 Yasmin zu sehen. Sie nutzte den nächsten Halt, um nach vorne umzusteigen, um sich zu ihr zu setzen, damit sie ein paar Stationen lang miteinander klönen konnten. Im anderen Wagen angekommen musste sie aber erkennen, dass die Person, die sie für Yasmin hielt, ein Kerl war, der seine Haare genauso trug wie die Mutter ihres damals frisch gebackenen Ex. Bisher haben sich immer alle Doppelgänger-Eindrücke in nichts aufgelöst, sobald sie nahe genug an dem ähnlich aussehenden Menschen dran war. Auch glaubt Lea ein gutes Gedächtnis für Gesichter zu haben und ist schon deshalb weiterhin der festen Überzeugung, dass Iris Becker alias Sonja Kirchheimer noch am Leben ist. Es sei denn, sie ist zu einem Zombie mutiert. Geschichten von lebenden Toten aus der Unterwelt hat sie allerdings noch nie überzeugend finden können. Weder im Film noch in Büchern und schon gar nicht im richtigen Leben. Jedenfalls hat dieses Thema die Nacht bestimmt und lässt sie auch jetzt am Morgen noch immer nicht los. Schließlich weiß sie, wozu sie diesen Sonntag gerne noch nutzen möchte. Die Frage ist, ob Phil Lust hat mitzuspielen. »Ich würde gerne einen Mord aufklären.«

»Hör mal, Lena, müssen wir uns nun auch noch an unserem freien Sonntag um Verbrecher kümmern?«, erwidert Phil theatralisch.

Dass er sie mit falschem Namen angesprochen hat, ist noch nicht vorgekommen.

»Was? Wieso Lena?«

»Ich Kopper, du Lena«, antwortet er grinsend.

Lea empfindet zwar eine gewisse Erleichterung, dass diese Namensverwechslung nichts damit zu tun hat, dass Phil sie mit dem Namen einer ihrer Vorgängerinnen angesprochen hat, dennoch sieht sie ihn zweifelnd von der Seite an. »Echt jetzt? Tatort Ludwigshafen?«

»Ach, komm, so schlecht war der jetzt auch wieder nicht.«

»Für Kopper fehlen dir so ungefähr 20 Zentimeter zumeist schlecht gepflegter Haare und glücklicherweise auch geschätzte 15 bis 20 Kilogramm Körpergewicht. Mindestens.«

»Okay. Und was fehlt dir zu Lena?«

Sie muss nicht lange nachdenken. »Im Zweifelsfall ein N? – Fahr doch schon mal den Wagen vor«, schließt sie das Thema mit jenem Derrick-Zitat ab, das es nachweislich nie gegeben hat. »Ich geh erst mal duschen.«

»Darf ich mitkommen?«

»Den Mordfall klären?«

»Ähm, eigentlich bezieht sich meine Frage zunächst einmal aufs Duschen.«

Am frühen Nachmittag schaffen sie es endlich, voneinander zu lassen und sich anzukleiden.

Während Lea sich noch fertig macht, tritt Phil hinaus auf die Loggia und blickt nach unten auf die Straße, wo sein Auto vor dem Haus sowohl in der prallen Sonne als auch im Halteverbot steht. Erfreut stellt er fest, dass er keinen Strafzettel an der Windschutzscheibe hat. Aufgrund der schwierigen Parksituation in Leas Viertel hat er die Straßenverkehrsordnung etwas freier interpretiert. Er sieht links und rechts die Straße hinunter und hält Ausschau nach potenziellen Knöllchenschreibern. Bis sie in ein paar Minuten losfahren, wird hoffentlich niemand mehr vorbeikommen und ihm ein Ticket verpassen. Allein der Gedanke, gleich in die von der Sonne aufgeheizte Blechkiste steigen zu müssen, treibt ihm den Schweiß auf den Rücken. Das Auto, das er sich von seinem Freund Chris geliehen hat, stammt aus einer Zeit, in der Klimaanlagen noch absoluten Luxus darstellten. Immerhin verfügt die Kiste bereits über eine Zentralverriegelung und elektrische Fensterheber, von denen jedoch nur noch der auf der Fahrerseite funktioniert. Gelegentlich. Als sich Lea neben ihn stellt, um sich ebenfalls ein Gefühl fürs heutige Wetter zu verschaffen, fragt er, ob sie das Auto nicht lieber stehen lassen und in der Nähe spazieren gehen sollen.

Lea zögert. Einerseits ist das Wetter tatsächlich zu gut, um sich ins Auto zu hocken. Zumal im Bereich um den Stadtpark aufgrund des Schön-Wetter-Verkehrs ein reibungsloses Durchkommen kaum möglich sein wird. Andererseits könnte sie ihr Vorhaben, sich in Iris Beckers Wohngegend umzusehen, in den Wind schreiben. Zu Fuß ist es zu weit bis dorthin. Sie kann ihre Neugier jedoch kaum bändigen. Natürlich ist es vermessen zu glauben, sie würde durch eine Inaugenscheinnahme dieses Viertels mal eben im Vorübergehen Lennarts neuen Fall klären. Aber die angebliche Tote lässt sie nicht los. Sie ist sich immer noch sicher, diese Spitzelin putzmunter in Büsum erlebt zu haben. Wie kann die Polizei also zu dem Schluss kommen, dass es sich bei der Leiche um diese Frau handelt? Wie konnte ihnen bei der Identifizierung so ein Fehler unterlaufen? Irgendetwas stimmt nicht. Lea kennt sich selbst gut genug, um zu wissen, dass ihre berechtigten Zweifel an der Identität der Toten so lange an ihr nagen werden, bis sie eine logische Erklärung dafür gefunden hat. Also kann es nicht schaden, sich in der betreffenden Umgebung ein wenig umzusehen. Vielleicht bekommt sie ihre Gedanken dadurch etwas sortiert. »Wir könnten natürlich auch die Fahrräder nehmen.«

»Hast du zwei?«

»Lennarts Fahrrad steht noch im Keller. An dem Tag, an dem er mir die Felgen vorbeibrachte und einbaute, hat es geregnet wie Sau. Da ist er dann lieber mit Öffis nach Hause gefahren.«

»Meinst du nicht, dass er etwas dagegen haben könnte, wenn ausgerechnet ich …?«

»Nö. Was meinst du mit ausgerechnet?«

»Na ja, immerhin hast du mir erzählt, dass ich der Typ bin, der ihm so eine tolle Braut weggeschnappt hat.«

»Pass auf, was du sagst, noch entscheidet die Braut selbst«, ermahnt sie ihn streng, obwohl sie sich natürlich über das Kompliment freut.

»Du weißt, wie ich das meine. Erst bekommt er dich nicht, weil du dich für einen anderen entschieden hast, und dann leiht sich der Kerl, der so viel mehr vom Glück begünstigt wurde als er, auch noch sein Fahrrad aus.«

Lea verdreht die Augen. »Wieder mal so'n typisches Gockel-Problem.« Dennoch lässt sie Phils Worte sacken und fragt sich, ob sie im umgekehrten Fall einer Frau, von der sie weiß, dass sie ihr einen attraktiven Kerl weggeschnappt hat, ihr Fahrrad ausleihen würde. Vermutlich nicht. Wenn sie jedoch vom Ausleihen genauso wenig erfahren würde wie Lennart, bliebe ihr die Entscheidung, ob sie Großmut beweisen sollte oder nicht, ohnehin erspart. »Da es dein Konkurrent«, sie umrahmt das Wort mit imaginären Gänsefüßchen, »niemals erfahren wird, dürfte es ihm so was von egal sein.«

Bei so viel Pragmatismus kann Phil nur noch schmunzelnd einwilligen. »Hast du einen Schlüssel für sein Schloss oder müssen wir es aufbrechen?«

»Er hat das Fahrrad nicht abgeschlossen, es steht im Keller.«

»Ist es versichert?«

»Brauchst du ein Paar Stützräder?«

»Ich möchte einfach niemandem zu nahe treten. – Außer dir. Im Wortsinn.«

Lea blockt seinen erneuten Kuschelversuch ab und dringt darauf, endlich aufzubrechen. Wenn sie es heute nicht schafft, sich ein wenig in Alsterdorf umzusehen, kann sie ihre Neugier fürs Erste wegpacken. Mit ihrem kulinarischen Auftrag im Nacken wird sie in den kommenden Tagen und Wochen vermutlich kaum noch wissen, wo ihr der Kopf steht.

Sie lässt die Jalousien herunter, schließt die Vorhänge und Fenster, um ein weiteres Aufheizen des Raumes zu verhindern. Auf dem Weg nach unten erwägen sie scherzhaft, ob sie nicht doch lieber auf den Stufen des angenehm kühlen Treppenhauses ein gemütliches Picknick einlegen sollen, anstatt über den heißen Asphalt zu radeln. In der Tiefgarage beeilen sie sich dann wiederum schnellstmöglich nach draußen zu kommen, weil es dort unerträglich nach Abgasluft stinkt. Sie schieben die Räder die Rampe hinauf und prallen gegen die Wand der stehenden Hitze eines hochsommerlichen Septembertages.

Obwohl ihnen der Schweiß schon nach wenigen Metern über den Rücken rinnt, will Lea an ihrem Ziel festhalten, wenigstens bis zur Alsterstaustufe Fuhlsbüttel zu fahren, in deren Nähe jener Jogger die Leiche fand. Sofern sich Phil darauf einlässt, würde sie anschließend noch ein kurzes Stück weiter in Richtung Norden radeln. Ihr schwebt vor, auch den Flusslauf zwischen Staustufe und Iris Beckers Wohnung ein wenig genauer anzusehen. Die wenigen hundert Meter würden sie trotz der Hitze sicher noch schaffen. Vielleicht gibt es auf dieser Strecke etwas zu entdecken, was Lennart und sein Team übersehen haben. Bei der Durchquerung des Stadtparks stellen sie fest, dass Atemschutzmasken dem Erhalt ihrer Gesundheit dienlich wären. Auf den weitläufigen Wiesen reiht sich ein Grill an den anderen. Die sonntäglichen Liebhaber hitzegeschwärzter Nahrungsmittel aller in Hamburg vertretenen Ethnien scheinen ihre Grillkohle bevorzugt mit Brennspiritus, Benzin oder auch – so jedenfalls Leas Eindruck – mit ranzigem Speiseöl zum Glühen zu bringen. Die für Leas Heimatstadt ungewöhnliche Windstille lässt die Rauchsäulen, die bisweilen von tieffliegenden Frisbee-Scheiben durchschnitten werden, beinahe senkrecht in den blauen Himmel aufsteigen. Ab und an schießt einer der zahlreichen frei laufenden Hunde über die an der Kapazitätsgrenze stehenden Fuß- und Radwege. Auf Höhe des imposanten Wasserturms, in dem das Hamburger Planetarium untergebracht, im Räuchernebel jedoch kaum auszumachen ist, stellen sie einvernehmlich fest, dass sie den Stadtpark auf der Rückfahrt meiden und großräumig umfahren werden. Mit Erreichen des Alsterlaufs in Höhe der U-Bahn-Station Lattenkamp sind sie endlich nicht mehr der prallen Sonne ausgesetzt und können im Schatten des dichten Baumbestands weiterfahren. Zwar herrscht auch auf den Uferwegen noch reichlich Betrieb, trotzdem schnellt der Spaßfaktor der Radtour nun wieder deutlich in die Höhe. Am Wasser entlang nähern sie sich kurz hinter dem Ohlsdorfer Schwimmbad der Staustufe Fuhlsbüttel. Lea entdeckt eine freie Bank und schlägt eine Pause vor, um etwas zu trinken.

»Hier irgendwo haben sie also die Tote gefunden?«, fragt Phil.

Lea schüttelt den Kopf. Endlich setzt sie die Flasche ab, um sich mit einem Seufzer der Erleichterung den Mund zu wischen. »Nein. An der Stelle sind wir schon vorbei.«

Phil bläst die Backen auf. Der Frust über die zu viel gefahrene Strecke steht ihm ins Gesicht geschrieben. »Dass du sadistische Züge hast, war mir bisher noch nicht aufgefallen.«

»Stell dich nicht so an. Es sind nur wenige hundert Meter.« Sie hält ihm die fast leere Flasche hin. »Allerdings möchte ich noch ein kleines Stückchen weiter.«

Den sterbenden Schwan spielend, lässt sich Phil seitlich auf die Bank sinken.

»He, das schaffst du schon. Sind höchstens noch fünf Minuten bis zu ihrer Adresse.« Lea zeigt hinüber auf die lange Rampe der Staustelle. »Da drüben hat sie ihr Kajak immer eingesetzt, wenn sie von zu Hause aus paddeln gegangen ist.«

»Woher weißt du das?«

»Hab sie ein paar Mal begleitet. Sie hat eines von diesen praktischen Kajaks, die man sowohl allein, als auch als Zweisitzer benutzen kann.« Sie schneidet eine Grimasse. »Auch wenn es im Rückblick kaum noch nachvollziehbar ist, die Paddeltouren mit ihr haben richtig Spaß gemacht.«

»Hm. Die Frau muss tatsächlich richtig gut gewesen sein.«

»Und ist es immer noch. Du hast sie im Café erlebt.«

Phil erhebt sich von der Bank, schwingt ein Bein hoch und legt die Ferse aufs Geländer vor ihnen, um ein paar Stretch-Übungen zu absolvieren. »Ist das da drüben eine Fischtreppe?«, fragt er interessiert. »Hab so was noch nie aus der Nähe gesehen. Kommst du mit?«

Ehe Lea ihm über die Brücke zum gegenüberliegenden Ufer folgt, schließt sie zur Sicherheit die Räder aneinander. Sie hat keine Lust, Lennart erklären zu müssen, dass sie sein Fahrrad an Phil verliehen hat und es ihnen dann leider unterwegs abhandengekommen ist.

»Schon verrückt, dass sich Fische die Mühe machen, hier von einem Becken ins nächste nach oben zu springen«, bemerkt Phil mit einer gewissen Faszination.

So sehr sie jedoch Ausschau nach flussaufwärts wandernden Fischen halten, können sie keinen einzigen entdecken. Lea deutet auf die abschüssige Bootsrampe neben den knapp 20 Becken der Fischtreppe. »Unterhalb der Rampe hab ich mit der Kirchheimer das Kajak immer zu Wasser gelassen.«

»Könntest du dich bitte mal auf einen Namen festlegen?«, fragt Phil. »Wenn du ständig zwischen Iris und Sonja oder Becker und Kirchheimer hin und her switchst, komm ich jedes Mal durcheinander.«

»Echt?« Lea zuckt mit den Schultern. Sie weiß selbst nicht so recht, welchen Namen sie verwenden soll, wenn sie über diese Frau redet. »Wie soll ich sie denn deiner Ansicht nach nennen?«

»Wie wär's mit Zombie?«

»Hm, nicht schlecht. Die lebende Tote.« Plötzlich richtet sie sich auf. »Moment mal.« Als hätte sie ein konkretes Ziel im Sinn, geht sie um den von einem mannshohen Zaun umschlossenen Wartungsbereich der Schleusenanlage. Phil löst sich ganz selbstverständlich vom Geländer und folgt ihr bis zum Gittertor, vor dem sie stehen geblieben ist.

»Ich wusste es«, sagt Lea.

»Was?«

Sie zeigt auf einen kleinen, halbwegs vom wuchernden Gestrüpp verborgenen zweirädrigen Wagen, der neben dem Tor steht und mit einem Kettenschloss am Zaun gesichert ist. Auch für Laien lässt sich diese Karre als Transporter für Kajaks oder Kanus identifizieren. »Das Ding gehört Frau Zombie. Sie hat es auch bei unseren Ausflügen immer hier festgemacht.« Lea holt ihr Smartphone hervor, schießt mehrere Fotos aus unterschiedlichen Perspektiven, wählt eines aus, um es zu verschicken.

»An Lennart?«, fragt Phil.

Sie nickt, schreibt ein paar Worte Begleittext und sendet ihm die Nachricht.

»Der wird sich freuen, wenn er mich hier mit seinem Fahrrad sieht.«

»Wir brauchen nicht auf ihn zu warten. Ich hab ihm nur mitgeteilt, dass ich den Bootskarren gefunden habe und wo er ihn bei Gelegenheit abholen kann …« Schon klingelt ihr Telefon. »Lennart? Das Bild, das ich dir gerade geschickt habe, zeigt Sonja Kirchheimers Transportwagen.« – »Direkt neben der Alsterstaustufe Fuhlsbüttel.« – »Ja, flussabwärts am rechten Ufer.« – »Ich weiß allerdings nicht, wie die Straße heißt.« Lea sieht sich um.

Phil folgt ihrem Blick, entdeckt am Ende des Weges einen Pfosten mit zwei Straßenschildern und läuft los.

»Moment, Phil sieht mal eben nach.« Wenige Sekunden später übermittelt sie ihm die Information: »Ecke Am Hasenberge und Woermannsweg.« – »Nein, tut mir leid, wir können nicht warten, bis du mit deinen Kollegen da bist. Wir haben einen Tisch bestellt.« Während dieser kleinen Notlüge blickt sie zu Phil und hebt die Schultern, als müsse sie sich dafür entschuldigen. Ihr Gesprächspartner kann ihre Geste ja nicht sehen. »Keine Sorge. Ich halt mich raus. Wir sind hier zufällig vorbeigeradelt und da ist mir plötzlich eingefallen, dass ich mit der Frau einige Male auf der Alster war. Dabei haben wir die Transportkarre immer an dieser Stelle angeschlossen, damit sie nicht geklaut wird.« – »Hm«, stößt Lea hervor. »Dass sie gekentert ist und ertrunken, kann ich mir bei ihr aber nicht vorstellen. Die war echt fit, konnte auch die Eskimorolle.« – »Ja, ist gut. Ich muss aber erst sehen, was an Arbeit auf mich zukommt. Ich melde mich.« Sie beendet das Gespräch.

»Ihr trefft euch?«, fragt Phil.

»Er will morgen oder übermorgen mal vorbeischauen. Er meint, er hätte noch ein paar Fragen.«

»Nur weil er dich mag oder weil er tatsächlich der Überzeugung ist, du könntest ihm weiterhelfen?«

Lea grinst. »Eifersüchtig?«

»Nö.« Er hebt die Schultern. »Doch. Wahrscheinlich schon. Schließlich bin ich weit weg in Berlin. Und er ist hier in Hamburg.«

»Süß.« Lea stellt sich auf die Zehenspitzen und gibt ihm einen Kuss. »Fahren wir noch ein Stück?«

»Wo soll's denn jetzt noch hingehen?«

»Zur Adresse, wo sie wohnt. Ist nicht mehr weit.«

Als Lea tatsächlich schon nach wenigen Minuten vor einem dunkelroten Ziegelstein-Reihenhaus anhält, ist er überrascht und erleichtert, dass sie ihn hinsichtlich der Entfernung nicht vertröstet oder hingehalten hat. Sie deutet auf eine spärlich berankte carportähnliche Holzkonstruktion vor dem Haus, die als Sichtschutz und Abstellplatz für Müllcontainer dient. Die Begrünung erfüllt jedoch nicht ganz den Zweck, den hässlichen Blick auf den Müll zu verdecken.

»Da hat jemand mit Kanonen auf Spatzen gefeuert«, meint Phil ob der massiven Bauweise. Die verbauten Balken sind deutlich dicker, als dies für so eine Verkleidung nötig wäre.

»Hatte für Frau Zombie allerdings den Vorteil, dass sie ihr Kajak dort oben lagern konnte.«

»Direkt vor dem Haus? Über den Containern?« Er blickt auf das bürgerlich normal wirkende Mehrfamilienhaus. »Und das haben die Anwohner zugelassen?«

»Wenn sie was durchsetzen wollte, konnte sie recht charmant sein. Offenbar hat sie nicht nur unsere Gruppe um den Finger gewickelt und hinters Licht geführt.« Lea erzählt Phil, dass sie sich ebenfalls darüber gewundert hat, dass die Hausgemeinschaft sich einverstanden erklärte, dort oben ein Boot zu lagern. Wo doch manchen Bewohnern von Mietshäusern, zum Beispiel der Lehmann, schon ein im Treppenhaus abgestellter Kinderwagen zu viel ist. Als sie das Ding für ihre erste gemeinsame Fahrt dort herunterwuchteten, erzählte Iris Becker, dass sie einfach nach einer vorübergehenden Erlaubnis zur Lagerung des Bootes gefragt hatte. Inzwischen hake nur noch der Hausmeister ab und an vorsichtig nach, ob sie denn noch immer keinen anderen Liegeplatz gefunden habe. Da die Becker jedoch wusste, dass er St.-Pauli-Fan war, hätte sie ihn mit dem einen oder anderen Schnack über den Kult-Verein immer wieder aufs Neue gütig stimmen können.

Worüber sich Lea jedoch viel mehr gewundert hat, wie es die mittelgroße Frau immer allein schaffte, ihr Boot nach Paddelausflügen wieder auf das Gestell zu wuchten.

»Moin!«, ruft vom Balkon des ersten Obergeschosses eine Frau zu ihnen herunter. »Möchten Sie zu Frau Becker?«

»Ja«, erwidert Lea ohne zu zögern. »Ich wollte ein Buch abholen, das ich ihr geliehen habe. Wie kommen Sie darauf, dass ich zu Iris möchte? Können Sie hellsehen oder sieht man mir das an?«

Phil neigt den Kopf zur Seite und fährt sich mit der Hand über den Mund, um sein Schmunzeln zu verbergen. Leas vollkommen glaubwürdig anmutende Improvisation amüsiert ihn.

»Ne, ansehen kann man so was ja wohl niemanden. Aber ich hab Sie doch schon mal mit ihr gesehen. Sie sind doch oft mit ihr Boot gefahren. Hab ich recht?«

»Oft erscheint mir jetzt ein wenig übertrieben. Aber ein paar Mal waren wir schon zusammen auf dem Wasser.« Sie zeigt auf den Holzrahmen, auf dem das Boot für gewöhnlich lagert. »Hab allerdings schon zu meinem Freund gesagt, dass sie vermutlich kaum zu Hause ist, wenn ihr Kajak nicht dort oben liegt.«

»Sie wissen es also noch gar nicht?«, fragt die Nachbarin mit ernster Miene.

Natürlich ahnt Lea, was die Frau glaubt, ihr mitteilen zu müssen. Dennoch schüttelt sie arglos den Kopf. »Was weiß ich noch nicht?«

»Man mag so was ja gar nicht aussprechen. Aber die Ärmste weilt nicht mehr unter uns. Wirklich schlimm so was. Wo sie doch noch so jung war und das Leben eigentlich noch vor sich hatte.«

Wie man sie aufgrund ihres Alters einstufen möchte, denkt Lea, kommt sicherlich auf die Perspektive an. Mit ihren knapp 40 Jahren ist Iris Becker im Vergleich zu ihr selbst relativ alt. Aus der Sicht der Nachbarin hingegen, die ungefähr doppelt so viele Lenze zählen dürfte, ist sie in der Tat noch ein junges Ding.

»Was ist denn passiert?«, spielt Lea die Unwissende.

Die Frau winkt ab, beugt sich vertraulich ein Stück über die Brüstung und sagt beinahe flüsternd: »Tot. Ertrunken. Man stelle sich das mal vor.« Sie nickt hinüber zur Holzkonstruktion. »Mit ihrem Kajak in der Alster.«

»Ach du Scheiße«, stößt Phil im Bemühen hervor, gegenüber der Nachbarin ebenfalls spontanes Mitgefühl vorzuspielen, und erntet aufgrund seiner derben verbalen Entgleisung einen missbilligenden Blick.

Im Gegensatz zu ihm nimmt Lea die Information wortlos hin. Sie hält die Hand vor den Mund, als wäre sie von der Nachricht zutiefst betroffen. Ganz bewusst lässt sie einige Sekunden verstreichen, ehe sie beinahe flüsternd ihre Erschütterung kundtut: »Tot? Das ist ja … davon habe ich überhaupt nichts mitbekommen. Wann war das denn?«

Die Frau auf dem Balkon behält den leisen pietätvollen Ton aufrecht. »Ich habe das doch auch erst gestern von der Polizei erfahren, als sie bei allen im Haus geklingelt und überall gefragt haben, wann wir Frau Becker denn zuletzt gesehen haben und so. Und ich war doch diejenige, die ihnen den Schlüssel gegeben hat, damit sie bei ihr drüben überhaupt reinkommen, ohne die Tür aufbrechen zu müssen.« Sie nickt seitlich mit dem Kopf in Richtung Wohnung der Nachbarin.

Lea bläst die Backen auf. Wenn sie sich nur vorher ein paar Fragen überlegt hätte, die sie den Leuten in Iris Beckers Haus stellen könnte. Um der Frau die eine oder andere Informationen zu entlocken, muss sie nun versuchen, sie am Klönen zu halten, ohne dabei übertrieben neugierig zu wirken. »Sie haben einen Schlüssel zu ihrer Wohnung?«

»Hatte. Jetzt ja nicht mehr. Der Mann von der Polizei hat ihn mitgenommen. Frau Becker und ich haben uns immer gegenseitig die Blumen gegossen, wenn eine von uns mal weg war. Also ich mehr bei ihr als umgekehrt. Sie war ja viel mehr unterwegs. Eigentlich ständig. Und ich eigentlich so gut wie gar nicht.«

»Mhm. Wann haben Sie sie denn zuletzt gesehen?«

»Das weiß ich noch ganz genau. Vor 16 Tagen. Die Tagesschau war gerade vorbei. Da wollte sie wieder mal mit ihrem Boot zur Alster. Sie hat dafür ja so ein praktisches kleines Wägelchen.« Sie nickt, als würde sie sich ihre Auskunft selbst bestätigen. »Wann das war, kann ich Ihnen deshalb noch so genau sagen, weil ich am Sonnabend darauf, also gestern vor zwei Wochen, verreist bin. Hab ich alles auch dem Herrn Kriminaler erzählt. Der war ja so was von nett. Viel netter, als die im Fernsehen oft sind.« Sie winkt ab, verdreht kokettierend die Augen. »Wenn man noch mal ein kleines bisschen jünger wäre …« Was dann wäre, überlässt sie Leas und Phils freier Interpretation. »Seine junge Kollegin dagegen war – ach, ich will mich ja über so was gar nicht mehr aufregen.« Erneutes Abwinken. Diesmal jedoch eher respektlos. »Und der heute früh, ich sag Ihnen das, der war auch schon wieder eher so 'ne Kodderschnauze. Kommt auf'n Sonntag zur Mittagszeit und glaubt, man hätte nichts Besseres zu tun, als Fragen zu beantworten. Seinetwegen wäre mir fast meine Scholle in der Pfanne verbrannt. Und dass die Mannslütt bei der Polizei jetzt überhaupt auch Zopf tragen …« Die Empörung steht ihr ins Gesicht geschrieben. »Schon weil er so rumläuft, hab ich dem dann auch gar nicht gesagt, dass ich tatsächlich zwei Minuten vorher geglaubt habe, auf der anderen Straßenseite, also genau da drüben«, sie zeigt zum Fußweg hinüber, »die Frau Becker gesehen zu haben. Aber war nur so von halb schräg hinten. Und kann ja auch gar nicht sein.« Sie schüttelt den Kopf. »Wo sie doch tot ist. Eh ich noch mal genauer hinschauen konnte, kam auch schon der unfreundliche Polizist mit seinen Fragen daher.«

Obwohl Lea glaubt, dass Iris Becker noch lebt, geht auch sie davon aus, dass die redselige Nachbarin sie verwechselt haben muss und mutmaßlich nur eine Passantin von ähnlicher Statur gesehen hat. Wenn die Frau noch lebt und etwas zu verbergen hat, wird sie vermutlich kaum am helllichten Tag zu ihrer Wohnung zurückkehren. Über den polizeilichen Sonntagsbesuch kann sich Lea dagegen nur wundern. Was mag so dringlich sein, dass Lennart einen Kollegen hergeschickt hat? Zu gerne würde sie nachfragen, ob die Nachbarin den Beamten beschreiben kann. Aber das passt ganz und gar nicht zur Rolle der unangemeldet auftauchenden Bekannten, die vorbeikommt, um ein Buch abzuholen. »War Frau Becker allein, als Sie sie vor zwei Wochen …« Lea hat keine Chance, die Frage zu Ende zu formulieren. Der Mitteilungsdrang der Nachbarin ist weiter ungebremst.

»Ich hab außer ihr jedenfalls niemanden gesehen. Ich wunder mich ja immer, wie sie das schwere Boot von dort oben runter und wieder hoch bekommt. Und darüber, dass sie so spät noch loswollte, hab ich mich auch gewundert. Wo doch die Sonne schon hinter den Häusern war. Danach ist es höchstens noch eine Stunde halbwegs hell. Und weil ich ja vorhatte selbst zwei Wochen wegzufahren und sie dann länger nicht wiedersehen würde, bin ich raus auf den Balkon, um ihr wenigstens mal eben einen guten Abend zu wünschen. Ich bin doch bis vorgestern Abend mit meiner Schwester für 14 Tage an der Ostsee gewesen. Stellen sie sich vor, zum ersten Mal in meinem Leben an der Ostsee. Also jetzt so richtig Ostsee, meine ich. Die Ostsee im Osten meine ich. An der schleswig-holsteinischen Küste ist man ja in seinem Leben ab und an schon mal gewesen. Aber in Meck-Pomm, wie man heute zu sagen pflegt, bin ich vorher noch nicht gewesen. Meine Schwester hat mir die Reise zum 75. geschenkt. Kühlungsborn – ist dort wirklich alles ganz muggelich gewesen da. Aber wenn Sie mich fragen, geht nichts über die gute, alte Nordseeküste.« Sie neigt sich wieder über die Balkonbrüstung und verfällt noch mehr ins Hamburger Missingsch. »Wissen Sie, ich bin nun doch eher so'n Wattmensch. Da gift dat doch nix Schöneres, als bei Ebbe rin mit de nackten Füße in den Modder und ordentlich quatschen lassen.« Sie freut sich über diese finstere Facette ihrer sonst vermutlich höchst bürgerlichen Charakterzüge wie ein kleines Mädchen. »Und dann komm ich nach Hause und alle meine Blumen sind vertrocknet. Erst war ich ihr ja böse und ich hätte ihr schon gesagt, wie ich das finde.« Sie seufzt. »Aber da sie nun mal schon länger tot war, konnte das arme Ding ja gar nichts dafür.«

Obwohl der Redefluss der Nachbarin in den vielen variantenreichen Abschweifungen durchaus ein wenig ausufernd daherkommt, gibt Lea durch regelmäßiges Nicken zu verstehen, dass sie noch immer aufmerksam bei der Sache ist. »Hat Ihnen Iris gesagt, was sie so spät noch vorhatte?«, versucht sie dem Gespräch wieder eine gezielte Richtung zu geben. Während sie diese Frau beim Vornamen nennt, rieselt ihr ein kalter Schauer über den Rücken. Aufgrund des hinterhältigen Verrats an der Aktionsgruppe empfindet Lea ein gewisses Unbehagen, ihren Namen in vermeintlich freundlicher Zugewandtheit in den Mund zu nehmen. »Wollte sie denn noch am selben Abend aufs Wasser oder hat sie das Boot nur für eine Wochenendfahrt fertig gemacht?«

»Das hab ich sie auch als Erstes gefragt. Wo's denn hingehen soll übers Wochenende? Da erschrickt mir die Lütte bis ins Mark, weil ich sie von hinten angesprochen hab. Hat sich aber schnell wieder gefangen und mir erzählt, dass sie bloß noch mal eben auf die Alster will. Weil es doch so ein lauschiger Abend is und so. Und ich frag weiter, ob es dafür nicht schon viel zu düster is und man würde ja bald nicht mehr die Hand vor Augen erkennen. Darauf meinte sie wieder, dass auf die ganzen Kanäle so viel Licht von 'ne Straßenlaternen aufs Wasser scheint, dass man noch reichlich genug sieht. Genug zum Paddeln jedenfalls. Außerdem findet sie's schön, wenn im Dunkeln die Fledermäuse um sie herumflattern. Also, ich weiß ja nicht. Und dann noch die vielen Mücken in der Abenddämmerung – jeder wie er mag, sag ich bei so was immer.«

»Und dann hat sie das Kajak auf ihren Anhänger gepackt und ist los?«, fragt Lea weiter.

Die Frau winkt ab. »Nein, das hat ja noch gedauert. Aber wie gesagt, sie wollte anscheinend partout im Dunkeln. Mir wäre das zu gruselig. Eben gerade wegen der Fledermäuse. Sie ist dann noch mal reingegangen, um ein paar Sachen zu holen, wie sie sagte. Hab die Tür noch zwei-, dreimal gehört. Gekuckt hab ich nicht mehr. Kann mich mit meiner Neugier durchaus zurückhalten. Wenn Sie jetzt glauben, dass ich zu denen gehöre, die den lieben langen Tag mit den Ellbogen auf'm Kissen im Fenster lehnen, dann täuschen Sie sich aber. Außerdem hatte ich ja noch mit meinen Koffern zu tun. Für zwei Wochen braucht man doch einiges. Wie ich so nebenbei noch mal rausschaue, das muss dann wohl schon so um neun Uhr gewesen sein, da ist sie immer noch dabei und macht so 'ne große Plane über ihr Boot. Als würde es gleich regnen. Dabei war das Wetter richtig gut auf den Abend hin. Vielleicht war die Plane auch nur als Decke gedacht. Für so'n romantisches Nachtpicknick. Was nicht jeder gleich sehen soll. Sie war ja Single, wie man heute sagt. Ob sie wohl jemanden gefunden hatte? Gegönnt hätte ich ihr das. Hat schon manchmal einen recht einsamen Eindruck auf mich gemacht. Jedenfalls zieht sie grade, wie ich noch mal rausschaue, mit dem Boot auf dem Wägelchen los und ich überlege, ob ich noch mal raus auf'n Balkon soll und ihr hinterherrufen, dass ihr linker Reifen recht platt ist. Hab es dann aber gelassen. Damit sie mir kein zweites Mal erschrickt, wenn ich sie von hinten anspreche. Ach – und nun ist sie einfach tot.«

Lea nimmt im Augenwinkel Phils reflexartiges Nicken wahr. Pietätvolles Nicken scheint seiner Ansicht nach eine zwingende Notwendigkeit zu sein, wenn jemand über den Tod spricht. Dabei kann er es nach der Begegnung in Büsum und Leas Erklärungen absolut nachvollziehen, dass Iris Becker alias Sonja Kirchheimer noch immer am Leben ist.

»Was machen wir denn jetzt mit Ihrem Buch?«, fragt die Nachbarin vom Balkon herunter, als wäre dies in Anbetracht der dramatischen Umstände noch von Bedeutung.

Fast lässt sich Lea aus dem Konzept bringen. »Buch?«

Phil kommt ihr zu Hilfe. »Unter den gegebenen Umständen kann ich das wirklich nicht schlimm finden, wenn du jetzt nicht an das Buch rankommst, das du ihr geliehen hast«, wendet er sich an Lea. »Ich kann es mir auch selbst kaufen.« An die Nachbarin gerichtet schließt er die Frage an, ob sie den Schlüssel zu Frau Beckers Wohnung von der Polizei zurückbekam. Lea ist von seiner Intervention überrascht. Ohne zu wissen, was sie sich davon erhofft, würde sie die Gelegenheit wahrnehmen, wenn sie einen Blick in die Wohnung werfen könnte.

Die Nachbarin hebt bedauernd die Hände. Der Mann von der Kriminalpolizei habe ihr eine Quittung für den Schlüssel ausgestellt und ihn mitgenommen. Auf absehbare Zeit dürfe man sowieso nicht in die Wohnung. »Selbst wenn ich den Schlüssel hätte, dürfte ich Sie nicht reinlassen. Die haben zwischen Tür und Zarge einen Aufkleber in die Ecke geklebt. Auf dem steht, dass man nicht reindarf. Und weil der Kleber so angebracht ist, dass er reißt, wenn man die Tür aufmacht, würden die das ja auch merken.« Mit einem Mal hält sie inne, als wäre ihr noch etwas Wichtiges in den Sinn gekommen. »Wer kümmert sich nun um die Blumen?« Sie schüttelt den Kopf. »Bloß weil die Frau tot ist, kann man doch die Blumen nicht … Was reg ich mich auf? Nun ist aber Schluss mit Schnacken. Sonst bekomme ich hier draußen noch einen Sonnenstich. Und nach meinem Kuchen muss ich auch sehen. Gibt ja noch andere Dinge auf der Welt. Tschüssing.«

# 4. KAPITEL

»Jetzt brauch ich erst mal was zu trinken«, stellt Lea fest, nachdem sich die Frau in ihre Wohnung zurückgezogen hat. »Nicht weit von hier gibt es einen Bootsverleih mit Gartenlokal.«

Phil sieht sie zweifelnd an. »Glaubst du wirklich, dass wir an einem Tag wie heute um diese Zeit einen Tisch finden?«

»Ich hab bei so was immer Glück.« Ohne seine Antwort abzuwarten, steigt sie aufs Rad und fährt los. Phil beeilt sich hinterherzukommen. Der Uferweg, auf den Lea abbiegt, ist von Spaziergängern und Radlern so stark frequentiert, dass sie absteigen und die Räder schieben.

Bei der Ankunft im Gartenlokal scannt Lea die voll besetzten Tische, während sie die Fahrräder an die Hecke lehnen und zusammenketten. Es scheint tatsächlich nur noch drinnen ein paar freie Plätze zu geben. Wer will bei so einem Wetter die Zeit in geschlossenen Räumen verbringen? »Da drüben gehen welche!«, macht sie Phil auf einen Gast aufmerksam, der mit hochgehaltenem Geldbeutel nach der Bedienung winkt und signalisiert, dass er zahlen mag. Einen Moment später fragen sie das am Tisch verbliebene knutschende Pärchen, ob sie sich zu ihnen setzen dürfen. Die offenbar innig Verliebten können kaum voneinander lassen und bestätigen einsilbig, nichts dagegen zu haben.

Beim Studium der Karte stellen sie fest, dass das kulinarische Angebot weitgehend dem entspricht, was man in und um Hamburg vermutlich in zahlreichen solcher Ausflugspunkte erwarten kann. Matjes nach Hausfrauenart dürfen ebenso wenig fehlen wie die klassischen Bratkartoffeln mit Spiegelei und Krabben. Frikadellen mit Kartoffelsalat, gebackener Camembert, Schafskäse mit Salat und diverse Salate und Suppen gehören allesamt zum Hamburger Kneipenstandard. Als sie schließlich zwei alkoholfreie Weizen und zwei unterschiedliche Matjes-Varianten bestellen, beschränkt sich zum Bedauern der Bedienung die Auswahl so spät am Nachmittag auf Frikadellen und diverse Salate. Alle anderen Vorräte haben die vorherigen Gäste bereits geplündert.

»Suppen hätten wir noch reichlich«, bietet die junge Frau in einem Ton an, der darauf schließen lässt, dass sie selbst nicht daran glaubt, dass an einem Tag wie diesem jemand der Sinn nach heißer Suppe steht. Am Ende einigen sie sich darauf, besagte letzte Portion Frikadellen und einen Salat zu teilen.

Während sich das knutschende Paar vollkommen überraschend in zwei Individuen auflöst und sich kurz darauf halblaut über ihren weiteren Umgang mit seiner Mutter und ihrer Schwiegermutter streitet, wählen Lea und Phil ganz bewusst eher unverfängliche Themen. Sich in diesem öffentlichen Umfeld weiter über den Tod oder Nichttod Iris Beckers auszutauschen, kommt für sie beide nicht infrage. Sie wenden sich der Planung ihrer nächsten Treffen zu und stellen beim Abgleich der Terminkalender erschüttert fest, dass es in absehbarer Zeit äußerst schwierig sein wird, einander zu sehen. Egal, ob es sich um Karten fürs Kabarett, die Lea schon seit einem Vierteljahr an ihrer Pinnwand hängen hat, oder um ein Konzert, das Phil mit seinem Freund Chris vorhat zu besuchen, oder um feste Verabredungen mit diversen Freunden handelt, es sind kaum freie Tage zu finden. An den Wochenenden, an denen Phil noch nichts vorhat, steht bei Lea schon etwas im Kalender. Gibt es bei ihr noch eine Lücke, knallt bei ihm etwas dazwischen. Obendrein muss sie bei aller Freiheit, die sie arbeitstechnisch als freiberufliche Kommunikationsdesignerin hat, in den nächsten Tagen und Wochen aller Voraussicht nach ordentlich einen Schlag reinhauen, um den Food-Design-Auftrag tatsächlich meistern zu können. Bei derart geringen Aussichten auf ein baldiges Wiedersehen bläst Phil trübsinnig die Backen auf. »Boah, ich vermisse dich jetzt schon.«

»Das ist ja wohl das Mindeste«, zieht Lea ihn auf.

»He, ich mein das echt ernst jetzt.«

»Sorry«, haucht sie ihm zu. »Weiß ich doch.« Sie rückt ihren Stuhl um die Tischecke näher an seinen heran und kuschelt sich an seine Seite. Eine Zeit lang beobachten sie stumm das laienhafte Gepaddel vor dem Anlegesteg des Bootsverleihs.

»Echt wunderbar hier. Wieso hat die Becker ihr Boot eigentlich nicht hier eingesetzt, sondern an der Staustufe?«, fragt Phil.

Lea denkt einen Moment darüber nach. »Keine Ahnung. Gewohnheit? Als ich dabei war, haben wir das Kajak auch immer dort ins Wasser gelassen.« Schließlich fällt ihr doch ein plausibler Gedanke ein. »Ich gehe mal davon aus, dass sie flussabwärts wollte. Von der Anlegestelle hier orientiert man sich hauptsächlich flussaufwärts in Richtung Norden.«

Phil blickt auf die Alster. »Ist es bei der geringen Strömung nicht vollkommen egal, ob man flussaufwärts oder flussabwärts paddelt?«

»Was die Strömung angeht schon. Wenn du allerdings

von hier aus stadteinwärts willst, erreichst du schon nach zwei-, dreihundert Metern die Staustufe und musst dort die Rampe runter. Willst du von Beckers Wohnung aus in Richtung Stadt, setzt du das Boot natürlich gleich unterhalb der Staustufe ein und hast freie Fahrt bis zur Außen- oder sogar bis zur Binnenalster. Flussabwärts kommst du an schönen Villen vorbei und kannst den Hamburger Geldsäcken in die parkähnlichen Gärten kucken. Deutlich mehr Natur siehst du flussaufwärts. Die Alster ist dort meist auch schmaler und verschlungener und auch zugewachsener. Beide Richtungen haben was Spezielles.«

»Hm. Vielleicht finde ich Natur ja doch spannender.«

Für ein paar Minuten geben sie sich noch der grummelnden Geräuschkulisse der Gartenkneipe hin. Weil sie noch die ganze Strecke bis zu Lea nach Hause vor sich haben und Phil noch duschen möchte, ehe er sich ins Auto setzt und sich auf den Weg nach Berlin macht, nimmt er schließlich den letzten Schluck aus seinem Glas und drängt zum Aufbruch. Lea kann ihre Neugier nicht unterdrücken und muss auf dem Rückweg noch einmal an der Fundstelle der Transportkarre vorbei. Da sie zugleich jedoch keinen Wert auf ein weiteres Treffen zwischen Phil und Lennart legt, steigt sie in sicherer Entfernung vom Rad, um unbemerkt nachzusehen, ob das Ding sichergestellt wurde. Anscheinend ist es noch da. Im schmalen Woermannsweg steht ein Streifenwagen, aus dem heraus zwei uniformierte Polizisten auffällig unauffällig darüber wachen, dass sich kein Unbefugter nähert. Vermutlich lautet ihr Auftrag, auf die Spurensicherung zu warten, die in solchen Fällen jede kleinste Auffälligkeit festhalten und archivieren soll.

Um den überfüllten Stadtpark zu umfahren, wählt Lea eine Route über den Ohlsdorfer Friedhof. Selbst hier, im weitläufigen Gelände des größten Parkfriedhofs der Welt, auf dem neben reichlich Prominenz auch unzählige einfache Hamburger Bürgerinnen und Bürger ihre letzte Ruhestätte gefunden haben, herrscht rege sonntägliche Schönwetter-Betriebsamkeit. Jedoch verhalten sich die Leute hier größtenteils pietätvoll und die Menschen strahlen trotz des Trubels eine angenehme Ruhe aus. Besonders positiv wirkt sich auf Lea an so einem Tag auch aus, dass hier nicht gegrillt werden darf. Auf den letzten Kilometern in Richtung Mundsburg führt sie der Radweg an einer lauten vierspurigen Verkehrsstraße entlang. Die beiden sind froh, als sie dieses wenig attraktive Teilstück endlich hinter sich haben. Wortlos sind sie sich einig, dass sie bei so geringer Aussicht auf ein baldiges Wiedersehen unbedingt ein weiteres Mal gemeinsam duschen müssen. Wobei es dann – ebenfalls höchst einvernehmlich – nicht bleibt. Erst gegen 23 Uhr stopft Phil seine Sachen in den Tagesrucksack und macht sich auf den Weg in die Bundeshauptstadt. Noch ehe er losfährt, ruft er Lea aus dem Auto an. »Nun hab ich doch ein Ticket.«

»O Mann, scheiße. Das teilen wir uns.«

»Blödsinn. Ist ja wohl mein Ticket. Außerdem ist es mir das wert.« Er schmatzt noch einen Kuss ins Telefon und sagt Tschüss.

Lea ertappt sich bei dem Gedanken, ob es Phil gegenüber treulos oder gar fies wäre, wenn sie, kaum dass er aus dem Haus ist, Lennart anruft. Sie hält es vor Neugier nämlich kaum aus. Sie muss endlich hören, was er zu ihrem Hinweis auf den Transportwagen sagt. Ihr Smartphone zeigt fünf nicht entgegengenommene Anrufe an. Eine unterdrückte, eine unbekannte Nummer und dreimal die von Lennart. Niemand hat es für nötig gehalten, auf die Box zu sprechen. Lea hat aufgrund des aktivierten Vibrationsalarms zwar jeden einzelnen dieser Anrufe mitbekommen, aus Rücksicht gegenüber Phil ist sie jedoch kein einziges Mal rangegangen. Sie tippt auf Rückruf und ist gespannt, ob Lennart um diese Uhrzeit rangeht.

»Na, wieder wach?«, eröffnet er in ungewohnt flapsigem Ton das Gespräch. Natürlich hat er auf dem Display gesehen, dass sie es ist.

»Hast du was getrunken?«, fragt Lea verwundert. Bislang ist er für sie immer der Espresso-Trinker gewesen, der sich zwischendurch mal ein alkoholfreies Weizen erlaubt und abends eventuell ein Glas Rotwein zu sich nimmt. Im Grunde genommen ist sein Trinkverhalten ihrem eigenen sehr ähnlich.

»Nein, wieso?«

»Weil du dich noch nie so locker gemeldet hast, wenn ich angerufen habe.«

»Ach?« Er scheint einen Moment darüber nachdenken zu müssen. »Dann muss ich an meiner Telefon-Performance vielleicht noch ein wenig arbeiten. Allerdings habe ich für heute tatsächlich nicht mehr mit einem Rückruf gerechnet. Hab ja keinen Schimmer, wie lange es bei dir gestern noch gegangen ist. Da kann man unter Umständen schon mal ein klein wenig früher in die Koje …« Lea hört, dass jemand im Hintergrund eine Frage an Lennart richtet. Was die betreffende Person fragt, kann sie nicht verstehen. »Ne, lass mal. Das erledigen wir morgen. Mach Feierabend. – Sorry, Lea. Die Kollegin wollte etwas wissen.«

»Bis du noch im Präsidium?«

»Klar.«

»Habt ihr den Kajakwagen der Becker gefunden?«

»Du meinst den von der Kirchheimer? Wir bearbeiten den Fall unter ihrem Klarnamen. Ja, wir haben ihn sichergestellt. War nach deiner Beschreibung nicht mehr allzu schwer. Nun wird er auf Fingerabdrücke untersucht. Wir können ja nicht einfach ungeprüft davon ausgehen, dass es auch ihrer war. Dazu gleich die Frage an dich: Was macht dich so sicher, dass es sich um ihren handelt?«

»Wenn dir meine Zeugenaussage reicht, könnt ihr euch die Fingerabdrücke sparen. Ich kenne das Ding. Schließlich war ich mehrmals mit der Frau auf dem Wasser, als sie noch die nette Iris aus der Umweltgruppe war. Vielleicht sollte ich sie ab sofort auch besser Kirchheimer nennen. Ich hab das Gefühl, der fremde Name schafft eine gewisse Distanz, die mir ganz lieb wäre.«

»Kein abwegiger Gedanke. Wenn du mit ihr paddeln warst, kannst du uns vielleicht auch das Kajak beschreiben? Die Nachbarin ihrer Wohnadresse konnte uns nur sagen, dass es rot war und dass sie am Freitag vor 14 Tagen trotz Einbruch der Dunkelheit noch auf die Alster wollte.«

Unwillkürlich muss Lea schmunzeln, weil Lennart wieder einmal der festen Überzeugung zu sein scheint, ihr etwas Neues zu erzählen, was sie in der Zwischenzeit jedoch selbst herausgefunden hat.

»Rot ist schon mal richtig. Ich kann dir sogar Bilder zeigen. Auf einer unserer Touren hab ich Fotos gemacht.« Mit Genuss spielt sie diese nächste Überraschungskarte aus. »Natürlich nicht bei der ersten. Da habe ich mich nicht mal getraut, mein Smartphone aus der wasserdichten Box zu nehmen. Nach ein paar Ausflügen fühlte ich mich aber sicherer und hatte keine Angst mehr, dass wir kentern. Außerdem lässt sich das Boot von der Kirchheimer recht gut manövrieren. So ein richtig gemütliches Wanderkajak. Sie meinte, es wäre ihr eigentlich ein wenig zu schwerfällig, wenn sie allein drin sitzt. Aber zu zweit wäre es echt klasse.«

»Dann handelt es sich um so ein umrüstbares, mit dem man sowohl allein als auch zu zweit paddeln kann?«

»Ja, genau. Du kennst dich aus mit Booten?«

»Hab mich im vergangenen Jahr auf dem Gebrauchtmarkt umgesehen, was man einigermaßen günstig bekommen kann. Hab tatsächlich eins gefunden und hätte wahrscheinlich auch zugeschlagen, hätte ich nicht wieder einen dieser Fälle auf den Tisch bekommen, bei denen die Überstunden kein Ende nehmen. Dann habe ich den Termin, zu dem ich mir das Ding hätte ansehen sollen, leider verbaselt. Und schon war's weg. Die sind echt attraktiv und vielseitig. Gutmütig in der Handhabung. Für so einen Gelegenheitspaddler wie ich einer bin genau das Richtige. – Sag mal, wann könnte ich mir diese Fotos denn mal ansehen?«

»In fünf Minuten? Ich kann sie dir direkt aufs Phone schicken«, erwidert Lea ohne zu zögern, ehe ihr klar wird, dass ihm ein Vorwand recht bald mal bei ihr vorbeizukommen, durchaus lieb gewesen sein könnte. Sie müsste sich in allernächster Zukunft eingehender damit beschäftigen, wie sie mit seinem immer offensichtlicher werdenden Werben umgehen mag. »Sobald ich meinen Laptop hochgefahren habe.«

»Danke. Dieses Kajak zu finden, brächte uns vermutlich einen Riesenschritt weiter. Wenn die Frau tatsächlich gekentert und ertrunken ist, müsste es noch irgendwo im Wasser treiben oder auf dem Grund der Alster liegen.« Er atmet tief durch, sagt eine ganze Weile nichts mehr. Lea kennt das. Sie hat dieses Schweigen schon häufiger bei ihm erlebt. Wenn er glaubt, seine Gedanken sortieren zu müssen, wirkt er für außenstehende Betrachter bisweilen wie ausgeschaltet. So hört sie ihm einfach beim Schweigen zu, bis er sich unvermittelt von ihr verabschiedet. »Ich mach jetzt auch Schluss hier, Lea. Das mit den Bildern hat also durchaus noch Zeit bis morgen.«

»Ich schicke sie dir auf deinen Dienst-Account.«

»Privat, dienstlich, das ist wirklich so was von egal. Ich leite ohnehin immer alles auf dasselbe Smartphone weiter. Schlaf gut. Und, Lea …«

»Ja?«

»Viel Glück und viel Spaß morgen bei dem ersten Food-Shooting.«

»Hey, danke, dass du daran denkst! Dir auch 'ne gute Nacht.«

»Jou.«

Im Vorübergehen schaltet sie den Rechner ein, um später die versprochenen Bilder für ihn rauszusuchen, und startet dann ihre Espresso-Maschine für einen Schlummertrunk. Sie reißt alle Fenster und die Tür zur Loggia auf, um die inzwischen etwas abgekühlte, allerdings noch immer laue Nachtluft in die Dachgeschosswohnung zu lassen. In der Ferne grummelt ein Gewitter. Sie hofft, dass es bald die Stadt erreichen und für eine Säuberung der Luft sorgen wird. Bei der Auswahl der Aufnahmen sieht sie sich Sonja Kirchheimer – Lea hat sich tatsächlich entschieden, nur noch mit diesem eine gewisse Distanz schaffenden Klarnamen an die Frau zu denken – noch einmal in größtmöglichem Blow-up genauer an. Am Ende ist sie noch sicherer als je zuvor, dass es sich um die Person handelt, die Phil und sie im Büsumer Café bedient hat. Lea muss unbedingt noch einmal dorthin. Sie will sie zur Rede stellen, muss herausfinden, was dahintersteckt, dass sie vor ihr und Phil die Fremde gemimt hat. Denn eins ist für Lea sicher: Nur so zum Spaß hat die Frau das nicht gemacht. Aber lässt sich von diesem absurden Versteckspiel bereits ableiten, dass die Kirchheimer etwas mit dem Tod der Frau aus der Alster zu tun hat? Besteht eine Verbindung zwischen der Toten und der Kirchheimer? Wenn ja, welche? Hat die Kirchheimer die Tote in der Alster selbst auf dem Gewissen? Steht sie nach Leas Auftauchen in Büsum unter Druck, möglichst schnell zu verschwinden? Selbst wenn sie die Rolle der fremden Bedienung am Freitag so abgeklärt gespielt hat, wird sie eine weitere Begegnung mit Lea vermutlich eher vermeiden wollen. Wenn Büsum der Ort ist, in dem sie von Hamburg aus hat untertauchen wollen, hat der Zufall diesen Plan durchkreuzt und sie muss schleunigst versuchen, woandershin zu verschwinden. Wenn ihr Terminkalender leer wäre, würde Lea gleich morgen früh in den Zug steigen, nach Büsum fahren und die Frau erneut mit ihrer Anwesenheit konfrontieren. Und dieses Mal würde Lea sie ansprechen, sie fragen, weshalb sie aus Hamburg verschwunden ist. Aber das wird nicht gehen. Bis auf Weiteres muss Lea ihre Neugier im Zaum halten. In der Anfangsphase des Auftrags wird sie wenig bis gar keine Zeit finden, sich um andere Dinge zu kümmern. Erfahrungsgemäß werden sogar die Wochenenden voller Arbeit sein. Wenn sie erst einmal wieder Luft hat, wird es aller Wahrscheinlichkeit nach zu spät sein, um relevante Zusammenhänge rekonstruieren zu können. So gesehen hat die Kirchheimer allerbeste Chancen, ihre Zelte hinter sich abzubrechen und ihre Spuren zu verwischen. Vermutlich kann sie beim Untertauchen ohnehin auch noch auf die Unterstützung der Leute zählen, die sie in die Spitzel-Tätigkeit berufen und dabei geführt haben.

Lea blickt auf die Uhr. Weit nach Mitternacht. Na prima. Selbst schuld. Schließlich hat sie darauf bestanden, morgen früh bereits ab 8 Uhr in diesem Restaurant auf St. Pauli zu sein, um das erste Food-Shooting nicht nur zu begleiten, sondern auch die hierfür notwendigen Vorbereitungen mitzubekommen. Eigentlich hätte es gereicht, wenn sie gegen zehn oder gar erst um elf dort einträfe. Es ist ihr jedoch grundsätzlich wichtig, alle Abläufe mitzubekommen. Bei jeder größeren neuen Arbeit möchte sie sich zu Beginn einen Gesamteindruck verschaffen. Um zu einem Ende zu kommen, schiebt sie nun also ein paar Aufnahmen vom Kajak ins Mail-Fenster. Auf zweien davon ist auch die Kirchheimer eindeutig zu identifizieren. Ob man beim Abgleich der Aufnahmen mit der Toten die Ähnlichkeit noch feststellen oder wenigstens erahnen kann, weiß Lea nicht. Sie hat schließlich keine Ahnung, wie entstellt ein Mensch nach zwei Wochen im Wasser aussehen mag. Aber vielleicht findet Lennart mithilfe der Fotos das eine oder andere Merkmal, das belegt, dass es sich bei der Toten nicht um die Kirchheimer handelt. Würde man sie bei diesem Fall nach ihrer Meinung fragen, würde Lea ganz klar den Verdacht äußern, dass die Kirchheimer etwas mit dem Tod der Frau zu tun hat. Wer sich über Jahre hinweg ohne Skrupel dazu hergibt, für Polizei und Verfassungsschutz als Spitzelin zu arbeiten, und das auch noch illegal, macht sich zwar nicht per se verdächtig, jemanden umgebracht zu haben. Aber man darf schon mal einen Gedanken daran verschwenden, ob so jemand nicht eventuell Gründe haben könnte, etwas zu vertuschen und dabei vielleicht sogar jemanden umzubringen. Für heute will es Lea jedoch dabei bewenden lassen. Im Lauf des Wochenendes ist genug passiert. Vieles davon war sogar recht bemerkenswert. Von der gelungenen Gorch-Fock-Aktion über das Treffen mit Phil und der mysteriösen Begegnung in Büsum, dem leckeren Abendessen, dem Sonntagsausflug und nicht zuletzt auch dem Sex … war doch alles recht – anregend. Ach was! Es war spitze. Sie fügt der Mail an Lennart noch ein paar nette Worte bei, um danach alsbald den Laptop und schließlich auch sich selbst in den Schlafmodus zu versetzen.

# 5. KAPITEL

Als ihr Smartphone sie mit »Grapefruit Moon« aus dem Schlaf holt, einem Song von Tom Waits, den sie sich als Weck-Lied gespeichert hat, muss Lea sich zusammenreißen, um nicht loszuschimpfen, wie sie es in ihren Jugendjahren und auch noch in ihren frühen Zwanzigern fast täglich getan hat. Länger als ein ganzes Jahrzehnt hat sie mit einer gewissen Morgenmuffeligkeit kokettiert, irgendwann jedoch festgestellt, dass sie damit auch bei ihren Mitmenschen für schlechte Laune sorgt. Und das war für sie auch nicht mehr schön. Nach einem diesbezüglich bewussten Paradigmenwechsel hat sie schnell festgestellt, dass es ebenso ansteckend ist, sich gleich am Morgen unbeschwert und locker zu geben. Hat man das schließlich ein paar Mal praktiziert und dabei die positive Stimmung mit Zins und Zinseszins zurückbekommen, will man nie wieder in den Muffelmodus zurückfallen. Also setzt sie sich auch jetzt ein Lächeln auf, atmet einige Male tief aus und wieder ein. Immer bis fünf. Einatmen, ausatmen. Sie schwingt sich von der Matratze und schaltet auf dem Weg ins Badezimmer im Vorübergehen die Espressomaschine und den Computer ein, um sich schließlich, noch immer lächelnd, im Spiegel selbst einen guten Morgen zu wünschen. Natürlich grüßt ihr Spiegelbild freundlich zurück. »Na bitte, geht doch«, sagt Lea leise und freut sich daran, sich zu haben. Die gewittrige Nacht hat tatsächlich Abkühlung gebracht. Beim Blick von der Loggia auf den glänzenden

Asphalt stellt Lea fest, dass die Niederschläge heftig gewesen sein müssen.

Die Straßen und die in Hamburg leider meist maroden Radwege, die sich die Radfahrer fast überall mit Fußgängern teilen müssen, sind nass. Während ihrer Fahrt in Richtung St. Pauli nutzt Lea eine rote Ampelphase, sich wärmer anzuziehen. Wie gut, dass sie beim Verlassen der Wohnung im letzten Moment eine Jacke in die Fahrradtasche gesteckt hat. Zwei Minuten vor acht steht sie vor der ›Kartoffel‹. Allein. Im Gastraum ist es dunkel. Die Eingangstür ist verschlossen. Und dafür hat sie sich den Wecker gestellt und sich so beeilt? Lea klopft an die Tür. Ohne Erfolg. Um den Termin zu checken, liest sie sich in ihrem Smartphone den entsprechenden Mail-Verkehr noch einmal durch. Zeitpunkt, Ort, alles korrekt. Im Café schräg gegenüber scheint ein kleiner Tisch am Fenster frei zu sein. Sie geht rüber, bestellt einen doppelten Espresso, der darauf schließen lässt, dass die Maschine seit etwa einem Jahrzehnt nicht mehr gereinigt wurde. Während ihrer Lektüre der Hamburger Morgenpost behält sie die ›Kartoffel‹ im Auge. Natürlich macht die MOPO, neben der BLÖD die zweitwichtigste Boulevardzeitung Hamburgs, mit der Entdeckung der Alsterleiche auf. Im Gegensatz zu dem Fall, mit dem Lea im vergangenen Sommer zu tun hatte und bei dem die Redaktion kaum Rücksicht auf die Persönlichkeitsrechte des zu Tode gekommenen Baumkletterers genommen hatte, wird dieses Mal darauf geachtet, dass nicht gleich jeder weiß oder ahnen kann, um wen es sich handelt. Im Bericht wird gemutmaßt, es könnte sich bei der Toten um eine gewisse »S. K.« handeln. Wohnhaft in Hamburg, 39 Jahre alt. Der Zustand des gefundenen Leichnams lasse darauf schließen, dass die Frau seit geraumer Zeit im

Wasser gelegen habe. Weiterhin wird bei der Suche nach einem Kajak, das die Frau vor ihrem Tod benutzt haben könnte, um Hilfe gebeten. Die besondere Aufmerksamkeit der Polizei gilt aufgrund der Strömungsverhältnisse der Alster dem Abschnitt zwischen der Alsterstaustufe Fuhlsbüttel bis zum Alsterdorfer Damm. Am Ende werden die entsprechenden Telefonnummern und Mail-Adressen genannt und auf die Möglichkeit hingewiesen, dass man sich ebenso bei der nächstgelegenen Polizeidienststelle melden könne. Hätte sie die Idee, Lennart ein Foto vom Kajak zu schicken, früher gehabt, hätten sie die Aufforderung durch ein Bild unterfüttern können.

Mit leisem Pling signalisiert ihr Smartphone eine Text-Nachricht. Lennart hat ein »danke schön« geschickt. Sie tippt ein knappes »gerne« ein. Ehe ihr bewusst wird, dass ihr Korrektur-Programm daraus ein FERNE gemacht hat, ist die Ein-Wort-Nachricht schon unterwegs, weil sie in automatisierter Daumen-Routine auf »senden« getippt hat. Da sich vor der ›Kartoffel‹ nun endlich etwas regt, spart sie sich eine Richtigstellung. Mal sehen, was Lennart mit dieser Antwort anfangen kann. Sie geht zum Tresen, um den Bezahlvorgang zu beschleunigen. Ihre halb volle Tasse nimmt sie mit und stellt sie auf der Marmorplatte ab. Mit freundlichen Worten versucht sie darauf aufmerksam zu machen, dass ihr der Kaffee nicht wirklich geschmeckt hat.

»Ach?« Die Bedienung wirft einen Blick in das Espresso-Tässchen. »War er nicht in Ordnung?«

Lea nickt. »Kann man so formulieren.«

»Und?«

Lea zögert. Der knappe Ton und die gelangweilte Mimik der Bedienung lassen darauf schließen, dass sie Kritik, wie diese auch immer ausfallen mag, aus dem Mund einer Kundin nicht unbedingt für relevant hält. Lea versucht, das Verhalten der mittelmäßig gelaunten Frau nicht auf sich zu beziehen, und erwidert mit einem Lächeln: »Manchmal wirkt es wahre Wunder, wenn man zwischendurch mal die Maschine reinigt.«

»Sagen Sie das dem Chef.« Die Bedienung öffnet ihren dicken Geldbeutel und nennt einen Preis, der für einen so minderwertigen Kaffee nicht wirklich gerechtfertigt ist.

»Dann hoffe ich mal«, erwidert Lea, »dass es Ihnen recht ist, wenn ich es passend habe.« Auf den Cent genau zählt sie den Betrag auf die Glasplatte des Tresens und wünscht zum Abschied einen guten Tag. Der halblaut genuschelte Gruß der Bedienung, der dem deutschen Äquivalent von »fuck you« sehr nahe kommt, geht ihr zum einen Ohr rein und zum andern raus. Ein Etablissement mehr, in dem sie nur einmal gewesen sein wird. Eigentlich schade. Die Einrichtung und das Ambiente sind ansprechend.

Auf der anderen Straßenseite nähert sie sich den ratlos wirkenden Leuten vor der noch immer geschlossenen ›Kartoffel‹ und grüßt in die Runde. Ricardo, ihr bisheriger Ansprechpartner des Online-Magazins ›Fressen & Saufen‹, hebt den Kopf, winkt ihr zu, lauscht noch zwei, drei Sekunden, ob vielleicht doch noch etwas Brauchbares aus dem Smartphone an seinem Ohr kommt, ehe er das Telefon frustriert sinken lässt. »Lea!« Mit ausgebreiteten Armen geht er ihr entgegen, um sie mit den zurzeit üblichen Küsschen links und Küsschen rechts zu begrüßen.

»Hab ich mir irgendwas falsch aufgeschrieben?«, fragt Lea, obwohl sie nach ihrer vorherigen Überprüfung sicher sein kann, dass sie pünktlich erschienen ist. »Ich war schon um 8 Uhr hier und hab dann da drüben gewartet.« Sie zeigt auf das Café, das sie bestimmt niemandem weiterempfehlen wird.

»Tut mir leid, dass du warten musstest. Sorry. Heute scheint aber auch so gut wie alles schiefzugehen.«

»Was darf ich denn unter alles verstehen?«

»Erstens hatten wir am Wochenende einen Komplettabsturz unseres Computersystems. Zweitens hatte ich deine Daten noch nicht auf mein Smartie übertragen.« Als wäre es nicht offensichtlich, dass er mit diesem, wie er vermutlich glaubt, originellen Kosenamen sein Telefon gemeint hat, hält er es zur Erklärung kurz in die Höhe. »Sonst hätte ich dich gleich heute Früh benachrichtigt. Tut mir leid. Drittens wird unser Nerd wohl bis mindestens heute Abend an diesem Computer-Glitch arbeiten müssen. Und selbst wenn er bis dahin alles wieder hinbekommt, gibt es ja leider auch noch viertens. Und das ist für dich wohl die unangenehmste Nachricht: die ›Kartoffel‹ tanzt aus der Reihe.«

Absurderweise hat Lea sofort das Bild einer tanzenden Kartoffel vor Augen und fragt sich einmal mehr, wie man als Wirt, Kneipier oder Chefkoch oder sonst Verantwortlicher sein Restaurant mit so einem bescheuerten Namen belasten kann. Im Übrigen ist ihr nicht wirklich klar, was Ricardo mit seinem Redeschwall ausdrücken möchte. »Heißt?«

»Der Chef der ›Kartoffel‹ hat in der vergangenen Woche eine Kritik eines anderen Magazins bekommen und hält sich jetzt für so wichtig, dass er unser neues Konzept, das er letzte Woche noch zum Ausflippen toll fand, nicht mehr für sonderlich originell hält. Er hat abgesagt, weil er überraschend so viel zu tun hat, dass er auf absehbare Zeit in seinem Terminkalender keine Lücke mehr für unser Shooting finden würde.«

Mit einem weiteren Pling meldet Leas Smartphone eine weitere Nachricht. »Sorry. Hab's nicht ausgemacht, weil ich auf eine Nachricht von euch gewartet habe«, entschuldigt sie sich, während sie es aus der Tasche fischt. Auf dem Display erscheint Lennarts Name. Im Moment ist er der einzige Mensch, auf den sie glaubt, sofort reagieren zu müssen. Selbst Phil würde sie warten lassen. Sie bittet Ricardo, kurz nachsehen zu dürfen, was er von ihr will.

»Ja, mach ruhig. Hier geht im Moment sowieso alles drunter und drüber.«

Sie wendet sich ab, entfernt sich ein paar Schritte von der Gruppe und liest die Textnachricht. »Snacks vermutlich erst morgen.« Mit dieser Auskunft kann sie nun wirklich nichts anfangen. Sie ruft ihn zurück.

»Moin, Lea. Wusste ich doch, dass du das gleich wissen möchtest.«

»Wieso glaubst du, dass ich wissen möchte, was du morgen zu dir nimmst?«, fragt Lea.

»Was? Wieso?«

»Lennart, ich habe keinen Schimmer, was du mir mit deiner Nachricht sagen möchtest.«

»Moment.« Die folgenden Geräusche kann Lea dahingehend interpretieren, dass er seine Nachricht aufruft, um zu überprüfen, was er geschrieben hat. »Alles klar«, sagt er lachend. »Ich muss mir gelegentlich von jemandem zeigen lassen, wie man dieses saublöde Autokorrektur-Programm abstellt. Eigentlich wollte ich dir nur mitteilen, dass wir die Ergebnisse des DNA-Abgleichs vemutlich morgen erhalten werden. Aufgrund deiner Zweifel habe ich die Laborleute schon am Samstagabend informiert, dass sie ihn schnellstmöglich durchführen sollen. Mit der dringenden Bitte um vorrangige Behandlung.«

Lea schüttelt den Kopf. Schließlich weiß sie, dass sie recht hat. Sie benötigt keinen Test. »Wie muss ich mir das vorstellen? Wollt ihr Iris Beckers DNA mit der DNA von Sonja Kirchheimer vergleichen?«

Lennart erkennt die Ironie in Leas Frage. »Wenn man so will«, antwortet er sachlich, »hast du damit den Nagel auf den Kopf getroffen. Um gegebenenfalls der Spurensicherung die Arbeit zu erleichtern, ist die DNA der verdeckten Ermittlerin zum schnellen Abgleich hinterlegt.« Ein klein wenig angefressen wirkt er ob ihrer sturen Beharrlichkeit aber dennoch. »Im Moment bleibt uns nichts anderes übrig, als Schritt für Schritt alles abzuarbeiten und abzuwarten, was sich daraus ergibt. Dürfen wir deine Bilder für einen Aufruf an die Öffentlichkeit geben?«

»Solange ihr nicht ausgerechnet die nehmt, wo ich mit drauf bin?« Lea hat auch ein, zwei Selfies mitgeschickt, bei denen sie im Boot vorne saß und sich gemeinsam mit ihrer Paddelpartnerin fotografierte.

»Kein Problem. Wie läuft dein Termin? Ich hab dich hoffentlich nicht aus was Wichtigem rausgerissen?«

»Nein. Alles okay. Im Moment ist noch nicht mal klar, ob heute überhaupt was läuft. Es herrscht wohl ein ziemliches Chaos hier. Irgendjemand scheint da etwas recht heftig in die Grütze gehauen zu haben.«

»Lea?«, ruft im selben Moment Ricardo. »Kommst du bitte?«

»Tut mir leid, ich muss Schluss machen.«

»Toi, toi, toi!«, sagt Lennart zum Abschied.

Sie kehrt zurück zur improvisierten Straßen-Konferenz der anwesenden ›Fressen & Saufen‹-Leute. Während zwei leicht abgewandt an ihrem Telefon kleben und intensiv ihre jeweiligen Gesprächspartner bearbeiten, tritt ihr Ricardo mit einem Gesichtsausdruck des größten Bedauerns entgegen, um ihr mitzuteilen, dass heute nichts mehr passieren wird. »Keine Sorge«, fährt er eilfertig beruhigend fort, obwohl Lea nicht einmal ansatzweise einen Grund erkennen kann, weshalb sie sich sorgen solle, »den für heute vereinbarten Tagessatz bekommst du selbstverständlich trotzdem. Wie es scheint, läuft hier einiges aus dem Ruder. Die üblichen Anlaufschwierigkeiten. Man kennt das ja. Durch seinen überraschenden Ausstieg schmeißt uns der Chef der ›Kartoffel‹ die Pläne mächtig über den Haufen. Wie sieht es nächste Woche bei dir aus? Können wir da auf dich zählen?«

Ricardos Rede-Diarrhö lässt darauf schließen, dass ihn sein schlechtes Gewissen fest im Schwitzkasten hat. Auch die truthahneske Rötung seiner Halspartie deutet auf ein emotionales Ungleichgewicht seiner Befindlichkeit hin.

»Grundsätzlich soll es euren Internet-Auftritt aber weiterhin geben?«, hakt Lea vorsichtig nach. Erst vor ein paar Tagen hatte Ricardo sie für die komplette Woche gebucht. Sie fragt sich, weshalb sie immer wieder so gutgläubig ist und stets bereit ist, mit der Arbeit zu beginnen, ehe auch nur eine einzige mündliche Absprache schriftlich festgehalten wurde. Natürlich kennt Lea die Antwort auf ihre selbstkritische Frage: Weil sie sich ein Mindestmaß an Vertrauen in ihre Mitmenschen und eine gewisse Gutgläubigkeit erhalten mag. Und weil sie die Erfahrung erfreulicherweise lehrt, dass für sie am Ende immer alles gut ausgeht. Fast alles.

»Ja, natürlich. Dein Vertrag geht heute noch raus. Versprochen.« Diese übereifrige Antwort hat für Lea nicht unbedingt das erhoffte Potenzial einer vertrauensbildenden Maßnahme.

Sie nickt. Stillschweigend erneuert sie ihren Vorsatz, besagte Gutgläubigkeit nicht selbst als Naivität zu bezeichnen. »Hast du wenigstens eine vage Einschätzung, wann meine Präsenz wieder gefragt sein könnte?«

Er bläst die Backen auf, hebt die Hände. »Mitte der Woche müsste ich mehr wissen?«, betont er seine Antwort im Fragemodus. »Lea, mir ist vollkommen klar, dass das jetzt total uncool für dich ist. Es tut mir so was von leid. Ich kann dir auch alles erklären, sobald ...«

»Ist okay. Erklär es mir bei Gelegenheit.«

»Sobald ich mir selbst einen Überblick verschafft habe und weiß, was Sache ist.«

Sie blickt ihm prüfend in die Augen, fragt sich, ob er tatsächlich der Richtige ist, ihre Arglosigkeit einmal mehr auf Alltagstauglichkeit zu testen. Obwohl seine Zerknirschtheit echt wirkt, empfindet Lea in diesem Moment doch einen Hauch von Zweifel. Was ist, wenn er seine Zerknirschtheit nur überzeugend spielt, um gerade so viel Nachsicht bei ihr zu generieren, dass sie auf vier Tage Bezahlung verzichtet? Minimum. Dann, denkt Lea, spielt er die Rolle gut. Und zwar so gut, dass er für diese schauspielerische Leistung bereits wieder ihre Anerkennung verdient.

»Ich hoffe ja so, dass du noch was anderes zu tun hast diese Woche«, sagt er schließlich.

Sie wiegt den Kopf. »Ich weiß mich zu beschäftigen.« Selbst wenn sie mit dem Plan, den sie in dieser Sekunde spontan geschmiedet hat, keinen Cent für ihren Lebensunterhalt verdienen wird, erscheint es ihr eine gute Idee, den plötzlich zur Verfügung stehenden Tag für eine Fahrt nach Büsum zu nutzen. Um weitere Verabredungspannen auszuschließen und künftig die Kommunikation mit Ricardo ohne Reibungsverluste zu gestalten, tauschen sie einmal mehr ihre Mobilnummern aus. Dann schwingt sich Lea aufs Rad und fährt zum Altonaer Bahnhof. Beim Lösen der Tageskarte entscheidet sie sich aus einem Impuls heraus zur Mitnahme ihres Fahrrads. Auch wenn Büsum von überschaubarer Größe ist, möchte sie nicht alle Wege zu Fuß bewältigen. Und vielleicht hat sie auch noch einmal Lust auf einen Besuch im Hafen, und dort ziehen sich die Wege ohne fahrbaren Untersatz ordentlich in die Länge.

Da sie den Bahnhof Altona ausgerechnet in einer Lücke des Stundentaktes erreicht, bleibt ihr noch Zeit, sich in einem der Stehcafés ins Internet einzuloggen und noch ein paar Informationen über Büsum aus dem Netz zu holen. Zu ihrer Überraschung schenkt eines der Cafés sogar Kaffee in richtigen Tassen aus und bietet nicht nur diese alle Aromen vernichtenden Pappbecher an. Als Erstes recherchiert sie den Namen des Bistro-Restaurants, in dem Phil und ihr am Freitag die Kirchheimer als Bedienung begegnet ist.

Leider löst keines der von der Suchmaschine angebotenen Ergebnisse eine Erinnerung aus. Weder das ›Moin-Moin‹, noch ›Die Muschel‹ oder ein halbes Dutzend weiterer Namen auf der Liste. Sie versucht es über Webcams und kann durch eine der drei in Büsum installierten Kameras zwar auf das richtige Hafenbecken blicken, der Bildausschnitt reicht jedoch nicht aus, um den Namen des Etablissements zu entziffern. Stünde die Kamera nur wenige Meter weiter rechts und würde ein klein wenig weiter nach links schwenken, könnte Lea auf die Terrasse blicken, auf der sie und Phil gesessen haben. So kann sie aufgrund des Blickwinkels nichts Brauchbares erkennen. Sie ruft einen Routenplaner auf, um den Straßennamen zu recherchieren, und erzielt damit ein erstes Ergebnis: ›Diabolo‹. Wie Phil bereits mutmaßte, handelt es sich dabei um eine Kette, die auch in Travemünde, Kiel, Eckernförde und auf Sylt Häuser betreibt. Die zäh verlaufende Recherche hat Lea so sehr in Anspruch genommen und abgelenkt, dass ihr jegliches Zeitgefühl abhandengekommen ist. Ein Blick auf die Uhr lässt sie hastig den Laptop zuklappen. Sie stopft ihn in die Tasche, fummelt vor der Tür hektisch am Fahrradschloss. Sie bekommt es nicht auf, packt ihr Fahrrad an Rahmen und Lenker und trägt es im Laufschritt zu Gleis 9. Jetzt fehlt nur noch, dass sie von einer Polizeistreife oder einem gut meinenden Bürger aufgehalten und gefragt wird, weshalb sie ein abgeschlossenen Fahrrad durch die Gegend trägt und ob sie es eventuell geklaut hat. Doch sie hat Glück, auch die Abfahrt des Zuges verzögert sich genau um die wenigen Minuten, die sie benötigt, um noch rechtzeitig einzusteigen. Sie wird lediglich von der hektisch winkenden Zugbegleiterin aufgefordert, sich zu beeilen. Als sie wieder bei Atem ist, lässt sie sich im Fahrradabteil auf einem der Klappsitze nieder. Kaum hat sie jedoch die Hamburger Stadtgrenze hinter sich, fehlt der Empfang für eine weitere Recherche. Also blickt sie nach draußen und genießt die Landschaft nördlich von Hamburg. Trotz der verspäteten Abfahrt in Altona erreicht Lea ihren Anschlusszug in Heide. Auf den letzten Kilometern durch die von Windrädern verspargelte Ebene fragt sie sich, ob Kühe auch so etwas wie kalte Füße oder vielmehr Hufe haben können, denn die Wiederkäuer stehen teilweise im knietiefen Wasser.

Zur Mittagszeit steigt sie aus dem Zug. Klar, dass sie zur Beruhigung ihres knurrenden Magens das ›Diabolo‹ ansteuert. Wo sonst sollte sie in Büsum einkehren. Für einen Septembermontag nach nächtlichem Starkregen herrscht in der Fußgängerzone des kleinen Küstenstädtchens erstaunlich reger Betrieb, sodass sie vom Rad steigen muss. Die Terrasse des ›Diabolo‹ ist aufgrund der gesunkenen Temperaturen und der frischen Brise heute deutlich spärlicher frequentiert als am Freitag. Schon während sie das Fahrrad anschließt, hält sie Ausschau nach Sonja Kirchheimer. Entweder hat sie frei oder sie ist heute nicht für den Außenbereich zuständig. An der Eingangstür wartet ein männlicher Kollege auf Gäste. Obwohl Lea durchaus auch bei kühlem Wetter gerne draußen sitzt, begibt sie sich nach drinnen. Auch hier keine Spur von ihr. Lea nimmt an einem Zweiertisch an der großzügigen Fensterfront Platz und ordert bei der Bedienung eine Ofenkartoffel mit Matjes und Büsumer Krabben. Wenn schon Büsum, dann richtig.

»Entschuldigen Sie, eine Frage, bitte?«, spricht sie die Bedienung an, als ihr die bestellte Rhabarberschorle gebracht wird. Wortlos bleibt die Frau am Tisch stehen. »Am Freitag hat mir eine ihrer Kolleginnen einen Tipp bezüglich einer Ferienunterkunft gegeben.« Aus der versteinerten Miene der Frau leitet Lea ab, dass sie ihrer Tätigkeit nicht unbedingt aus Leidenschaft nachgeht, sondern lediglich zum Broterwerb betreibt. Zumindest an diesem Tag scheint sie ihren Beruf nicht zu lieben. »Dummerweise habe ich den Zettel mit der Adresse verloren. Ist Ihre Kollegin zufällig auch heute hier, dass ich sie noch einmal danach fragen könnte?«

»Welche Kollegin?«, stößt die Frau knapp hervor.

Leicht irritiert fragt sich Lea, wie viele weibliche Arbeitskräfte es wohl geben mag, die am Freitag in einem Lokal wie diesem gearbeitet haben. Sie versucht, die Kirchheimer zu beschreiben. »Sie hat in etwa Ihre Größe, ist so circa 40 Jahre alt. Ihre Frisur ist ein klein wenig punkig gestylt. Am einen Ohr trug sie letzten Freitag einen recht auffälligen Federohrring.« Wegen der sparsamen Mimik der Bedienung kann Lea nicht einschätzen, ob die Frau bereits weiß, wen sie meint. »Bedient sie heute?«

»Ne. Die ist schon am Sonnabend nicht zu ihrer Schicht

aufgetaucht. Und das bei dem Betrieb, den wir bei diesem Wetter das ganze Wochenende über hatten.«

»Das tut mir leid«, versucht Lea mit ein wenig Empathie das Gespräch in Gang zu halten. »Hat sie sich krank gemeldet?«

»Ne. Hat uns versetzt. Einfach so. Echt keine Art, so was.«

»Können Sie mir sagen, wann ich sie wieder antreffe?«

»Ne.«

»Wüsste eventuell eine Ihrer Kollegi…«

»Keine Ahnung«, fällt sie Lea ins Wort und wendet sich ohne ein weiteres Wort ab, weil drei Tische weiter ein Gast mit seinem Portemonnaie winkt.

Nicht dass sich Lea vorgestellt hätte, sie würde hier mal eben so die Telefonnummer und die Adresse von Sonja Kirchheimer auf dem silbernen Tablett serviert bekommen. Dass sie nach freundlich vorgetragenem Anliegen auf diese Weise abgefertigt würde, hat sie sich jedoch auch nicht ausgemalt.

Sie platziert den kleinen Büsumer Reiseführer, den sie in der Fußgängerzone in einem Buchladen für fünf Euro erworben hat, auf dem Tisch, um ihn als besetzt zu markieren und sucht nach den betreffenden Örtlichkeiten, um sich vor dem Essen die Hände zu waschen. Ihre Frage nach dem Weg wird von der Bedienung mit einem weiteren Bellen beantwortet: »Da!«

Lea vergleicht dieses einer Bedienung unwürdige Verhalten mit der nahezu mustergültigen Art, mit der sie am vergangenen Freitag von Sonja Kirchheimer bedient wurde. Trotz ihrer niederträchtigen Spitzeltätigkeit wächst in Lea allmählich beinahe eine Form von Bewunderung für diese Frau. Mit ihrer nicht zu leugnenden Fähigkeit, verschiedenste Rollen auszufüllen, in die sie aus welchen Gründen auch immer schlüpft und mit der Professionalität, die sie dabei an den Tag legt, hat sie sich Leas Respekt verdient.

Das Highlight des rasch servierten Gerichts ist für Lea eindeutig die Krabbenbeilage. Sie kann sich nicht erinnern, jemals so frische Krabben gegessen zu haben. Und das an einem Montag. Ihr Lieblingsfischhändler in Altona hält sein Geschäft montags traditionell geschlossen. Wie sie von ihm persönlich weiß, aus einem ganz speziellen Grund. »Soll ich meinen Kunden drei Tage alten Fisch verkaufen?«, antwortete er vor ungefähr einem Jahr auf Leas Frage, weshalb er seinen freien Tag ausgerechnet auf Montag gelegt habe. »Am Sonntag fahren die Fischer nicht raus. Also bekomme ich am Montag auf dem Fischmarkt keine frische Ware.«

»Ist das heutzutage immer noch so?«, hakte Lea damals überrascht nach. Wo man in dieser globalisierten und vernetzten Welt doch sonst an jedem Ort und zu jedem Zeitpunkt alles bekommt, wonach einem gerade der Sinn steht. Jedes Mal, wenn ihr diese Unterhaltung in den Sinn kommt, hat sie den Innbegriff eines Fischhökers genau vor sich, wie er mit seinem Filetier-Messer für einen Moment innehält und ihr über den Tresen hinweg in die Augen blickt. »Ne, mien Deern, dat is all lang ni mehr so. Do hest du ganz un gor recht. Aver dat gifft Saken op uns Eer, de mutt een nich ännern. Un dorüm gifft dat bi mi op'n Maandag keen Fisch. Mien Leevdag nich.«

Umso mehr kann sie nun, an einem Montag, die Frische der zur Kartoffel servierten Krabben genießen. Beim Bezahlen unternimmt sie einen weiteren Versuch, etwas über den Aufenthaltsort der von ihr Gesuchten in Erfahrung zu bringen. »Könnten Sie mir vielleicht die Adresse Ihrer Kollegin geben? Oder wenigstens eine Telefonnummer, unter der ich sie erreichen könnte? Die von ihr beschriebene Ferienwohnung klang wirklich so attraktiv. Ich würde gerne noch einmal nachfragen.«

»Bin nicht von hier. Ich weiß nicht, wie die Straße heißt, in der die wohnt. Ist mir auch egal. Ich hätte freigehabt. Meine ersten freien Tage seit Saisonbeginn. Wenn mich jemand so hängen lässt …« Sie winkt ab.

Nach der Vehemenz der vorherigen Äußerung kommt Lea die wegwerfende Handbewegung beinahe versöhnlich milde vor. Trotzdem sieht sie schon zum zweiten Mal an diesem Tag keinerlei Anlass, die Art und Weise, in der sie bedient wurde, mit Trinkgeld zu honorieren. Wie bereits am Morgen begleicht sie ihre Zeche auf den Cent genau und lässt sich das Rückgeld auf den Tisch zählen.

Die Frau scheint dies vollkommen ungerührt hinzunehmen, scheint die Geste der Kundin nicht einmal bewusst wahrzunehmen. Oder es ist ihr an so einem Tag, an dem sie sich ohnehin fortwährend darüber ärgern muss, dass sie überhaupt hier ist, schlicht zu anstrengend, um sich auch noch über die Gäste aufzuregen. »Fragen Sie Micha hinterm Tresen«, blafft sie Lea in ein und demselben Ton an, dessen sie sich schon die ganze Zeit befleißigt hat, und lässt sich auf diese Weise vollkommen überraschend doch noch zu einer verwertbaren Antwort hinreißen.

»Danke«, erwidert Lea und stellt im Stillen fest, sich bei der Einschätzung der Bedienung vielleicht getäuscht zu haben. Nein, die ist nicht schlecht gelaunt. Die ist immer so. Die rüde Art der Kommunikation liegt wohl in ihrer Natur. Weil sie mit einem Mal das Gefühl hat, diese Frau könnte es aufgrund ihres Charakters bereits schwer genug haben in ihrem Leben, legt Lea, ehe sie aufsteht, doch noch zehn Prozent Trinkgeld auf den Tisch und hofft, dass es der Kollege vom Außenbereich nicht im Vorübergehen für sich einstreicht. Dann geht sie hinüber an den Tresen. Vielleicht hat sie bei Micha mehr Glück.

»Tut mir leid.« Mit verschränkten Armen nimmt auch er umgehend eine ablehnende Haltung ein. »Namen und Adressen des Personals rücken wir hier grundsätzlich nicht raus. Wenn überhaupt macht das in begründeten Fällen höchstens unser Geschäftsführer. Und auch der hält sich in der Regel streng an den Datenschutz. Ist aber sowieso nicht da. Kommt erst nächste Woche wieder.«

Fast täglich wundert Lea sich über das in der breiten Bevölkerung meist sehr mangelhafte Interesse am Datenschutz. Im Alltag scheint sich kein Schwein mehr um die eigenen Persönlichkeitsrechte zu kümmern. Wenn ihr jedoch ausnahmsweise selbst einmal ein lockerer Umgang damit zupasskäme, wird ihr selbst der kleinste Verstoß gegen das Recht auf Anonymität verweigert. »Zu dumm, da bin ich längst wieder in Hamburg.«

»Hamburg.« Er mustert sie, als würde er überprüfen, ob sie und Hamburg tatsächlich zusammenpassen. »Gib mir deine Telefonnummer. Ich geb dein Anliegen an den Chef weiter. Und wenn er es für richtig hält, kann er dich ja zurückrufen.«

Der Typ scheint es auf einen Flirt anzulegen. »Nein, das bringt mir nichts«, ignoriert Lea seine Avancen, als habe sie diese nicht einmal wahrgenommen.

In wichtiger Geste stützt er die Hände auf den Schanktisch, baut sich ihr gegenüber auf wie der Silberrücken einer Gorilla-Gruppe. »Worum geht's denn?«

»Ach, nichts Besonderes. Nur um eine Ferienwohnung. Eure Kollegin hat mir einen Tipp gegeben, der hörte sich so großartig an.«

»Welche war's denn?«

»Die vom letzten Freitag. Ich kenne sie ja nur als Bedienung. Weiß nicht, wie sie heißt.« Um ihrer Ratlosigkeit Nachdruck zu verleihen, lässt Lea den Blick durchs Restaurant schweifen. »Offensichtlich hat sie heute keinen Dienst. Hab sie am Freitag gefragt, ob sie uns eine Ferienwohnung empfehlen kann. Wir würden gern mal eine Woche Büsum genießen.«

»Nicht weit von hier ist die Touristen-Info«, stellt Micha nüchtern fest.

»Die hat uns deine Kollegin am Freitag zunächst auch empfohlen. Als sie uns ein paar Minuten später das Essen an den Tisch brachte, meinte sie allerdings, dass ihr was eingefallen wäre, und schwärmte uns was von dieser Pension vor. Hat sich so richtig gut angehört. Und ich habe den Namen vergessen. Das ganze Wochenende hab ich mir das Gehirn zermartert. Ich komm nicht drauf. Ist komplett weg.«

»Am Freitag sagst du?« Er blättert in einem Kalender, in dem offenbar der Dienstplan festgehalten wird. Er nickt. »Sag mal, ähm …« Anscheinend will er wissen, wie sie heißt.

»Leonie«, nennt Lea den Namen, den sie schon als Teeny benutzte, wenn sie glaubte, ein Pseudonym zu brauchen. Beispielsweise gab sie sich im Rahmen von Polizeikontrollen nicht als Lea Mertens, sondern als Leonie Küppers aus. Ebenso wenn sie einen aufdringlichen Kerl abwimmeln und ihm keine Chance geben wollte, durch ein bisschen Herumfragen ihre wahre Identität herausbekommen zu können.

»War die so ein bisschen punkig?«, fragt Micha weiter.

»Ja, genau!«

»Alles klar. Dann war es Sabrina.«

»He, da ist sie doch mit drauf.« Lea deutet auf ein gerahmtes Teamfoto an der Wand hinter Micha. Sie beugt sich, so weit es geht, über den Tresen, um das Bild genauer zu betrachten. Das leicht punkige Aussehen der Kirchheimer ist für sie noch immer gewöhnungsbedürftig. Trotzdem hat sie keinerlei Zweifel, dass es sich um die Gesuchte handelt. »Die zweite von links.«

Er wirft einen Blick über die Schulter. »Ja, genau. Sabrina. Sag ich doch.«

»Wie lange ist das her?«, fragt sie.

»Das Foto? Das war zur Jubiläumsfeier. Ist also ziemlich genau ein Jahr alt.«

Irgendetwas findet Lea an dieser Aussage seltsam. Sie kommt jedoch nicht darauf, woran sie sich unterschwellig stört. »Wann ist sie wieder hier?«

Er blättert zurück auf die Seite mit dem aktuellen Datum. »Eigentlich heute. Ist aber nicht aufgetaucht. Gestern und vorgestern auch nicht.«

»Ist ja doof.« Lea zögert. Sie fragt sich, wie sie ihm doch noch ein paar konkretere Informationen entlocken könnte. »Du hast keine Lust, mal eben selbst bei ihr anzurufen? Dann hättest du ihre Daten nicht rausgerückt und mir wäre trotzdem geholfen.« Anfangs hat sie sich auf sein Du nur zögerlich eingelassen. Inzwischen scheint es ihr opportun, ihn ebenfalls konsequent zu duzen. Im Land zwischen den Küsten ist dies ohnehin weit verbreitet.

»Macht keinen Sinn. Hab's heute früh schon versucht, nachdem sie sich den dritten Tag hintereinander nicht gezeigt hat. Sie geht nicht ans Telefon.«

»Klingt ja schon beinahe besorgniserregend. Passiert das öfter bei ihr? Bleibt sie öfter einfach weg?«

»Nö. Kann mich nicht erinnern, dass das bei ihr schon mal vorgekommen wäre. Sabrina ist echt zuverlässig. Und nett.«

Lea grinst ihm ins Gesicht. »Du magst sie, was?«

»Hä? Wie kommst du jetzt darauf? Außerdem will sie sowieso nichts von Kerlen. Allerdings …« Sein Gedanke bleibt im Raum hängen. Gleich drei Bedienungen auf einmal beschweren sich am Tresen, dass die Bestellungen, die sie mithilfe ihrer Tablets an ihn übermittelt haben, noch nicht bereitstehen.

Lea entscheidet sich zu warten, bis er wieder Zeit für sie hat. Er macht den Eindruck, als könnte er noch was Brauchbares von sich geben. Endlich hat er die Order abgearbeitet und kehrt zum Ende des Tresens zurück. »Bekomme ich noch einen Espresso, bitte? Einen doppelten?«

»Dir geht's doch nicht um 'ne Ferienwohnung«, sagt er, während er ihr Espresso, ein Gläschen Wasser und den Zuckerstreuer hinschiebt.

Obwohl sie keinen Zucker in die Tasse gegeben hat, fängt Lea an, mit dem kleinen Löffel darin herumzurühren. Eine sinnlose Übersprunghandlung, die ihr bei anderen Leuten immer als dumme Angewohnheit auffällt. Aber was soll sie denn in diesem Moment sonst machen, wenn ihr partout keine plausible Antwort auf seine Unterstellung einfällt?

»Nun gib's schon zu. Du bist scharf auf sie.«

»Erwischt.« Lea hebt die Schultern, als wollte sie sich mit dieser kleinen Geste für die vorgeschobene Geschichte entschuldigen. Wenn's der Informationsfindung dient, steht sie eben auf Frauen. Seltsam erscheint ihr nur, dass ihr Gegenüber auf eine merkwürdige Weise erleichtert wirkt. Wahrscheinlich ist das die einzig plausible Erklärung für ihn, warum Lea auf seine Flirtversuche nicht eingegangen ist.

Sie ordnet ihn sofort in die Kategorie selbstgefälliger Typ ein, der zu glauben scheint, dass ein bisschen Muckibude in Kombination mit einem Polo-Shirt, das eine Nummer zu klein ist, plus Gel in den Haaren und nicht zuletzt der Job als Barkeeper ausreichen, um jede, die sich ihm gegenüber auf einen Barhocker setzt, rumzukriegen.

»Warum sagst du das nicht gleich?«, fragt er scheinbar diskret. »Allerdings wäre ich an deiner Stelle vorsichtig.«

»Vorsichtig? Erzähl.«

Er beugt sich ihr entgegen, scannt kurz das Lokal, um zu prüfen, ob sie von seinen Kolleginnen und Kollegen beobachtet werden, und erzählt Lea, dass sie mit ihrer Einschätzung schon ganz richtig liege. Sabrina habe ihm in der Tat gefallen. Sogar sehr gut. Und zwar vom ersten Tag an, als sie sich hier vorgestellt hat. Das liege inzwischen gute drei Jahre zurück. Zu seinem allergrößten Bedauern habe sie jedoch von Beginn an kein Hehl daraus gemacht, dass sie sich über sein Bemühen zwar freue, dass es zugleich aber vollkommen vergeblich sei, weil sie lesbisch sei und von Kerlen so überhaupt nichts wissen will.

»Glück für mich«, sagt Lea augenzwinkernd.

»Na ja, pass mal auf, jetzt kommt's nämlich: Vor etwa zwei Wochen, das war unmittelbar nach ihrem verlängerten Wochenende in Hamburg, baggert sie mich dann doch plötzlich an. Ich denke, was ist denn jetzt kaputt? Will sie mich testen, oder was?«

»Und?«

»Gar nichts und. Auf so was lass ich mich doch nicht ein. Weiß ich, was die plötzlich geritten hat? Hab ihr klar und deutlich verklickert, dass ich nach den drei Jahren, die wir uns mittlerweile kennen, einfach nicht daran glaube, dass sie plötzlich ernsthaft mit mir ...« Er macht den Scheibenwischer, nimmt ein Glas aus dem Regal, zapft sich ein Mineralwasser und stürzt es auf ex hinunter. »Sie hat es dann auch genauso schnell wieder gelassen. Voll die schräge Nummer. Vielleicht war's ja wegen dieses komischen Kerls, der hier vor einigen Wochen auf der Matte gestanden hat.«

Lea versucht ihre augenblicklich gesteigerte Aufmerksamkeit im Zaum zu halten. Micha soll nicht merken, dass er mit der letzten Bemerkung ihre Neugier geweckt hat. »Was ist denn passiert? Vor einigen Wochen?«, hakt sie so harmlos und beiläufig wie möglich nach.

»Ach, wahrscheinlich gar nichts. Kommt ja öfter vor in der Gastronomie, dass ein Gast aus der Spur gerät. Es war während der Kite-WM in St. Peter-Ording. Da pilgern so viele Leute hin, dass ist sogar gut für alle Geschäfte in Büsum. Wenn die mit ihren Wettbewerben durch sind, machen jede Menge Touris auf dem Nachhauseweg bei uns Halt. Recht viele scheinen Hamburger gewesen zu sein. Wegen der WM war Ording komplett voll und deshalb machten die in Büsum noch mal 'nen Boxenstopp. Besagter Typ kam also eines Abends hier rein und baggerte Sabrina volle Breitseite an. Er saß da drüben am andern Ende vom Tresen und ich hab von hier aus natürlich das meiste mitbekommen, was der so von sich gab.« Er zeigt zur betreffenden Stelle und erzählt ausführlich, worum es bei diesem offenbar recht einseitigen Gespräch ging. Anscheinend bestand der Typ hartnäckig darauf, dass sie, also Sabrina und er, sich von früher kannten. Sie solle sich nicht verstellen und so tun, als würde sie sich nicht mehr an ihre wunderbare gemeinsame Zeit erinnern. »Zwischendurch habe ich ja ein paar Mal gedacht, jetzt heult er gleich los. Der hat aber auch ein sehnsüchtiges Vergangenheits-Geschwurbel drauf gehabt. Du glaubst es echt nicht. Sabrina dagegen versuchte ihm freundlich klarzumachen, dass er sie mit jemand anderem verwechseln würde und sie sich nicht im Entferntesten an ihn erinnern könnte.«

Lea fühlt sich sofort zurückversetzt in die Szene, die sie am Freitag mit Phil hier erlebte. Hat doch Sonja Kirchheimer auch ihr gegenüber die Fremde gemimt und so getan, als wäre sie ihr noch nie im Leben begegnet. Doch der Barkeeper ist noch nicht fertig mit seiner Schilderung und erzählt, dass der Typ immer lauter wurde und gegenüber Sabrina nicht locker lassen wollte. Sie wäre doch auch total scharf auf ihn und er würde ganz gewiss nicht darauf reinfallen, wenn sie hier plötzlich die Frau mit Gedächtnisverlust spiele, nur weil sie keinen Bock mehr auf ihn habe und so weiter und so fort. »Und dabei hat sie der Trottel während der ganzen Zeit Sonja genannt.«

Lea versucht sich einen Reim darauf zu machen, wie es dieser Frau über einen Zeitraum von drei Jahren gelungen war, einerseits in einem Büsumer Bistro zu arbeiten und andererseits eine zweite Identität in Hamburg aufrechtzuerhalten. Das muss ganz schön aufreibend für sie gewesen sein. »Und? Wie hat Sonja auf diesen Typen reagiert?«

»Fang du nicht auch noch damit an. Sie heißt Sabrina. Und wie soll sie schon reagiert haben? Als er ihr zu aufdringlich wurde und ihr an den Arsch packte, hat sie ihn von sich gestoßen, dass er fast vom Barhocker gefallen wäre. Hat sich gerade mal eben so fangen können. Und trotzdem fiel dem Dösbaddel nichts Besseres ein, als einen neuen Anlauf zu nehmen. Das war dann der Moment, in dem wir mal eben dazwischen sind. Also mein Kollege und ich. Wir haben ihn vor die Tür gesetzt. Der war aber so hartnäckig, dass er von draußen weitergepöbelt hat. Er würde wiederkommen, darauf könnte sie sich verlassen.

Jetzt, wo er sie gefunden hat, würde er sie nicht wieder ziehen lassen. Erst als ich erneut an die Tür getreten bin und ihm mein Telefon gezeigt habe, hat er kapiert, dass er besser Land gewinnen sollte, ehe ich die 110 wähle. Echt du. Voll die Arschtype.«

Würde Sonjas oder Sabrinas Kollege Verdacht schöpfen, wenn Lea weiter dranbleibt und nachhakt? Und wenn schon. Sie hat nichts zu verlieren. »Wie sah der Kerl aus?«

Micha baut sich hinter seinem Tresen auf, um seine vollen ein Meter neunzig zur Geltung zu bringen. »Na ja, groß war er schon mal nicht.« Er hält seine Hand auf Kinnhöhe. »Wenn er mich gefragt hätte, welche Sportart er wählen soll, hätte ich ihm ganz sicher nicht Basketball empfohlen. Eher Jockey. Oder Steuermann im Achter.« So wie er grinst, scheint er für diesen Witz Applaus zu erwarten.

Lea tut ihm den Gefallen und zaubert sich ein Lächeln ins Gesicht. »Der war gut.« Obwohl der Vergleich ihrer Ansicht nach nicht wirklich passt. Michas Angaben zufolge dürfte der aufdringliche Fremde etwa eins siebzig groß sein. Für einen Jockey zu groß. Im Vergleich zu ihrem Gesprächspartner jedoch wahrhaftig von kleinem Wuchs.

»Dunkle Haare«, setzt er die Beschreibung fort. »Er trug einen Zopf. Also einen richtigen. Geflochten meine ich. Wahrscheinlich, weil er am Streichen war und keine Farbe in den Haaren haben wollte. Schon als er reinkam, hab ich mich gefragt, ob er sich die Farbe nicht wenigstens von den Händen und aus dem Gesicht waschen könnte, bevor er ein Lokal betritt. Wir sind hier schließlich keine Imbissbude. Außerdem sah er aus, als wäre er viel an der Luft und auf'm Wasser. Also eher Segler oder so, nicht beruflich, kein Fischer, ne, wie ein Fischer sah der nicht aus. Surfer vielleicht.«

Lea fragt sich, ob Micha sich vielleicht irgendwann mal für eine seiner vielen Schubladen entscheiden kann. Erst Jockey, dann Segler, dann Surfer. Was würde er als Nächstes aus dem Hut zaubern? Außer dieser oberflächlichen Beschreibung kommt jedoch nicht mehr viel. Soweit er sich erinnere, meint der Barkeeper, habe der Typ ein Kapuzen-Sweatshirt mit Reißverschluss und großen Taschen getragen. Und eine knielang abgeschnittene Jeans, wie man sie im Surferumfeld gerne anhat. »Wenn ich mir das jetzt überlege, könnte der auch vom Kiten aus St. Peter-Ording gekommen sein. Wo dort doch zu der Zeit die WM war.«

»Also ein surfender Jockey-Segel-Kiter«, fasst Lea zusammen. »Aber sein Seepferd hatte er nicht zufällig vor der Tür festgebunden?«

Mit einem Fingerzeig deutet er an, dass er ihre Bemerkung gut findet. »Das wäre mir aufgefallen.«

»Und du bist sicher, dass er nicht von hier war?«

»Keine Ahnung. Woher soll ich das wissen? Zumindest ist er mir vorher noch nicht über den Weg gelaufen. Und wenn du hinter der Bar stehst und jede Menge fremde Leute triffst, kannst du dir nicht alle Gesichter merken. Außerdem wohne ich in Heide und hab mit den Einheimischen wenig am Hut. Was die Touris angeht, sollen die ordentlich Trinkgeld auf'n Tisch legen und gut ist. Ich präge mir doch nicht jede Nase ein. Der ist mir ja auch nur aufgefallen, weil er Sabrina so offensiv angemacht hat. Und wegen der Farbe im Gesicht und an den Händen. Sein Sweater und die Kapuze waren natürlich auch eingesaut.«

»Was für eine Farbe?«

»Bootsfarbe? Keine Ahnung. Womöglich hat er jemandem geholfen, ein Boot wieder herzurichten. Oder er hat in der Werft gejobbt. Als Gelegenheitsarbeiter. Im Büsumer Hafen liegen ständig Kutter, die einen neuen Anstrich brauchen.«

»Hat sich der Typ noch einmal blicken lassen? Oder hat er Sabrina danach in Frieden gelassen?«

»Ich für meinen Teil hab ihn nicht mehr gesehen. Sag mal«, er lehnt sich mit den Ellbogen auf den Tresen, »wieso willst du das eigentlich alles wissen? Kennst du den irgendwie? Oder kennst du etwa Sabrina schon länger? Kannst du mir vielleicht mal verraten, wo diese ganze Fragerei hinführen soll?«

Macht es Sinn, ihm zu erzählen, dass sie hier ist, um Licht in das Dunkel eines Hamburger Todesfalls zu bringen? Dass sie aus schierer Neugier herausfinden möchte, was Sache ist? Vermutlich keine gute Idee. »Stimmt, hast recht. Ich kenne Sabrina schon länger. Am Freitag war ich mir noch nicht sicher. Deshalb hab ich mich ihr gegenüber ebenfalls nicht zu erkennen gegeben. Aber nach allem, was du mir jetzt erzählt hast, gibt's keinerlei Zweifel, dass sie diejenige ist, mit der ich bis zur siebten in derselben Klasse war. Dann bin ich weggezogen.« Sie schüttelt versonnen den Kopf. »Und jetzt treffe ich sie Jahre später rein zufällig hier in Büsum.«

»Wie? Kommst du etwa auch aus Süddeutschland? Aus Stuttgart?«

Lea weiß nichts davon, dass die Kirchheimer jemals in Stuttgart gelebt haben soll. Sie hofft, dass Micha nicht noch mehr Details aus Sabrinas Leben kennt und dass er von ihrer Zeit in Stuttgart nicht viel mehr weiß, als dass sie dort mal zur Schule gegangen ist. Sie spekuliert darauf, dass es reicht, wenn sie mit ihren Schilderungen vage und oberflächlich bleibt. »Ja, genau. Ich hab aber nur bis zum

14. Lebensjahr dort gewohnt«, antwortet sie frech. »Dann sind meine Eltern weg und ich musste natürlich mit.«

Er richtet sich wieder auf, mustert sie ausführlich von oben bis unten. »Hast dich aber verdammt gut gehalten.«

Lea spürt eine heiße Welle durch ihren Körper strömen. Daran hätte sie denken müssen. Die Kirchheimer ist gut zehn Jahre älter als sie. In etwa so alt wie ihre Sozialarbeiterin, Inga Neumeyer, die sie während ihrer bewegten Jugendjahre quasi gerettet hat und mit der sie seither eng befreundet ist. Inga sieht auch nicht viel älter aus als Lea. »He, danke«, freut sie sich gespielt über Michas Kompliment, um sich dann der Story zu bedienen, die Inga immer wieder gern zum Besten gibt. »Inzwischen finde ich es durchaus chic, dass mich die Leute zehn Jahre jünger schätzen. Früher war mir das allerdings oft ganz schön peinlich. Oder zumindest lästig. Bei Discobesuchen musste ich selbst mit 25 meinen Ausweis vorlegen, weil mich die Türsteher für minderjährig hielten.«

Er scheint die Erklärung für ihr junges Aussehen zu schlucken. »Dass du aus dem Schwäbischen kommst, hört man dir aber auch nicht an.«

Auch darauf hat Lea eine Antwort parat. »Meine Eltern haben zu Hause immer Hochdeutsch geredet.« Sie ist erleichtert, dass er ihre Jugendgeschichte so locker hinnimmt. Um das Gespräch nicht versiegen zu lassen, stellt sie weiter Fragen, wie sie ihr gerade in den Sinn kommen. Als sie wissen will, ob man denn Sabrina das Schwäbische noch anhöre, hält ihr Gegenüber plötzlich inne.

Er sieht sie lange an, ehe er Antwort gibt. »Jetzt, wo du das Thema ansprichst. Seltsam. Man hört es ihr tatsächlich noch an. Obwohl sie inzwischen schon einige Jahr hier oben lebt, klingt es immer noch durch. Mit Touris aus BaWü wechselt sie übrigens auch immer wieder gerne in ihren Dialekt. Und dann, ganz plötzlich – also wenn du jetzt nicht danach gefragt hättest, wär's mir nicht aufgefallen.«

»Was denn?«

»Dass sie neuerdings halbwegs so'n Hamburger Missingsch draufhat. Von ein' Tach auf'n annern, wenn man das mal so formulieren möchte. Sie hat das auch schon vorher immer mal wieder versucht. Wenn du mich fragen tust, hat sie das aber nie so bannig gut hingekricht. Und schon gar nicht auf Dauer.«

»Das klingt jetzt in der Tat seltsam. Und so überhaupt nicht nach ihr.« Lea fühlt sich nun ein wenig ratlos, weiß nicht, was sie noch fragen könnte. Sie hat das Gefühl, die vielen kleinen Mosaiksteinchen erst einmal sortieren zu müssen, ehe sie diese zu einem großen Ganzen zusammenfügen kann. Um möglichst unauffällig das Ende des Gesprächs einzuleiten, checkt sie auf ihrem Smartphone die Uhrzeit. »Ups, ich glaube, ich sollte mal los. Könntest du mir vielleicht doch eventuell ihre Adresse …«

»Klar. Wenn ich sie wüsste«, sagt er grinsend.

»Ist jetzt nicht dein Ernst.« Lea kann kaum glauben, dass er sie nach seiner zwischenzeitlichen Redseligkeit zum Abschluss noch einmal so auflaufen lässt. Wie sich herausstellt, meint er es jedoch genau so, wie er es gesagt hat. Micha kennt die Adresse der Kollegin tatsächlich nicht, sie stehe auch nicht im Dienstplan-Kalender, wie er sagt. Dennoch scheint er gewillt, Lea zu helfen. Er winkt die Kollegin herbei, die Lea zuvor bediente, um sie nach Sabrinas Adresse zu fragen. Ihre Laune scheint dabei unverändert. Misstrauisch blickt sie zwischen Lea und Micha hin und her.

»He, das geht in Ordnung. Leonie kennt Sabrina aus ihrer Jugend. Stell dir vor, die beiden sind miteinander zur Schule gegangen.«

»Warum kommt sie dann erst mit irgend'ner Ferienwohnung daher?«, fragt sie Micha und sieht Lea dabei nicht einmal mehr an. Nach kurzem Zögern entschließt sie sich aber doch, Auskunft zu geben. »Die wohnt in diesem Mehrfamilienhaus gleich neben dem alten Friedhof. Hausnummer weiß ich nicht. Zweiter Stock. Ist nicht zu verfehlen. Von ihrem Schlafzimmer aus kann man auf die Gräber kucken. Echt morbide.«

Lea wundert sich zwar, weshalb ausgerechnet diese Kollegin den Blick aus Sabrinas Schlafzimmerfenster kennt, hält es aber nicht für nötig, das Thema zu vertiefen. Ob sie etwas mit Sabrina, Sonja, Iris oder wie auch immer die Frau in welcher Rolle heißen mag, gehabt hat, will sie wahrhaftig nicht zu ihrem Problem machen. »Danke.« Abschließend nickt Lea den beiden zu, legt Kleingeld für Espresso plus Trinkgeld auf den Tresen und verlässt das Lokal. Vor der Tür überquert sie zunächst den Platz vor dem ›Diabolo‹, um sich gegenüber am Helgolandanleger auf eine Mauer zu setzen und die eingegangenen Nachrichten auf ihrem Smartphone durchzusehen. Endlich eine Message von Phil. Obwohl sie sich selbst gerne in der Kategorie sorgenfrei einordnet, ist sie nach etwa 15 Stunden Funkstille doch kurz davor gewesen, sich Gedanken zu machen, weshalb er so lange nichts von sich hören ließ. Sie ruft sofort zurück und lässt sich erzählen, dass er auf etwa halbem Weg nach Berlin mit dem Wagen liegen geblieben sei, im nächtlichen Gewitterregen zwei Stunden auf den Pannendienst gewartet habe und erst gegen 11 Uhr zu Hause angekommen sei. Er entschuldigt sich dafür, sich erst jetzt bei ihr gemeldet zu haben. Da er sie weder nachts, noch während ihres morgendlichen Termins habe stören wollen und außerdem noch ein, zwei Mützen Schlaf habe nachholen müssen, sei es eben ein wenig später geworden.

»Wie geht's dir denn jetzt?«

»Mir geht's gut. Natürlich war die Nacht ein bisschen ungemütlich, ganz abgesehen davon, dass ich sie gerne noch mit dir verbracht hätte. Aber sonst bin ich okay. Allerdings ist Chris leicht geknickt. Wie's aussieht, ist sein geliebtes Vehikel kaum noch zu retten. Getriebeschaden. In Kombination mit allen anderen Kleinigkeiten, die er für den nächsten TÜV sowieso hätte in Ordnung bringen müssen, wird sich das bei der alten Kiste kaum noch lohnen.«

»Hm, grüß ihn ganz lieb von mir.« Erfreut nimmt Lea zur Kenntnis, dass sich Phil erneut erkundigt, wie es bei ihr so laufe. Er ist der erste Kerl seit längerer Zeit, der nach dem Erreichen des üblicherweise wichtigsten Etappenziels, es ins Bett der von ihm begehrten Frau zu schaffen, weiter ein aufrichtiges Interesse daran zeigt, was ihr in ihrem Lebensalltag wichtig ist. Lea informiert ihn knapp, dass der Gourmet-Auftrag für diese Woche erst einmal auf Eis liege und sie hoffe, dass die Arbeit in der nächsten Woche so anlaufe, wie sie es heute Morgen mit Ricardo besprochen hat.

»Und wo steckst du jetzt?«

Soll sie es ihm überhaupt sagen? Warum nicht? Es gibt keinen Grund, ein Geheimnis daraus zu machen. »In Büsum.«

»Lea, jetzt verarscht du mich, oder?«

Phils Reaktion bringt sie zum Lachen. Als sie versucht, die Sache aus seiner Sicht zu betrachten, stellt sie fest, dass es tatsächlich ein wenig absurd wirken könnte, wenn sie sich innerhalb weniger Monate bereits zum zweiten Mal um einen mysteriösen Todesfall kümmert, als würde sie dafür bezahlt. »Ne, Quatsch. Ich hab mir den Tag freigenommen. Bin gerade unten am Hafen«, tischt sie ihm nun doch lieber eine erfundene Geschichte auf, die sich vermutlich plausibler anhört. Wie um die ausgedachte Story zu bestätigen, gibt ein Kutter im Hafenbecken mal eben ein kurzes Signal von sich. Stillschweigend bedankt sie sich für diese punktgenaue Einspielung.

»Wetter wieder gut?«, fragt Phil.

»Bisschen schwül. Aber schön. Bin mit dem Fahrrad unterwegs.«

»Neid«, erwidert Phil knapp. »Lea, ich muss. Sonst steigt mir das Team aufs Dach. Hab ja noch keinen Strich getan, heute. Lieb dich«, haucht er zum Schluss und legt auch schon auf.

Ob Phil ihr »Ich dich auch« noch gehört hat, kann Lea nicht mit Sicherheit einschätzen. An seine abrupte Art, Telefonate zu beenden, muss sie sich allerdings noch gewöhnen.

# 6. KAPITEL

Um sich ihre weitere Strategie in Ruhe zurechtzulegen, holt Lea im Eiscafé gleich bei der Hafenfreitreppe eine große Tüte. Sie mischt sich unter die anderen Büsum-Besucher und beobachtet das noch immer rege touristische Treiben. Lea fragt sich, welche Optionen ihr die bisherigen Informationen eröffnen? Sie könnte natürlich einfach an der Haustür klingeln und Sonja Kirchheimer mit ihrer Anwesenheit konfrontieren. Falls die Frau überhaupt zu Hause ist. Irgendeinen Grund muss es schließlich geben, dass sie der Arbeit ferngeblieben ist. Noch immer ohne konkreten Plan macht sie sich auf den Weg, um sich die Adresse neben dem Alten Friedhof wenigstens mal anzusehen. Mit dem Fahrrad an ihrer Seite spaziert sie durch die Fußgängerzone. Am Rathausplatz steigt sie auf, radelt auf der Hauptstraße weiter. Irgendwo hier muss der alte Friedhof liegen. Als sie den Bahnhof erreicht, nimmt sie verwundert zur Kenntnis, dass sie an ihrem Ziel vorbeigefahren sein muss. Sie fragt nach dem Weg, trifft jedoch ausschließlich auf Touristen, die sich in Büsum ebenso wenig auskennen wie sie. Während sie in ihrem Smartphone nach dem Weg schaut, wird sie von einer Frau im fortgeschrittenen Rentenalter angesprochen, ob sie was Bestimmtes suche. Der mit Einkäufen überladene Rollator, an dem sich die Frau festhält, lässt darauf schließen, dass es Lea mit einer Einheimischen zu tun hat. Tatsächlich bekommt sie auf ihre Frage nach dem Friedhof freundlich Auskunft und wird obendrein darauf hingewiesen, dass sie auf der linken Straßenseite nach einer Natursteinmauer Ausschau halten muss. »Un kort dovör is op de rechte Siet so'n Gedöns-Loden. Hoppla-Hopp het de, glöv ik. Is ni wiet, mien Deern. Mit dien junge Been geiht dat noch.«

Der Zungenschlag der Alten erfordert durchaus Leas volle Aufmerksamkeit und Konzentration. »Kann ich Ihnen mit Ihren schweren Sachen helfen?«, bietet sie an.

»Dat is leef, veelen Dank. Aver wenn ik mien Inkoop ni mehr dregen kann, denn gah ik freewillig vun 'ne Welt.« Sie beugt sich Lea entgegen, als hätte soeben der Schalk in ihrem Nacken Platz genommen: »Un denn gah ik ok op'n Kösterkamp.«

»Wohin?«

»Karkhoff, mien Deern, op'n Friedhof.«

Nach dieser ebenso hilfreichen wie amüsanten Auskunft radelt Lea dieselbe Strecke zurück Richtung Hafen. Da sie nun weiß, wonach sie Ausschau halten muss, erkennt sie schon von Weitem rechterhand das Ladenlokal, das die alte Dame als Gedöns-Laden mit dem Namen Hoppla-Hopp beschrieben hat. In Wahrheit handelt es sich um einen Döner-Laden, an dessen Fassade der weithin sichtbaren Schriftzug ›Dalli-Dalli‹ prangt. In Gedanken wünscht Lea jener fantasievollen Seniorin noch viele Jahre, in deren Verlauf sie ihren Einkauf alleine nach Hause schieben kann und die sie noch nicht auf dem Kösterkamp verbringen möge. Sie lehnt ihr Rad an die Natursteinmauer, die ihr auf dem Hinweg entgangen ist. Eine schmale Treppe führt hinauf zu einer überschaubar großen parkähnlichen Anlage. Das hüfthohe Stahltor am Ende sieht zwar nicht sehr einladend aus, ist jedoch unverschlossen und lässt sich zu Leas Überraschung tatsächlich öffnen. Während sie zwischen den spärlichen Grabstätten umherspaziert, ist sie ein wenig enttäuscht, dass dieser alte Friedhof wenig Geheimnisvolles zu bieten hat. Er wirkt eher unspektakulär und normal. Nach Leas Empfinden sollten alte Friedhöfe einem einen Schauer über den Rücken treiben. Selbst bei Tageslicht. Ein Hauch von Grusel darf es schon sein, wenn man zwischen alten Gräbern wandelt. So schlendert sie von einem verwitternden Grabstein zum nächsten, liest die Namen, stellt fest, dass ein Familienname dominierend oft eingraviert ist. Vermutlich handelt sich hierbei um eine der wichtigen Familien in der Geschichte Büsums. Was sie neben dem Grusel noch vermisst, ist eine Bank, um die bescheidene Schlichtheit und vielleicht sogar gewollte Unscheinbarkeit zu genießen. Zu gerne würde sie sich für ein paar Momente in die Nachmittagssonne setzen. Der Rasen erscheint ihr zu feucht, um sich darauf niederzulassen. Während sie umherschreitet, löst sie sich von den ziellosen Gedanken, mit denen ihr Unterbewusstes ungefragt ihr Bewusstsein befeuert, um sich dem ursprünglichen Zweck ihres Besuchs zuzuwenden. Noch immer auf dem Friedhofsplateau nähert sie sich dem Mehrfamilienhaus, von dessen Schlafzimmer aus Sonja Kirchheimer Einblick auf dieses Gelände haben soll. Nach den Worten der knurrigen Bedienung müsste sie das betreffende Fenster von hier unten sehen können. Sie hat nur noch einen letzten Baum vor sich, der ihr die Sicht aufs Haus verwehrt, als sie bis ins Mark erschrickt, weil ein Mann aus der Deckung eines Busches aufspringt und an ihr vorbei über die breite Rampe hinunter zum Parkplatz des Hauses sprintet. Starr vor Schreck bleibt Lea zunächst stehen, als habe sie Wurzeln geschlagen. Mit tiefen Atemzügen versucht sie das Adrenalin zu verarbeiten, das ihr in erhöhter Dosierung durch die Blutbahn schießt. Wer ist dieser Typ gewesen? Weshalb seine Panik? War es der Fremde, der im ›Diabolo‹ gegenüber Sabrina alias Sonja aufdringlich geworden ist? Als sich Lea endlich aus der Schockstarre lösen kann, eilt sie hinter ihm her, hält über die Friedhofsmauer hinweg Ausschau nach ihm. Er ist verschwunden. Wieso hat sie nicht schneller reagiert? Was hat der Kerl hier verloren? Sind die Motive für seine Anwesenheit etwa dieselben wie ihre? Versucht auch er die verworrenen Hintergründe um die lebende Tote zu durchschauen? Oder war es lediglich ein Obdachloser, den es in diesem Sommer nach Büsum verschlagen hat? Vorsichtig nähert sie sich dem Gebüsch, aus dem er so überraschend aufgetaucht ist. Sie weiß nicht, was sie dort zu finden hofft. Vielleicht eine Art Beobachtungsposten? Feldstecher, Kamera mit Teleobjektiv? Einen Schlafsack? Ein provisorisches Lager oder gar ein Zelt? Enttäuscht stellt sie fest, dass der Geflohene lediglich eine leere Getränkedose und eine Dalli-Dalli-Döner-Verpackung hinterlassen hat. Aus einem Impuls heraus öffnet sie ihre Packtasche, die sie schon allein wegen des Rechners nicht am Fahrrad lassen wollte. Abgesehen davon, dass sie sich auch den Rest des Inhalts ungern klauen lassen mag. Um die Dose als Beweismittel zu sichern, durchwühlt sie die Tasche nach etwas, worin sie diese aufbewahren und mitnehmen kann. Falls der Mann tatsächlich mit Sonja Kirchheimer zu tun hat, ist Lennart sicher in der Lage, die Dose … Kopfschüttelnd bricht sie ihre Gedankenkette ab und fragt sich, was das jetzt schon wieder soll. Glaubt sie ernsthaft, dass sie mit dieser albernen Getränkedose, die sie auf dem Alten Friedhof in Büsum gefunden hat, eine Spur sichern könne, die der Hamburger Kripo bei der Aufklärung des Falles hilft? Sie weiß doch nicht einmal, ob sie tatsächlich von jenem Mann, der soeben das Weite gesucht hat, benutzt worden ist. Sie weiß nicht, warum er vor ihr geflohen ist. Sie weiß – nichts. Lea stopft den Jutebeutel, den sie am Boden ihrer Packtasche gefunden hat, wieder zurück und wendet sich zum Gehen. Soll den Müll doch mitnehmen, wer will.

Kaum hat sie sich zwei, drei Schritte entfernt, kehrt sie wieder um. Wozu die Selbstzensur? Die Dose mitzunehmen, kann nicht schaden. Wie sie es schon häufig in Krimis gesehen hat, steckt sie ihren Kugelschreiber ins Loch der Aufreißlasche, balanciert die Dose über die Öffnung ihres Stoffbeutels und lässt sie hineingleiten. Im Bemühen, so wenige Spuren wie möglich zu verwischen, wickelt sie das gesicherte Objekt ein und legt den Beutel behutsam in die Fahrradtasche. Zugleich schüttelt sie den Kopf über ihr eigenes absurdes Verhalten. Aber – man weiß ja nie. Sie dokumentiert den Lagerplatz des Unbekannten mit einem Foto, um dann den Friedhof, dem sie nach diesem Schreckerlebnis doch noch etwas Geheimnisvolles hat abringen können, zu verlassen. Über die breite Rampe, die im Alltag vermutlich von den Gärtnern genutzt wird, verlässt sie den höher gelegenen Friedhof in Richtung Parkplatz des Hauses, in dem die Kirchheimer oder wie sie hier auch immer mit Nachnamen heißen mag, wohnt.

Die Zahl der Briefkästen, von denen zwei mit breitem Klebeband stillgelegt sind, lässt darauf schließen, dass das Haus Platz für zehn Parteien bietet. Aktuell scheinen acht Wohnungen genutzt zu werden. Die Klingelschilder sind einheitlich mit abgekürztem Vornamen und ausgeschriebenem Nachnamen beschriftet. ›S. Möller‹ ist der einzige infrage kommende Name. ›Sabrina Möller‹ scheint Iris Beckers nächstes Alias zu sein. Lea fragt sich, wie schwer es ihr selbst im Alltag fallen würde, die Namen auseinanderzuhalten. Würde es ihr Probleme bereiten, in jedem Umfeld stets den richtigen Namen zu benutzen? Was für eine Frage. Warum auch? Die Leute, mit denen sie es zu tun hätte, würden sie ja immer nur unter einem von vielen Namen kennen. Von den anderen Identitäten wüsste nur sie selbst.

Soll sie klingeln?

Wenn sie schon mal da ist, kann sie gar nicht anders. Schräg über ihr dringt ein Dreiklang durchs Fenster. Sie versucht es noch einmal. Wieder nichts. Doch. Schemenhaft erkennt sie durch die geriffelte Glastür eine Person, die von oben die Treppe heruntersteigt und sich ihr nähert. Lea tritt einen Schritt zur Seite, wartet. Wenn die Frau im Flur tatsächlich Sonja Kirchheimer ist, kommt nun endlich die Konfrontation, auf die Lea die ganze Zeit gefasst sein musste. Als sich die Tür öffnet, sieht sie sich jedoch nicht der gewünschten Person gegenüber, sondern einer anderen Bewohnerin des Hauses. Als Lea so unmittelbar vor ihr steht, weicht die Frau gleich wieder einen Schritt zurück.

»Tut mir leid«, entschuldigt sich Lea. »Ich wollte Sie nicht erschrecken. Aber vielleicht können Sie mir helfen. Ich habe bei Sabrina geklingelt, Sabrina Möller. Sie scheint nicht da zu sein.«

Die Angesprochene atmet erst einige Male geräuschvoll tief durch, um ihren Schreck zu überwinden. »Moin«, ringt sie sich gequält lächelnd einen Gruß ab. »Ist schon okay. War wohl in Gedanken. Sonst hätte ich Sie ja schon durchs Glas gesehen.« Dass sie die Haustür zur Hälfte hinter sich zuzieht, interpretiert Lea als natürliches Misstrauen gegenüber einer Fremden. »Hat Sie Frau Möller versetzt? Waren Sie mit ihr verabredet?«

»Nein, ich komme ganz spontan vorbei. Ich bin auf der Durchfahrt und wollte Sabrina überraschen.«

»Haben Sie kein Telefon?« Die Nachbarin scheint mit jeder Sekunde misstrauischer zu werden.

»Doch, natürlich. Aber ich habe meinen Besuch absichtlich nicht angekündigt. Passiert doch viel zu selten, dass mal jemand aus heiterem Himmel vor der Tür steht.«

Der Blick der Frau fällt auf Leas Packtasche. »Sie sind mit dem Fahrrad unterwegs?«

»Ja, ich mache eine kleine Tour an der Küste längs.«

Diese Auskunft scheint Lea einen kleinen Vertrauensbonus einzubringen. Wer es auf sich nimmt, mit dem Rad an der Küste entlangzufahren, kann nichts Böses im Schilde führen. Die Frau wirkt etwas entspannter, scheint sich jedoch noch immer nicht im Klaren darüber zu sein, wie sie sich verhalten soll. »Dann ist es ja schade, wenn Sie sie nicht antreffen. Ich weiß nicht mal, ob Ihre Freundin zurzeit überhaupt in Büsum ist. Hab sie schon seit Tagen nicht mehr gesehen.« Sie blickt zu den Hofparkplätzen. »Ihr Auto steht auch nicht auf dem üblichen Platz.« Ein wenig unentschlossen verharrt sie vor der Haustür. Obwohl sie im Moment sicher nichts damit anfangen kann, zieht sie eine Werbezeitung aus dem Briefkasten. Anhand des Schildchens kann Lea ihr den Namen ›Hansen‹ zuordnen. Sofern die Briefkästen neben der Haustür den Stockwerken entsprechend systematisiert sind, wohnt sie über Leas vermeintlicher Freundin. »Entschuldigen Sie, wenn ich gerade ein wenig kurz angebunden war«, richtet sich Frau Hansen noch einmal an sie. »Aber gestern war ein Mann an der Tür, der mir nicht ganz geheuer war. Auch der wollte, wie er sagte, ganz spontan mal bei ihr vorbeischauen. Und dann hat er es den ganzen Nachmittag immer wieder versucht und alle halbe Stunde bei ihr geklingelt. Ich war drauf und dran, die Polizei zu rufen.«

Lea gibt ihr eine Beschreibung, indem sie die Angaben des Barkeepers mit dem Aussehen des vom Friedhof Geflohenen kombiniert. Das wichtigste Merkmal ist der Zopf. Eine abgeschnittene Jeans glaubt sie trotz aller Hektik ebenfalls wahrgenommen zu haben.

»Das war er. Kennen Sie den?«

Lea schüttelt den Kopf, setzt ein besorgtes Gesicht auf. »Nein, aber Sabrina hatte offenbar schon mal mit ihm zu tun. Ist schon länger her, da hat der Typ sie gestalkt. Sie hat mir damals von ihm erzählt.«

Frau Hansen bläst die Backen auf. »Okay, dann bin ich gewarnt. Danke. Beim nächsten Mal rufe ich gleich unsere Dorfbüttel an.«

»Damit tun Sie Sabrina ganz sicher einen Gefallen. Wenn ich später noch mal vorbeischaue und bei meiner Freundin klingle, wählen Sie aber nicht gleich die 110?«, fragt sie scherzhaft und schafft es, die zurückhaltende Nachbarin zum Lachen zu bringen. »Sagen Sie«, fragt sie aus einem plötzlichen Impuls heraus, »kennen Sie zufällig eine günstige Pension, wo ich mich für eine Nacht einquartieren kann? Eigentlich hatte ich gehofft, ich könnte mit Sabrina einen gemütlichen Abend verbringen und eventuell bei ihr auf der Couch schlafen.«

»Versuchen Sie es gleich hier um die Ecke. Nichts großes, eher bescheiden. Aber sie bekommen dort mit Sicherheit ein sauberes Zimmer und ein ordentliches Frühstück.«

»Mehr brauche ich nicht. Und falls Sie Sabrina heute oder morgen Früh noch sehen, wären Sie so lieb und würden mich anrufen?« Lea reicht ihr eine Visitenkarte.

Frau Hansen nimmt das Kärtchen erst entgegen, nachdem sie Lea darauf hingewiesen hat, dass Frau Möller ihre Telefonnummer ja wohl haben müsse, wenn sie einander so gut kennen.

»Sicher«, reagiert Lea geistesgegenwärtig und gibt eine plausibel klingende Antwort: »Wie schon gesagt, ich würde Sabrina zu gerne überraschen und einfach an der Haustür klingeln. Wenn Sie sich also melden könnten, wenn sie da ist?«

Sie nickt. »Sollte ich ihre Rückkehr mitbekommen, ruf ich Sie an.«

Lea verabschiedet sich mit einem herzlichen Dankeschön und geht zu ihrem Fahrrad, das noch immer an der Friedhofsmauer lehnt. Als die Nachbarin mit dem Auto rückwärts aus der Einfahrt kommt, signalisiert ihr Lea, dass die Straße frei ist, und verdient sich auf diese Weise noch ein freundliches Lächeln. Im Übrigen findet sie die Idee mit der Übernachtung in Büsum genial. Zu Hause wartet ohnehin niemand auf sie und da ihr Arbeitspensum spätestens ab nächste Woche recht anspruchsvoll sein wird, kann sie ihren Ausflug nach Büsum ebenso gut bis morgen verlängern und in der kleinen Küstenstadt noch ein wenig Ruhe tanken. Bei ihrer Suche nach einem Zimmer kommt sie zwar nicht in der empfohlenen Pension gleich um die Ecke unter, aber in den Nebenstraßen Büsums muss man schon blind sein, um die zahlreichen Übernachtungsangebote zu übersehen. Schließlich quartiert sie sich in ein helles, sauberes Zimmer im zweiten OG ein. Von dort aus hat sie zwar keinen Seeblick, für so was müsste sie mehr Geld hinlegen, aber einen großen Bildschirm, falls sie heute überhaupt noch Lust auf Fernsehprogramm haben sollte. Ehe die Läden schließen, was für einen Großstadtmenschen aus

Hamburg ungewohnt früh sein kann, geht sie los, um sich im nächstbesten Drogeriemarkt mit den wichtigsten Toiletten-Artikeln einzudecken. Sie komplettiert ihren Einkauf mit einer Garnitur frischer Unterwäsche und ist damit für die spontane Übernachtung ausgestattet. Die Pasta all'arrabbiata, die sie sich zum Abend bei einem Italiener nicht weit vom Hafen gönnt, schmeckt nicht schlecht. Lea weiß jedoch, dass sie dieses Gericht selbst besser hinbekommt. Das ist das wiederkehrende Leid all jener, die gerne und gut oder sogar sehr gut kochen: Wenn man aufs Geratewohl ein Restaurant besucht, verlässt man es am Ende allzu selten in Zufriedenheit. Dafür schmeckt der Chianti, von dem Lea im Überschwang einen halben Liter geordert hat, vorzüglich und auch der doppelte Espresso ist von zufriedenstellender Qualität. Nach dem Grappa, den ihr die Bedienung beim Begleichen der Rechnung hinstellt, hat sie das dringende Bedürfnis vor dem Schlafengehen ein wenig auszunüchtern. Aus schierer Neugier findet sie sich alsbald ein weiteres Mal vor Sabrina Möllers Adresse wieder. Im gesamten Haus brennt nur noch in einem Zimmer der ersten Etage Licht. Die Gesuchte scheint noch immer nicht zu Hause zu sein. Oder sie hat sich bereits hingelegt. Oder, dieser Gedanke ist vermutlich Leas Weinkonsum geschuldet, die Frau hockt gern im Dunkeln. Es mag ebenfalls am vielen Chianti und dem Grappa liegen, dass Lea noch einmal über den Friedhof geht, um nachzusehen, ob der Fremde in sein Versteck zurückgekehrt ist. Um nicht blind durch die Gegend zu stolpern, schaltet sie die Taschenlampe ihres Smartphones ein und kann im schmalen Lichtkegel zu ihren Füßen wenigstens ein paar Meter des Wegs erkennen. Bis auf ein Kaninchen, das sich nicht zu regen wagt, kann Lea unter den Büschen nichts

Außergewöhnliches entdecken. Selbst die Döner-Packung ist verschwunden. War der vermeintliche Stalker noch einmal hier? Der am Nachmittag zurückgelassene Müll kann aber auch ebenso gut von einem Gärtner oder sonst jemandem eingesammelt worden sein. Für ihre Verhältnisse recht brav, ist Lea bereits vor 22 Uhr auf dem Zimmer. Ehe sie sich unter die Dusche begibt, erhält sie eine Text-Nachricht von Rüdiger: »Will dich jetzt am Abend nicht mehr mit einem Anruf stören. Kannst du dich morgen früh bei mir melden? Gruß.« Lea fragt sich, für wie langweilig er sie halten muss, um davon auszugehen, dass sie um diese Zeit nicht mehr gestört werden möchte. Sie wählt seine Nummer. »Hey, Rüdiger, was gibt's?«

»Hast du deinem Kommissar erzählt, was ich zum Tod der Becker gesagt habe?«, fragt er, ohne vorher zu grüßen.

»Was? Nein? Wieso?«

»Weil ich da morgen antanzen soll?«

»Wo sollst du morgen antanzen?«

»Bei den Bullen. Weißt du was davon?«

»Wie kommst du darauf, dass ich etwas darüber wissen sollte? Könntest du mir bitte erst einmal erklären, worum es geht und was los ist?«

»Dein Kommissar hat mich angerufen …«

»Sag nicht immer dein Kommissar.«

»Dieser Fahnenberg hat angerufen. Er will mir ein paar Fragen stellen.«

»Aha. Und?«

»Wieso ausgerechnet mir?«

»Woher soll ausgerechnet ich das wissen?«

»Weil nur du irgendwann mit ihm über meinen Scherz vom Sonnabend geredet haben könntest? Von wegen, dass ich sie …«

Allmählich werden ihr die Zusammenhänge klar. Trotzdem kann auch sie sich nicht erklären, weshalb Lennart mit Rüdiger sprechen will. »Gar nichts hab ich ihm erzählt. Hab seit Sonntag selbst nichts mehr von ihm gehört.« Das entspricht zwar nicht ganz der Wahrheit, aber vielleicht kann sie Rüdiger damit ein klein wenig beruhigen.

»Also hast du ihn am Sonntag noch mal gesprochen«, hakt er sofort nach.

Lea ärgert sich, dass sie nicht Sonnabend gesagt hat. Wenn schon Notlüge, wäre es darauf auch nicht mehr angekommen. »Muss ich mich dafür rechtfertigen?« Allmählich geht Lea das Eifersuchtsgehabe, das sie hinter Rüdigers Vorwürfen vermutet, auf die Nerven. »Wie kommst du darauf, dass ich ihm detailgetreu den Verlauf unseres Abends erzählt haben könnte?«

»Hallo?«, ruft er ins Telefon.

Lea fragt sich, weshalb er mit ihr redet, als hätte sie einen IQ von 80. Nun fehlt nur noch die bei derlei Gebaren häufig gestellte Frage, ob da oben jemand zu Hause sei.

»Du bekommst wohl selber nicht mehr mit, wie oft du den Typen siehst? In der Kiste warst noch nicht mit ihm, oder?«

Lea sagt nichts. Eigentlich sollte sie nach dieser dämlichen Frage das Gespräch beenden. Aber es ist Rüdiger. Und der ist für gewöhnlich nicht so. Was mag in ihn gefahren sein? Wenn es tatsächlich die Eifersuchtsnummer ist, müsste er seinen Groll doch auf Phil abladen und nicht auf Lennart. Selbst Rüdiger, der sonst weder sich anbahnende noch auseinandergehende Partnerschaften mitbekommt, muss während des Abendessens am Sonnabend gesehen haben, dass Lennart schon deshalb keine Chance hat, weil Lea die Sache mit Phil wirklich ernst ist.

Schweigend wartet sie ab, was noch alles kommen mag. Sie hört Rüdigers schweren Atem. Ist er betrunken? Auch das entspräche nicht seiner Art.

»Sorry«, haucht er plötzlich kleinlaut und kaum hörbar ins Telefon. »Ich bin wohl ein klein wenig durch den Wind.«

»Bleib mal eben dran, Rüdiger.« Lea wirft einen Blick auf die Akku-Anzeige. »Mein Telefon ist gleich platt. Ich muss schnell das Kabel holen.«

»Okay.«

Lea findet eine Steckdose neben dem Bett, schließt ihr Telefon an, macht es sich auf der angenehm weichen Matratze gemütlich und stellt sich auf ein längeres Gespräch mit ihm ein. Ihr Mitstreiter aus der Aktionsgruppe scheint ein Ohr zu brauchen, das er vollquatschen kann. »Wieder da. Und jetzt erzähl erst einmal, was los ist, ja?«

»Ach, ich weiß nicht. Vielleicht ist alles halb so wild.«

Lea verdreht die Augen. Wieso kann er nicht einfach mal Klartext reden und sagen, was ihn umtreibt? »Rüdiger«, sagt sie gedehnt.

»Okay. Ich hab Schulden bei ihr. Paar tausend Euro. Sie hat mir vor einem halben Jahr geholfen, als ich das Auto meiner Schwester gefaltet habe. Du erinnerst dich? Und da meine Schwester ihr Auto beruflich braucht, ich aber keine Kohle hatte, um den Schaden zu begleichen, habe ich herumgefragt, wer mir mal eben was leihen könnte.«

»Wenn du mir jetzt noch sagst, wer dir Geld gegeben hat, hab ich das Gröbste wohl verstanden.«

»Na, wer schon? Die Becker.«

Im Stillen stellt Lea fest, dass sie mit etwas weniger Alkohol wahrscheinlich längst darauf gekommen wäre.

»Iris Becker hat mir Geld gegeben. Zu jenem Zeitpunkt war ich ihr natürlich dankbar und hab sie auch ein paar

Mal besucht.« Während Lea bereits auf die nächste Bettgeschichte gefasst ist, öffnet Rüdiger vollkommen überraschend ein anderes Fass. Immer wieder stockend erzählt er, dass ihm im Rahmen dieser Besuche in ihrer Wohnung dies und jenes aufgefallen sei. Nie was Großes, immer nur Kleinigkeiten. Zum Beispiel waren einmal ein paar Klamotten auf der Couch herumgelegen, die absolut nicht zu Iris Beckers gewohntem Stil passten. In einer offenen Schublade habe er einen Ausweis mit ihrem Passfoto, jedoch mit einem anderen Namen gesehen. Nicht, dass er rumgeschnüffelt habe, die Lade habe einfach offen gestanden. »Zunächst habe ich mir absolut nichts dabei gedacht. So einen Fake-Ausweis kann man sich ja auch Spaßes halber mal machen. Für'n Faschingsball oder ein Kostümfest oder so was. Als es dann aber mit einem Mal in unserer Gruppe losging, dass Interna nach außen gelangt sein mussten, und die Ersten von uns von Spitzeln und Undercover-Ermittlungen redeten, wurde ich hellhörig. Von da an hab ich auf solche Kleinigkeiten geachtet und versucht, sie in einen Zusammenhang zu bringen, um sie irgendwann damit zu konfrontieren.«

Lea schüttelt den Kopf. Bis vor wenigen Minuten hat sie geglaubt, Rüdiger würde ihr seit geraumer Zeit ein großes Maß an Vertrauen entgegenbringen. Sie hätte durchaus erwartet, dass er ihr solche Dinge erzählen würde. Sofort. Nicht erst Wochen oder gar Monate später. Gerade in so einem Fall hätte er sich mit ihr austauschen und beraten können, ob er das vor der gesamten Gruppe kommunizieren sollte und wenn ja, wie er das am besten angehen sollte. »Und?«

»Ich hab ihr gegenüber angedeutet, dass ich gewisse Dinge mitbekommen hätte. Dinge, von denen ich glaube, dass es ihr nicht recht wäre, wenn mehr Leute davon erfahren würden und dass ich ihr die restliche Kohle nicht zurückzahlen werde.«

Für Lea hört sich das eindeutig an wie eine Erpressung. »Mit diesen Worten?«

»So ungefähr. Erst mal ganz vage und spielerisch eben.«

»Wie hat sie reagiert?«

»Die Frau ist auf meine Andeutungen nicht einmal eingegangen, hat es irgendwie so hingedreht, als hätte ich ihr lediglich eine Art Gedankenspiel beschrieben. Sie hat absolut überzeugend rübergebracht, dass sie meine Unterstellungen einfach nur als Spaß aufgefasst hatte.«

So einem unbeholfenen Erpressungsversuch auf diese Weise den Wind aus den Segeln zu nehmen, war ausgesprochen clever von ihr. Wer Rüdiger halbwegs kennt, weiß genau, dass er sich stets vage zu äußern pflegt, solange er sich seines eigenen Standpunkts nicht sicher ist. Es ist typisch für ihn, sich möglichst lange sämtliche Optionen offenzuhalten. Sicher könnte man so ein Verhalten als opportunistisch bezeichnen. Andrerseits spiegelt es nur seine Unsicherheit wieder. Lea erinnert sich, in ihrer Schulzeit wiederholt eine ähnliche Strategie eingesetzt zu haben. Wenn sie beispielsweise nicht wusste, wie man ein Wort schreibt, hat sie es in Tests mal so, mal so geschrieben. Wurde sie von der Lehrkraft hinterher darauf angesprochen, dass sie es teilweise doch richtig gemacht hätte, konnte sie sich auf Flüchtigkeitsfehler rausreden und musste nicht zugeben, es nicht besser gewusst zu haben.

»Was hast du anderes erwartet?«, fragt sie Rüdiger. »Dass sie bei derlei Andeutungen sofort alles zugibt und sagt: Ja, du hast recht. Ich bespitzle euch schon seit Jahren. Damit du es nicht weitererzählst, erlasse ich dir alle Schulden?«

»Natürlich nicht. Allerdings habe ich nach ihrer abgebrühten Reaktion tatsächlich erst einmal Zweifel bekommen, ob an meinem Verdacht was dran war. Aber wie du weißt, hat es dann nur noch ein paar Wochen gedauert, bis sie tatsächlich aufgeflogen ist.«

»Und währenddessen hast du deine Raten weiter bezahlt?«

»Noch eine.«

»Wie viele Schulden sind übrig?«

»Fünfeinhalb. Der Zettel liegt bei ihr. In besagter Schublade.«

»Mit deinem Namen drauf.«

»Klar mit meinem Namen drauf. Sie hat eine Vereinbarung verfasst und wir haben beide unterschrieben.«

»Und Lennart oder seine Leute haben diese Vereinbarung jetzt gefunden?«

»Meinst du echt?«, fragt er erschrocken. »Ach, du Scheiße.«

»Ich dachte, das wäre der Grund deines Anrufs?«

»Nein! Das hatte ich bis jetzt überhaupt nicht auf dem Bildschirm. Ich dachte nur, du hättest das mit der Espresso-Kanne …«

»Rüdiger!«, fällt sie ihm erneut ins Wort. Zugleich fühlt sie, dass sie allenfalls halb sauer auf ihn sein kann. Im Moment fragt sie sich, wie ein erwachsener Mann so naiv sein kann zu glauben, dass ihn die Kripo aufgrund eines Scherzes, den er in trauter Runde von sich gegeben hat, vorladen könnte. Zugleich liegt ein Schuldschein über mehrere Tausend Euro in der Schublade der vermeintlich Toten. Eine Summe, die sicher oft genug als Motiv für eine Gewalttat gereicht hat. Und er zieht nicht einmal in Erwägung, dass nicht sein loser Spruch, sondern der geliehene

Geldbetrag der Grund für die Bitte um ein Gespräch sein könnte. Genau das reibt sie ihm jetzt unter die Nase.

»Wer bringt wegen so einer Summe einen Menschen um?«, stellt er arglos fest. »Wenn ich unter irgendeinem Vorwand in die Wohnung käme, würde ich nachsehen, ob der verdammte Wisch vielleicht doch noch da ist, und ihn verschwinden lassen. Schließlich weiß ich, wo er liegt.«

Für Lea fügt sich mit dieser Aussage ein weiteres Mosaiksteinchen ins noch immer lückenhafte Gesamtbild der Seltsamkeiten. »Du bist also derjenige gewesen, der am Sonntagmorgen den Polizisten gespielt hat, um in die Becker'sche Wohnung zu kommen?«

»Woher weißt du das jetzt schon wieder?«

»Wissen tu ich gar nichts. Ich zähle nur eins und eins zusammen und stelle fest, dass zwei rauskommt. Zum Beispiel passen folgende Details wunderbar zusammen: Sonntagvormittag. Eine Nachbarin auf dem Balkon von Iris Becker. Ein Polizeibeamter in Zivil mit Zopf stellt Fragen. Falls du es noch nicht kapiert hast: Der Letztgenannte bist du. Lass mich raten. Du wolltest einfach mal antesten, wie du in die Wohnung kommen könntest, um diesen Schuldschein zu beseitigen, ehe er als Tatmotiv in die Hände der Polizei gerät.«

»An ein Tatmotiv hab ich doch gar nicht gedacht. Ich wollte ihn bloß wiederhaben, um nicht dumm dazustehen. Der Becker nutzt er sowieso nichts mehr«, sagt er kleinlaut. »Ich wollte vermeiden, dass mich noch einmal jemand mit dieser Frau in Verbindung bringt, und einfach nur meine Ruhe haben.«

Lea betrachtet die Lampe und stellt fest, dass sie eine Doublette der Deckenleuchte ist, die sie aus dem Schlafzimmer ihrer Großmutter kennt. Eine Erinnerung, die ungefähr 20 Jahre alt sein muss. So eine Lampe im Zeitalter von ›wirf weg und kauf neu‹ als Leuchtkörper in einer Pension zu verwenden, kann man durchaus als gelebte Nachhaltigkeit bezeichnen. Sie schwingt sich auf und schreitet im kleinen Zimmer auf und ab. »Warum hast du uns damals nichts von deinem Verdacht erzählt? Ich finde schon, dass zumindest bis zu diesem Zeitpunkt ein gewisses Vertrauen in unserer Gruppe existiert hat. Weshalb hast du nicht mal mir was gesagt? Immerhin bist du es gewesen, der mir später als Erster gesteckt hat, dass man ausgerechnet mich als Spionin verdächtigte.«

Er schweigt, ist aber noch dran. Lea hört ihn atmen.

»Wieso hast du das alles für dich behalten?«

»Es kam einfach so viel zusammen. Ich weiß es nicht mehr«, antwortet er leise. »Sorry. Inzwischen ist mir längst klar, wie wahnwitzig die Idee gewesen ist, dass ich mir das Problem vom Hals schaffen könnte, indem ich die Frau erpresse. Ließe sich die Aktion rückgängig machen«, er atmet laut aus, ohne den Satz abzuschließen. »Jetzt kapier ich selbst nicht mehr, wie ich so blöd sein konnte.« Mittlerweile hört er sich recht kleinlaut an. »Meinst du, die haben mich tatsächlich im Verdacht? Oder weshalb soll ich da morgen antanzen?«

»Ich weiß es nicht, Rüdiger. Ich habe wirklich nicht die leiseste Ahnung. Zu einer Gegenüberstellung mit Sonja Kirchheimer werden sie dich kaum bitten.«

»Lea! Mir ist nicht nach Scherzen zumute.«

»Sorry.«

»Du kannst nicht mal bei deinem, entschuldige, bei diesem Kommissar vorfühlen, was Sache ist?«

Dass er bei der Formulierung der Frage gerade noch die Kurve gekriegt hat, rechnet sie ihm als Pluspunkt an. Wie er darauf kommt, sie könnte bei Lennart intervenieren oder vorfühlen, ist ihr jedoch ein Rätsel. Selbst wenn sie sich darauf einlassen wollte, kann sie sich gegenüber einem Kriminalkommissar doch nicht mit der Aussage positionieren, Rüdiger hätte nichts mit dem Tod der Frau zu tun und sie würde jederzeit die Hand für ihn ins Feuer legen. »Weiß nicht, Rüdiger, da musst du jetzt irgendwie allein durch. Ich hab echt keine Ahnung, wie ich dir bei der Geschichte helfen könnte.«

Er schweigt.

»Wenn sie diesen Schuldschein-Zettel tatsächlich gefunden haben, du mit ihrem Tod aber nichts zu tun hast, können sie zwar blöde Fragen stellen, aber das wird's dann auch schon gewesen sein. Dass du sie unter Druck setzen und erpressen wolltest, kann sie nicht mehr sagen.« Sofern es sich bei der Toten um die Becker handelt, was Lea weiterhin anzweifelt. Aber das muss sie ihm in seiner augenblicklichen Verfassung nicht erzählen.

Er schweigt.

»Du hast ihr deine erpresserischen Andeutungen doch nicht etwa per Mail oder sonst irgendwie schriftlich …«

»Nein. Natürlich nicht.«

»Okay. Dann weiß ich nicht, was dir bei diesem Gespräch morgen passieren sollte.« Wieder gibt er keinen Ton von sich. »Bist du noch dran?«

»Ja, bin noch dran. Danke, Lea. Ich mach mal Schluss. Gute Nacht.«

Überrascht blickt Lea aufs Display. Rüdigers Name ist bereits verschwunden. Er hat das Gespräch beendet, ehe sie seinen knappen Gruß erwidern kann. Muss sie sich nun Sorgen machen? Müssen nicht. Können aber wohl. An diesem Abend ist sie ungewöhnlich lange damit beschäftigt, die abendliche Gedankenkakofonie, die sie für gewöhnlich gut im Griff hat, zum Schweigen zu bringen. Vielleicht liegt es am fremden Bett, der fremden Umgebung oder der Meeresluft. Oder an allen Dingen zugleich. Oder einfach daran, dass in diesen letzten Tagen höchst seltsame Dinge passiert sind.

# 7. KAPITEL

Nach dem Frühstück und einem abschließenden Ausflug zum Fischgeschäft im Hafen, in dem sie schon mit Phil fangfrischen Fisch gekauft hat, radelt sie zum Bahnhof. Gegen Mittag tritt Lea die Heimreise an. Sabrina Möllers Nachbarin hat sich nicht mehr gemeldet. Wäre auch zu schön gewesen. Selbst wenn Lea nicht ernsthaft damit gerechnet hat, findet sie es bedauerlich, dass ihr damit die Chance einer direkten Konfrontation mit der Bedienung aus dem ›Diabolo‹ verwehrt bleibt. Zu gern hätte sie die Frau zur Rede gestellt und ihr mitgeteilt, dass sie ihr Schauspiel durchschaut und weiß, dass sie lebt.

Lea geht davon aus, dass die Undercover-Polizistin einerseits noch immer über beste Kontakte verfügt, die sie eventuell sogar bezüglich des aktuellen Ermittlungstandes auf dem Laufenden halten und andererseits alle Brücken hinter sich einreißt, um ihren Status als Tote aufrechtzuerhalten. Wenn sie nach ihrer Enttarnung erneut vorhat unterzutauchen – und das erscheint Lea alles andere als abwegig –, dann wäre die Frau doch dumm, diese Gelegenheit nicht zu nutzen. Sie könnte ein für alle Mal als Sonja Kirchheimer oder Iris Becker von der Bildfläche verschwinden. Zu diesem Zweck könnte sie die Gefundene sogar selbst … Lea findet diesen plötzlichen Gedanken dermaßen spannend, dass die Frau, die ihr im Zug schräg gegenüber sitzt, von ihrer Lektüre hochschreckt, weil sich Lea gar so plötzlich aufgerichtet hat.

»Alles in Ordnung?«, fragt die von ihr Gestörte.

Lea lächelt. »Ja, alles bestens. Danke. Ich hatte nur so eine Art – Eingebung.«

»Na, hoffentlich eine gute.«

»Das kann ich im Moment noch nicht sagen.« Allerdings findet sie den Ansatz höchst plausibel. Wenn die Kirchheimer eine Frau kennengelernt hat, die ihr ähnlich genug sieht, um bei flüchtigem Abgleich mit ihren Ausweispapieren als sie selbst durchgehen zu können, ist es durchaus denkbar, dass sie nach ihrem Auffliegen als Spionin auf mörderische Gedanken gekommen ist. Womöglich steckt die lebende Tote obendrein in bedeutend wichtigeren Undercover-Einsätzen, die es gilt, aufrechtzuerhalten. Unter Umständen war die Ausforschung von Leas Umweltgruppe lediglich ein kleiner Fisch, eine Art Beifang. Vielleicht bedarf es, nachdem ihre Hamburger Zweitidentität verbrannt ist, einer Art vollständiger Runderneuerung. Und wie ginge ein Aufbau eines neuen Alias besser, als durch die Vernichtung der vorherigen Existenz? Erst als Lea den amüsierten Blick der Lesenden ihr gegenüber wahrnimmt, wird ihr bewusst, dass sie beim Aufstellen ihrer Thesen und Antithesen mehrfach genickt oder den Kopf geschüttelt hat.

»Ihre Gedanken scheinen äußerst spannend zu sein«, spricht sie die Frau sichtlich amüsiert an. »Kopfkino?«

»Das kann man sagen«, erwidert Lea verlegen.

Sie stößt einen Seufzer aus. »Sie machen mich neidisch. Ich wünschte, meine Gedanken wären ebenfalls spannend genug, um diese Zugreise zu überbrücken.« Sie blickt auf ihr Buch, von dem sie augenscheinlich ungefähr ein Viertel gelesen hat. »Dann müsste ich mich nicht mit dem hier langweilen. Ich glaube den Täter bereits seit dem zweiten Kapitel zu kennen.«

Lea tippt sich an die Stirn und nimmt damit Bezug auf das verwirrende Durcheinander, das sich gerade dahinter abspielt. »Ich weiß noch nicht, wer's war«, erwidert sie schmunzelnd, lässt die Frau jedoch im Dunkeln darüber, dass es sich bei ihrem Krimi nicht etwa um Fiktion handelt, sondern um einen realen Fall, bei dem zumindest die Polizei derzeit von einem Unfall auszugehen scheint.

Zu Hause bereitet sie sich als Beilage für den wunderbaren Matjes erst einmal eine Pfanne Bratkartoffeln zu. Wie immer kocht sie die Kartoffeln vor, um sie nach dem Schälen abkühlen zu lassen. Erst als sie kalt sind, schneidet sie die Kartoffeln in Scheiben und röstet sie bei hoher Temperatur krustig an. Zum Ende gibt sie die zuvor in heißem Butterschmalz goldgelb angebratenen Zwiebeln auf die Kartoffelscheiben, würzt mit grobem Salz aus der Mühle, mit Pfeffer und reichlich Majoran. Abschließend wendet und mischt sie die Kartoffeln noch einmal durch, indem sie sie mit geübtem Schwung durch die Luft fliegen lässt. Auch heute erfreut sie sich daran, dass alles auf den Teller gleitet, ohne dass etwas in ihrer gut gepflegten Pfanne haften bleibt. Vor einigen Jahren hat sie auf einer Party einen Profikoch kennengelernt, der allen Ernstes erzählte, er würde seine Pfannen lieben. Deshalb gäbe es zwischen ihnen und ihm in der Küche auch niemals Stress. Lea, die diese schwärmerisch vorgetragene Aussage für simplen Party-Small-Talk hielt, fragte etwas provokant, in welcher Weise sie ihre eigene Beziehung zu ihrer Pfanne verbessern könnte. Er ging ganz entspannt darauf ein, meinte gutes Essen beruhe vor allem auf gutem Handwerk und ein Handwerker habe sich eben gut um sein Werkzeug zu kümmern. Was Pfannen angeht, müsse man nur ein paar kleine Regeln beachten und schon gäbe es nie wieder einen Grund, sich über angebrannte Spiegeleier, festgeklebte Pfannkuchen oder angebrannte Kartoffeln zu ärgern. Weil er nach Leas Empfinden mit seinen allzu blumigen Beschreibungen noch immer viel zu dick auftrug und sich in Sätze verstieg, man müsse um die Gunst jeder einzelnen Pfanne werben, war sie alles andere als überzeugt, dass sein am Ende all zu simpler Tipp der Weisheit letzter Schluss wäre. Er meinte, man dürfe eine Pfanne niemals einer Spülmaschine ausliefern. Man solle zur Reinigung nur haushaltsübliche Spülmittel verwenden und die Pfanne nach dem Ausspülen mit heißem Wasser nur noch sorgsam abtrocknen und abschließend mit einem Küchentuch ein paar Tropfen Öl in die Bratfläche reiben. Nein, er korrigierte sich: massieren. Erst dann stelle man sie in den Schrank, wo sie sich für künftige Aufgaben ausruhen dürfe.

Trotz aller Skepsis folgte Lea diesen Regeln über einen längeren Zeitraum und war überrascht, dass sie nach wenigen Reinigungsritualen eine Verbesserung beobachten konnte. Ihre Pfannen, die sie zuvor gedankenlos in der Spülmaschine malträtiert hatte, zeigten sich für die Spezialbehandlung tatsächlich erkenntlich. Seitdem ihre Spiegeleier, ihre Rösti und die Pfannkuchen aus den Pfannen gleiten wie ein Curlingstein übers Eis, hat keine ihrer Pfannen je wieder eine Spülmaschine von innen gesehen.

Kaum hat sie ihre Bratkartoffeln neben den Matjes platziert, erhält sie einen Anruf von Lennart. Sie nimmt das Gespräch an. »Lennart? Ich ruf zurück, ja?«

»Stör ich?«

»Nein. Das heißt, ja. Ich habe gerade mein Essen fertig.«

»Guten Appetit. Wollte dir nur das Ergebnis der DNA-Analyse mitteilen«, sagt er, um daraufhin in Schweigen zu verfallen und das Ergebnis eben doch nicht mitzuteilen.

Mit Lennart am Ohr balanciert Lea Teller, Glas und Mineralwasserflasche zum Tisch, aktiviert die Freisprechfunktion und lehnt das Telefon gegen die Flasche. »Und?« Nach diesem Informationsköder kommt es für Lea nicht mehr infrage, erst nach dem Essen weiterzureden.

»Ich dachte, du willst essen.«

»Lennart! Nun sag schon.«

»Entschuldige. Ich wollte dich nicht abhalten. Das Ergebnis ist eindeutig. Die in der Alster gefundene Frau ist Sonja Kirchheimer. Die DNA-Proben stimmen überein.«

»Das kann nicht sein.«

»Lea, hör mal. Bei einem DNA-Test handelt es sich durchaus um ein relativ bewährtes wissenschaftliches Verfahren.«

»Dann hat sie eine Zwillingsschwester.« Dieser spontane Gedanke erscheint Lea augenblicklich plausibel.

»Und Sonja Kirchheimers Zwillingsschwester, von der noch nie jemand etwas gesehen oder gehört hat, die noch nie in irgendeiner Akte aufgetaucht ist, leiht sich an einem sommerlichen Freitagabend das Boot ihrer Schwester, hält noch einen Abendplausch mit der Nachbarin, als wäre sie ihre Schwester, um anschließend in der Alster zu ertrinken. Lea, ich bitte dich.«

»Nein. Ja. Was weiß ich. Es kann einfach nicht sein. Es sei denn ich spinne und hab Haluzis.« Missmutig und enttäuscht stochert Lea in ihren an und für sich leckeren Bratkartoffeln. Sie kann es nicht fassen, dass der DNA-Test sie zu widerlegen scheint. Sie und Phil haben die Frau in Büsum gesehen. Sie hat sich mit ihr im ›Diabolo‹ sogar ein Blick-Duell geliefert. Früher, als Lea noch die aufbrausende Jugendliche mit Bereitschaft zum Draufhauen war, nannte sie diese Versuche, sich gegenseitig nieder zu starren, »Augenfick«. Und die Sekunden, in denen sich ihr Blick mit dem der Kirchheimer verhakt hatte, sind Lea dermaßen gegenwärtig, dass sie die Herausforderung dieses Moments sofort aus ihrer Erinnerung abrufen kann. Wenn Lennart sie fragen würde, könnte sie die Szene noch einmal in Gedanken durchspielen und vermutlich sogar die Sekunden zählen und die exakte Dauer rekonstruieren. Sie weiß, dass ihr die Frau beinahe gewachsen war. Sie weiß, dass diese Bedienung, die durchaus überzeugend einen auf ›dich kenn ich nicht‹ machte, ihren Blick deutlich länger ausgehalten hat, als die meisten anderen Menschen imstande wären, dies zu tun. Dennoch ging Lea aus diesem Duell am Ende als Siegerin hervor. Zwar hatte sie selbst keinen anderen Ausgang erwartet, die Verliererin schob ihre Niederlage jedoch mit Sicherheit darauf, dass sie auf einen Zuruf eines anderen Gastes hatte reagieren müssen. Oder vielmehr hatte reagieren dürfen. Aus welchem Winkel auch immer Lea die Szene betrachtet, dieser Blick-Contest ist für sie ein klarer Beleg, dass diese Frau, die ihr die Stirn bieten wollte, keine andere war, als die ihr bekannte Sonja Kirchheimer. Eine Fremde hätte sich auf so eine Herausforderung niemals eingelassen. Die Schlussfolgerung aus dieser logischen Abfolge ist, dass es sich bei der Toten nicht um Sonja Kirchheimer handeln kann. Bleibt die Frage, wie sie das beweisen soll, ohne sie zu finden?

»Lea, seit wann kannst du es nicht ertragen, mal nicht recht zu haben?«

Mit dieser Unterstellung hat Lea nun gar nicht gerechnet. So gut wie sie einander inzwischen kennen, bei allem, was sie während der Ermittlungen im Rahmen des letzten Falls erlebt haben, müsste Lennart durchaus klar sein, dass sie alles Mögliche ist, aber sicher nicht rechthaberisch.

»Ich kann sehr gut damit leben, danebenzuliegen. Aber ich war mir so sicher.« Sie hat den Satz noch nicht zu Ende gesprochen, als sie sich der Vergangenheitsform bewusst wird, die sie soeben selbst benutzt hat. Trotzdem verzichtet sie darauf, sich zu korrigieren. Wird Lennart den Lapsus aufgreifen, als hätte er einen Sieg davongetragen? Das widerspräche seinem Stil. Er hat es nicht nötig, ihr einen Versprecher unter die Nase zu reiben. Erleichtert nimmt Lea zur Kenntnis, dass er tatsächlich nicht darauf eingeht. Obwohl ihm die von ihr verwendete Zeitform sicher aufgefallen ist. Er ist ein äußerst aufmerksamer Zuhörer, dem so was nicht entgeht. Lea stochert in ihren Bratkartoffeln. Er sagt lange nichts. »Was ist?«, fragt sie schließlich leise.

»Deine Beharrlichkeit.« Noch ein paar Sekunden Stille. »Vielleicht ist es ja doch keine gute Idee, von einem Unfall mit Todesfolge auszugehen. Deine Beharrlichkeit, dass hier etwas nicht stimmen könnte, macht mich stutzig.«

»Stutzig? Na toll«, erwidert Lea leicht angefressen.

»Nein, Lea, bitte. Ich meine das vollkommen ernst. Was bist du heute so empfindlich, verdammt noch mal?« Offenbar hat er gemerkt, dass er einen sehr heftigen Ton angeschlagen hat. »Entschuldige. Bin heute selbst etwas dünnhäutig.«

»Wieso, was ist denn?«, schlägt Lea ihrerseits einen versöhnlichen Ton an. Zumal sie sich nicht erinnern kann, dass er ihr gegenüber je so ungehalten reagiert hätte.

»Ich hab Rücken«, knurrt er knapp.

»Du bist also gar nicht bei der Arbeit?«

»Doch, natürlich. Kann bei unserem Personalbestand die Kollegen doch nicht hängen lassen. Spare mir allerdings, sofern es sich vermeiden lässt, heute Einsätze im Außendienst. Im Übrigen geht das nicht gegen dich persönlich, wenn so ein DNA-Test etwas anderes aussagt, als du es erwartet hast.«

»Wo hast du denn Rücken?«, übergeht sie die tröstenden Worte.

»Lendenwirbel. Wie immer. Meine Schwachstelle.«

»Wie immer. Wusste noch gar nicht, dass du regelmäßig Rücken hast«, sagt sie kauend. Der Matjes ist einfach zu frisch und die Bratkartoffeln sind zu lecker, um dieses Gericht stehen zu lassen. Dass Lennart Rückenprobleme hat, tut ihr leid. Allerdings hält Lea gerade chronische Rückenschmerzen für einen eindeutigen Beleg dafür, dass einen irgendetwas belastet, dass man mit irgendetwas nicht klarkommt. Nach ihrer Erfahrung haben Rückenschmerzen nichts mit Orthopädie zu tun. Selbst wenn Lennart glaubt, die Ursache für seine Schmerzen sei ein Defekt des Bewegungsapparats, liegen für Lea die Hintergründe für Lennarts Symptome in dessen Kopf. Und zwar hübsch verborgen im Unterbewussten, also dort, wo man in der Regel nur ausgesprochen schwer rankommt. Soll sie ihm sagen, dass sein Rücken ihrer Ansicht nach gesund ist und ihm lediglich sein unzufriedenes Ego einen Streich spielt, indem es ihn mit Schmerzen malträtiert? Sie kann es ja mal ganz vorsichtig versuchen. Schließlich kennt sie ihn als einen offenen Menschen, der sich alles erst mal anhört, ehe er es in Bausch und Bogen ablehnt. »Und?«, fragt sie behutsam, »was hat dich angefressen?«

»Wie jetzt?«

»Womit bist du im Augenblick nicht zufrieden?«

»Ich weiß jetzt wirklich nicht, worauf du hinauswillst.«

»Hm.« Lea spießt das letzte Stück Matjes auf die Gabel, schiebt mit dem Messer die letzte Bratkartoffeln drauf und führt den Happen zum Mund. Vielleicht doch keine so gute Idee, Lennart ausgerechnet am Telefon ein Stück ihrer Lebens- und Gesundheitsphilosophie zu vermitteln. »Ich gehe schon seit einigen Jahren davon aus, dass körperliche Malaisen im Kopf ausgelöst werden. Und zwar von Problemen, die wir in der Regel noch nicht einmal wahrgenommen haben.«

»Davon gehe ich auch aus«, antwortet Lennart ohne zu zögern. »Nur komme ich im Moment zu meinem Leidwesen nicht darauf, was mein Alter Ego derart ärgert, dass es glaubt, mir die Schmerzen verpassen zu müssen. Aber lass uns darüber gerne ein anderes Mal reden. Noch mal zurück zur Toten. Wenn du dir so sicher bist, dass du am Freitag die Kirchheimer in Büsum gesehen hast, ist der Gedanke mit der Zwillingsschwester natürlich alles andere als abwegig.«

Lea ist überrascht, dass er das Thema doch noch nicht komplett ad acta gelegt hat. Mit ihrem erneuten Widerspruch scheint sie neue Zweifel bei ihm geweckt zu haben. Oder alte neu entfacht.

»Allerdings ist es mehr als seltsam, dass mir beim Studium ihrer Akten keine Zwillingsschwester begegnet ist. Ich werde mir nachher noch einmal alles unter diesem Aspekt anschauen. Die Frau ist mir ein Rätsel. Und wenn ich die Kollegen der verdeckten Ermittlungen nach den seltsamen Löchern in ihrer Biografie frage, kann ich mir gut vorstellen, dass die mauern werden. Ich weiß auch nicht, was ich davon halten soll, dass wir bisher noch nicht einmal nächste Angehörige ausfindig machen konnten. Es muss doch Dokumente über ihr altes Leben geben. Die Anfrage über die Krankenversicherung hat uns ebenfalls noch nichts gebracht. Wenn wir ihren Zahnarzt wüssten, könnten wir die Existenz einer Zwillingsschwester anhand der Zähne ausschließen. Aber auch da haben wir nichts gefunden. Ich verstehe das alles nicht. Selbst wenn sie über Jahre hinweg in unterschiedlichen Identitäten verdeckt unterwegs war, muss es doch möglich sein, die Frau eindeutig zu identifizieren.«

»Oder unterwegs ist«, fügt Lea hinzu.

»Lea! Ich hab's begriffen. Ich bin doch dran an deinem Einwand. Nun lass mich auch mal denken zwischendurch. Ist kompliziert genug. Bis jetzt ergibt alles keinen Sinn. Ich kann nicht im Entferntesten nachvollziehen, wie das zusammenpassen könnte.«

»Sorry. Bin ja schon still.«

»Wie ich dich kenne, garantiert nicht lange«, sagt er versöhnlich und Lea hat in diesem Moment vor Augen, wie er in der scheuen Art eines Grundschülers grinst. Und dabei weiß dieser Grundschüler genau, dass seine Bemerkung zwar vorlaut gewesen ist, dass er zugleich jedoch etwas Witziges von sich gegeben hat.

Um ihm mit seiner Prognose bezüglich ihrer Unfähigkeit zu schweigen Recht zu geben, hakt Lea nach, wer sich mangels Angehöriger in solchen Fällen um die Auflösung einer Wohnung kümmert. Sie geht nicht davon aus, dass Lennart die Frage gleich wieder dahingehend interpretiert, sie würde endlich zugeben, dass die Kirchheimer tot ist.

»Keine Ahnung. Immerhin kann sich die besorgte Nachbarin nun schon mal um die Blumen kümmern. Die Kollegen haben alle Spuren gesichert und die Wohnung entsiegelt.«

»So schnell?«

»Da nach unserem Kenntnisstand inzwischen alles auf Unfall mit Todesfolge deutet, gibt es keinen Grund, die Wohnung länger unter Verschluss zu halten.«

»Wie soll dieser Unfall eigentlich vonstattengegangen sein?«

»Sie hat durch eine Kopfverletzung das Bewusstsein verloren und ist anschließend ertrunken. Typische Sportboot-Geschichte. Kentern, Kopf gegen Stein, bewusstlos. Ehe man zu sich kommt, um sich aus dem kopfüber dahintreibenden Boot zu retten, ist man ersoffen.«

»Wasser in der Lunge?«

»Und zwar genau die Sorte, über die ihr am Sonnabend schon gescherzt habt: Alsterwasser.«

»Also auch kein vertuschter Badewannenmord?«

»Nun sei bitte nicht zu enttäuscht. Nicht jede Leiche kann zur Vertuschung noch ein paar Mal hin und her gefahren werden, nur damit du nachher was zu recherchieren hast.« Er spielt damit auf jenen Fall an, in dessen Verlauf sie sich im Rahmen seiner Ermittlungen kennengelernt haben. »Egal wie ich es betrachte, immer läuft alles auf einen Unfall hinaus. Natürlich gibt es aufgrund ihrer Vita ein paar mysteriöse Einsprengsel. Insgesamt scheint die Sachlage jedoch eindeutig.«

»Das Boot wurde noch immer nicht gefunden?«

»Nach wie vor keine Spur. Obwohl die Medien diesmal recht positiv und ohne die übliche Sensationsgeilheit mitgespielt und öffentlich aufgerufen haben, nach dem roten Kajak Ausschau zu halten. Noch einmal danke für die Bilder. Weshalb fragst du? Hast du nach dem Bootstransporter jetzt auch noch ihr Boot gefunden?«

»Ja, klar. Hab's vorläufig in der Tiefgarage deponiert. So ein tolles Kajak ist einfach zu schade für die Asservatenkammer der Polizei. Lennart, du weißt, dass du der Erste bist, den ich informieren würde.« Dass sich ihre Behauptung im Moment nicht wirklich mit der Wahrheit deckt, ist Lea schon bewusst, während sie den Satz ausspricht. Hätte sie ihm nicht längst von ihrem Büsum-Besuch berichten müssen? Ihr schlechtes Gewissen äußert sich prompt in Form von belegten Stimmbändern. Sie muss sich räuspern. »Wenn mir was auffällt, gebe ich Bescheid.« In Gedanken rechtfertigt sie ihre augenblickliche Zurückhaltung damit, dass sie sowieso nichts Belegbares hat finden können.

»Au! Kannst du nicht aufpassen?«, schnauzt er ins Telefon.

»Was?«

»Ach, nicht du. Ein Kollege ist mir von hinten gegen den Stuhl getreten.«

»Und das war jetzt nicht wirklich schön für deinen Rücken?«

»Ja, klar.« Er atmet schwer durch. »Du, ich muss. Tschü.«

»Gute Besser…« Er ist schon weg. Lea glaubt beim Telefonverhalten der Männer in ihrem näheren Umfeld eine gewisse Signifikanz zu erkennen. Wenn sie es nicht besser wüsste, könnte sie die Vermutung anstellen, Phil, Rüdiger und nun auch Lennart hätten sich abgesprochen, alle Telefonate mit ihr möglichst abrupt zu beenden.

Während sie noch darüber nachdenkt, wann sie etwas für den Abbau ihres schlechten Gewissens gegenüber Lennart tun kann, fällt ihr ein, dass sie im soeben geführten Gespräch auch Rüdiger im Stich gelassen hat. Jedenfalls ist sie seinem Wunsch, wegen des Schuldscheines mal vorzufühlen, nicht nachgekommen. Sie rechtfertigt dies damit, dass es sich einfach nicht ergeben hat, Lennart darauf anzusprechen. Im Übrigen erscheint ihr so eine Intervention im Rahmen polizeilicher Untersuchungen einfach eine Nummer zu groß. Was bleibt, ist der schale Beigeschmack, dass sie sowohl den einen, als auch den anderen hat hängen lassen.

Lea checkt ihre Mails. Ihre Auftraggeber von ›Was cookst du?‹ hüllen sich nach wie vor in Schweigen. Darüber hinaus hat sie zum Tausendesten Mal das zweifelhafte Vergnügen, all die Mails, in denen ihr Ventilatoren, Flexi-Gartenschläuche, Klimaanlagen für Etagenwohnungen sowie die lächerliche Summe von 38 Millionen Dollar, die sie nur von einem Konto abrufen muss, angeboten werden, als Spam zu kennzeichnen. Wieso sortiert ihr Spamfilter diese Sachen nicht von vornherein aus? Beinahe hätte sie im Zuge der Lösch-Aktion eine Botschaft von Rüdiger vernichtet. Weshalb er ihr eine Einwort-Mail mit ›DANKE‹ schickt, ist ihr ein Rätsel. Das muss er ihr erklären. Sie wählt seine Nummer und erfährt, dass der Termin bei Lennart abgesagt worden ist und er hinsichtlich des Schuldenzettels in der Schublade offenbar keine peinlichen Fragen zu beantworten hat.

Während seines Wortschwalls der Erleichterung kommt Lea nicht dazu, ihn darauf hinzuweisen, dass sie mit dieser Absage des Termins im Hamburger Polizeistern, wie das Polizeipräsidium Hamburg in Alsterdorf aufgrund der Gebäudeform häufig genannt wird und in dem sich Lennarts Büro befindet, nichts zu tun hat. Mit seiner euphorischen Stimmung macht sich Rüdiger beinahe verdächtig. Andererseits kann Lea seine Freude aus einem anderen Grund nachvollziehen. Objektiv betrachtet spart er durch Sonja Kirchheimers Ableben mehrere Tausend Euro. Dabei spielt es keine Rolle, ob die Frau wirklich tot oder nur untergetaucht ist, um demnächst in neuem Umfeld mit anderer Identität wieder aufzutauchen. Am Ende lässt sie Rüdiger einfach in dem Glauben, sie könnte interveniert haben. Die Richtigstellung, dass sie nichts mit dem geplatzten Termin zu tun hat, würde an der Situation ohnehin nichts ändern.

»Hast du gerade was vor?«, fragt Rüdiger. »Ich hab mir wegen des Termins extra freigenommen. Nun hab ich Zeit. Wollen wir was unternehmen?«

Lea entscheidet blitzschnell. »Ich hätte da eine Idee, Herr Kommissar.«

»Hä?«

Nach seinem sonntäglichen Auftritt als Polizist hat Lea eigentlich gedacht, er würde die Anspielung verstehen. Wie es scheint, muss sie ihn erst daran erinnern. »Wer war denn vor zwei Tagen bei der Becker'schen Wohnung und hat sich als Polizist ausgegeben?«

»Ich habe nie behauptet, dass ich Polizist wäre. Ich habe bloß nicht widersprochen, als mich die Frau für einen Kommissar gehalten hat. Worauf willst du hinaus?«

»Ich habe mir sagen lassen, die Wohnung wäre entsiegelt. Wir könnten die Nachbarin fragen, ob sie uns mal eben …«

»Mit welcher Begründung?« Zumindest wirkt er höchst interessiert.

»Ich möchte mir ein Buch abholen, das ich Sonja Kirchheimer geliehen habe. Entschuldigung, dort heißt sie ja noch immer Iris Becker. Und du bist der Polizist, der mich begleitet, weil auch eine unversiegelte Wohnung nicht ohne Weiteres zur öffentlichen Besichtigung freigegeben ist.«

»Eigentlich dachte ich an einen Ausflug mit Kaffeetrinken oder so. Aber wenn wir da tatsächlich reinkönnten und ich mir den verdammten Zettel holen könnte …«

Während er den Satz unvollendet verklingen lässt, ahnt Lea, wie er in seinen Gedanken zu Ende geht: »… dann bin ich alle meine Schulden los.« Deshalb bedarf es auch keiner weiteren Überzeugungsarbeit mehr. Er ist dabei.

Eine knappe Stunde später treffen sie sich vor der Haustür, um bei der Nachbarin zu klingeln. Sie erkennt Lea wieder und auch Rüdiger ist ihr vom Sonntag bekannt. Sie drückt den Türöffner und lässt sie ins Haus. Lea erklärt ihr unaufgefordert, dass sie im Präsidium zu Frau Beckers Tod befragt worden sei und sie sich erkundigt habe, wie sie an ihr Buch komme. Da hätte sich der freundliche Kriminalbeamte bereit erklärt, sie zu begleiten.

»Ach, das ist aber nett von Ihnen«, wendet sich die Nachbarin an Rüdiger, als hätte sie ihm so viel Freundlichkeit nicht zugetraut. »Und Ihr Freund braucht sich das Buch nicht noch mal zu kaufen, wenn Sie es wiederhaben«, sagt sie zu Lea.

Rüdiger hat keine Ahnung, worum es geht, und folgt der Unterhaltung mit neutraler Miene. Die Einladung zum frischen Pflaumenkuchen seitens Frau Kamphausen, Lea kennt ihren Namen zwischenzeitlich vom Klingelschild, lehnen die Besucher dankend ab. Nachdem ihnen die Nachbarin die Wohnungstür geöffnet hat, lässt Lea dem vermeintlichen Polizisten den Vortritt, um ihm mit respektvollem Abstand nach drinnen zu folgen.

»Ich lass Sie dann mal alleine«, raunt Frau Kamphausen pietätvoll. »Auch wenn sie nicht hier gestorben ist, mag man ja nun wirklich nicht so gerne rein in so eine Wohnung. Obwohl ich die Blumen ja schon mal schnell versorgt habe. Die können ja nichts für. Hat schon was Merkwürdiges, dass in der Wohnung Verstorbener alles so ist wie vorher, nur der Mensch, der reingehört, ist mit einem Mal nicht mehr da. Irgendwann müssen wir ja alle mal gehen.« Mit dieser wehmütigen wie binsenweisen Feststellung wendet sie sich ab. »Sie klingeln, wenn Sie fertig sind!«, ruft sie im Gehen über die Schulter und verschwindet in ihrer Wohnung.

Vom kleinen Flur treten sie ins Wohnzimmer und sehen sich schweigend um. Für Lea scheint alles so zu sein, wie sie es von ihren wenigen Besuchen bei dieser Frau, die für sie in dieser Umgebung wieder Iris Becker ist, in Erinnerung hat. Die Küche ist aufgeräumt, in den Ecken ist es penibel sauber. Auf einem Bord an der Wand steht ein Päckchen Espressobohnen und eine italienische Kanne. Das von Rüdiger im Scherz erwähnte potenzielle Tatwerkzeug existiert tatsächlich. Gedankenverloren zieht sie die eigens mitgebrachten Einmalhandschuhe, die sie sonst zum Putzen verwendet, aus der Tasche, um die Kanne vom Bord zu nehmen, ohne selbst Fingerabdrücke zu hinterlassen. Sie dreht sie hin und her, kann jedoch auch unter dem Licht der Küchenlampe nichts Auffälliges erkennen. Jedenfalls kein angetrocknetes Blut. Sie stellt die Kanne an ihren angestammten Platz zurück und sieht sich weiter um. Die Einrichtung der Wohnung wirkt nüchtern, beinahe spartanisch. An den Wänden hängen gerahmte Bilder früherer Pop- oder Filmstars. Elvis, James Dean, die Monroe. In der dunkelsten Ecke des Wohnzimmers eine geheimnisvolle Schwarz-Weiß-Aufnahme von Humphrey Bogart. Persönliche Bilder, die auf Familie oder Freunde hinweisen würden, gibt es keine. Nicht einmal beim kleinen Sekretär neben der Balkontür. Die meisten Leute hängen oder stellen die Bilder ihrer Liebsten rings um ihren Arbeitsplatz auf. Als Lea der faustgroße Flusskiesel ins Auge fällt, den Rüdiger am Sonnabend ebenfalls als mögliche Tatwaffe erwähnt hat, ist sie überrascht, dass es ihn tatsächlich gibt. Er hindert einen Stapel loser Blätter am Wegfliegen. Ein wenig seltsam findet Lea auch, dass Lennart bei seiner Paddelunfall-Theorie ebenfalls erwähnte, dass die Tote mutmaßlich mit dem Kopf gegen einen Stein geprallt ist. Dass er dabei diesen hier auf dem Schreibtisch im Sinn hatte, ist unwahrscheinlich. Kentern, Kopf gegen Stein, bewusstlos, ertrinken, lauteten seine Worte. Sie betrachtet diesen durchaus speziellen Briefbeschwerer aus der Nähe, sucht auch ihn nach anhaftenden Blutspuren oder Haaren ab. Als Rüdiger hinzutritt, amüsiert er sich über die Handschuhe und die damit verbundene Pseudoprofessionalität.

»Ich will am Ende schließlich nicht selbst verhaftet werden«, antwortet sie, während sie den Stein mit zwei Fingern aufnimmt, um ihn bei der Balkontür in besserem Licht hin und her zu wenden.

Rüdiger blickt ihr über die Schulter. »Was sagt die Expertin? Gibt's was zu sehen?«

»Nichts. Vielleicht wurde er nach der Tat ordentlich geschrubbt?«

»Blut geht nie ganz ab. Also, ich meine, schon so weit, dass man es nicht mit bloßem Auge auf dem Stein sieht. Um abgewaschene Blutspuren wieder sichtbar zu machen, gibt es doch so 'ne Flüssigkeit, mit der verdächtige Flächen besprüht werden. Ich weiß nicht, wie das Zeug heißt. Wenn man mit UV-Licht draufhält, erkennt man Spuren, wo man vorher keine sehen konnte. Scheiße«, stößt Rüdiger hervor. »Da fällt mir ein: Ich hatte den mal in der Hand, als ich sie besucht habe.«

»Wenn es an dem Tag war, an dem du sie erschlagen hast, möchte ich das gar nicht hören.«

»Lea! Das war ein Scherz.«

»Für wie blöd hältst du mich? Ich hab dein Geständnis vom Sonnabend doch nie für bare Münze genommen.« Sie grinst. »Ein paar am Tisch haben im ersten Moment schon recht blöd gekuckt.«

»Das mein ich nicht. Dass ich den verdammten Stein schon mal in der Hand hatte, war ein Scherz!« Leicht angefressen wendet er sich ab, um sich dem Schubladenschrank auf der anderen Seite des Zimmers zu widmen. Unter

Zuhilfenahme seines Hemdzipfels versucht er umständlich keine Abdrücke auf den Griffen zu hinterlassen. Ohne den Schuldschein gefunden zu haben, schiebt er anschließend Lade für Lade mit dem Knie wieder zu.

Lea schießt noch ein paar Fotos. Vor allem von Kleidungsstücken, die ihrer Ansicht nach nicht zum üblichen Iris-Becker-Stil passen. Auch die Utensilien im Badezimmer – auf der Ablage überm Waschbecken – fotografiert sie als Gedächtnisstütze. Damit sie die sich verflüchtigenden Erinnerungen wieder auffrischen kann. Erst als sie das letzte Bild zur Qualitätsprüfung auf dem Display betrachtet, fällt ihr eine weitere Merkwürdigkeit auf. In den seltenen Fällen, in denen die notorische Hosenträgerin Becker einen Rock trug, hatte Lea bemerkt, dass sie eine der wenigen Frauen in ihrem Umfeld war, die ihre Beine nicht rasierte. Auf der Ablage befindet sich jedoch zwischen Zahnpasta, Deo, Zahnputzbecher mit Zahnbürsten und sonstigem Kram ein Einmalrasierer, der mit großer Wahrscheinlichkeit nicht von einem Kerl in ihre Wohnung gebracht worden war. Er ist pinkfarben. Weshalb sollte ein Mann pinkfarbene Frauenrasierer kaufen und ihn nach einem Übernachtungsdate hier liegen lassen? Hat sich die Kirchheimer hier auf ihre Büsumer Rolle vorbereitet? Lebte sie zwischen zwei Identitäten? Am vergangenen Wochenende servierte sie im Minirock. Der war von vorn zwar von der langen Kneipenschürze verdeckt, hinten war er jedoch betont sexy. Instinktiv kehrt Lea zum Sekretär zurück, um nach einem Schmuckbäumchen oder einem Schmuckdöschen zur Aufbewahrung von Ohrringen und Kettchen zu suchen. Sie kann sich nicht erinnern, Iris Becker jemals mit Schmuck gesehen zu haben. Aber wo ist der Schmuck, den sie als Bedienung, als Sabrina Möller benutzt hat? Weder auf dem

Sekretär, noch in den Regalen, noch auf einer anderen Ablagefläche ist etwas zu finden. Und noch was: Wenn Sonja Kirchheimer zwischen zwei Identitäten pendelte, wovon Lea seit ihrem Besuch in Büsum ausgeht, wie passt das mit mal unrasierten, mal rasierten Beinen zusammen? Mit diesem Widerspruch gerät Leas Theorie wieder ins Wanken. Sind Sonja Kirchheimer, Iris Becker und Sabrina Möller doch nicht ein- und dieselbe Person?

Wer ist die tote Doppelgängerin, von der die Polizei noch immer glaubt, sie wäre die Kirchheimer selbst? Unter welchem Alias beabsichtigt die Abgetauchte weiterzuleben? Hat die Kirchheimer mit ihrem Verschwinden ihre alten Identitäten Kirchheimer und Möller beseitigt?

»Ich finde hier nichts«, reißt Rüdiger Lea aus ihren sich überschlagenden Gedanken. »Meinetwegen können wir.« Die Enttäuschung, den Schuldenzettel nicht gefunden zu haben, ist ihm ins Gesicht geschrieben.

Bevor sie die Wohnung verlassen, nimmt Lea ein vegetarisches Kochbuch aus dem Regal. Eines der wenigen Bücher, das sie bei der zur Verfügung stehenden Auswahl interessiert. Falls sich Frau Kamphausen bei der Schlüsselrückgabe nach dem Erfolg der Mission erkundigt, kann sie es der Nachbarin entgegenhalten.

Vor der Haustür informiert Lea Rüdiger über ihre weiteren Pläne. Sie würde gerne an der Alster entlangfahren, um nach dem Kajak Ausschau zu halten. Schon wieder zeigt er sich enttäuscht. Selbst hinter seinem rötlich blonden Vollbart ist die hängende Mundpartie nicht zu übersehen. Er scheint sich den weiteren Verlauf des Nachmittags anders vorgestellt zu haben. Da sie mit dem Rad, er dagegen mit Öffis gekommen ist, scheint für ihn klar zu sein, dass sich ihre Wege wieder trennen.

»Komm doch einfach ein Stück mit. Ich kann mein Fahrrad auch schieben«, lädt sie ihn zum Spaziergang ein, obwohl sie die Chancen, das Kajak zu finden, bei flotterer Fortbewegung höher einschätzt als zu Fuß. Schulterzuckend lässt er sich darauf ein. Während sie am Alsterufer spazieren, erkundigt sich Lea so beiläufig wie möglich, ob er Ronja noch einmal getroffen habe. Er schaut sie an, als habe sie ihm ein unsittliches Angebot unterbreitet. Ihre Hoffnung, sein Interesse an ihr würde nachlassen, wenn es zwischen Ronja und ihm funkt, kann sie damit in die Tonne klopfen. Es wäre auch zu schön, wenn sie wenigstens einen Liebeskranken wieder als Freund betrachten könnte, weil er sich einer anderen zuwendet.

Nach dem Fund des Transportwagens geht Lea zwar davon aus, dass die Kirchheimer ihr Boot hinter der Staustelle zu Wasser gelassen hat, zugleich ist jedoch nicht hundertprozentig auszuschließen, dass das Boot weiter oberhalb eingesetzt wurde. Deshalb hält sie schon im flussaufwärtigen Abschnitt Ausschau nach dem roten Kajak. Allein wegen der Farbe müsste es im trüben Alsterwasser zu entdecken sein. Rüdigers Begeisterung für die Suche hält sich erkennbar in Grenzen. Schon auf der ersten Brücke bleibt er stehen, um eine Pause einzulegen. Er lehnt die Ellbogen aufs Geländer und schaut gelangweilt einer Gruppe von Kanuten beim Umsetzen ihrer Boote zu. Nur um überhaupt etwas zu sagen, spricht Lea den ersten Gedanken laut aus und bedauert, ihre Wasserflasche zu Hause vergessen zu haben. Wortlos schwingt Rüdiger seinen Daypack, den er fast immer bei sich trägt, als wäre er festgewachsen, vom Rücken und bietet ihr sein Mineralwasser an. Obwohl sie ihre Ungeduld weiterzusuchen kaum unterdrücken kann, nimmt sie wohlwollend zur Kenntnis, wie zuvorkommend ihr Begleiter in solchen Momenten stets ist. Sie nimmt die Erfrischung entgegen und schwört sich zum hundertsiebten Mal, ihre Fahrradflasche beim nächsten Ausflug nicht nur aufzufüllen und auf dem Tisch bereitzustellen, sondern sie beim Verlassen der Wohnung zur Abwechslung auch mal mitzunehmen. Lea zeigt hinüber zur Bootsrampe neben der Fischtreppe. »Wir gehen davon aus, dass sie ihr Kajak dort drüben eingesetzt hat.«

»Ihr?« Offensichtlich genervt schüttelt er den Kopf.

»Was denn?«

»Inzwischen hörst du dich schon an, als wärst du offizielle Ermittlerin im Auftrag der Polizei.«

»Echt?«

Erneutes Kopfschütteln. »Du merkst das selbst gar nicht mehr, oder?«

Lea bläst die Backen auf, blickt nachdenklich aufs Wasser. »Und wenn es so wäre. Findest du das wirklich so schlimm?«

»Dass du es selbst nicht merkst oder dass du die Kommissarin spielst?«

»Wenn du so fragst, beides.«

Er lässt sich Zeit mit der Antwort. Lea betrachtet ihn von der Seite. Er macht den Eindruck, als würde es in seinem Inneren brodeln. Kommt jetzt schon wieder die Eifersuchtsnummer in Richtung Lennart, obwohl sein Unmut im Grunde eher Richtung Phil gerichtet sein müsste? Noch während sie auf seine Antwort wartet, stellt sie sich bewusst darauf ein, ruhig zu bleiben. Egal, was er sagt. Früher konnte sie überhaupt nicht damit umgehen, wenn jemand ein Fass aufmachte und dann nicht ausschenken wollte. Sie hasste vage, im Raum schwebende Andeutungen, die nicht unterfüttert wurden. Allmählich tragen ihre Gelassenheitsübungen jedoch Früchte. Die Dinge stets so zu nehmen, wie sie sind, ist höchst entspannend. Wenn sie sich von Leuten, die sich ihr gegenüber knurrig oder gar angriffslustig verhalten, nicht zu einem ähnlichen Verhalten provozieren lässt, geht es ihr erfahrungsgemäß immer besser. In den wenigsten Fällen meinen die Interaktionspartner ja nicht einmal das augenblickliche Gegenüber. Fast immer sind sie einfach mit sich selbst nicht zufrieden. Und wenn sie einen dann aus ihrer Unzufriedenheit heraus anfahren, muss man das nicht auf sich beziehen und nicht glauben, man wäre selbst die Ursache, weil man gerade etwas falsch gemacht hat. Lea geht davon aus, dass sie sich in solchen Momenten meist nur zufällig zum falschen Zeitpunkt am falschen Ort befindet und nicht einmal gemeint ist. Das bringt ihr die Gelassenheit, um Druck vom Kessel zu nehmen und auf andere einzugehen, ohne selbst im Schützengraben in Deckung zu gehen und von dort aus das Gegenfeuer zu eröffnen.

»Mensch, Lea, die Frau war bei den Bullen. Das war 'ne verdammte Spionin. Seitdem du ständig mit deinem Kommissar zusammen bist, scheinst du dich für seinen Sidekick zu halten. Was soll das werden? Das Hamburger Pendant zu Kopper und Odenthal?«

Lea stutzt. Er ist bereits der Zweite, der einen Vergleich mit dem Ludwigshafener Tatort-Duo anstellt. Wenn das noch jemand sagt, sollte sie sich eventuell Gedanken darüber machen, ob ein Funken Wahrheit dahintersteckt. »Verrätst du mir auch deine Rolle?«, versucht sie seinen Angriff scherzhaft zu betrachten.

»Kapierst du nicht, dass einem diese ständige Schnüffelei auf Dauer so was von auf den Geist gehen kann?«

Lea versucht, sachlich zu bleiben. Er meint nicht mich, sagt sie zu sich selbst, zählt jeweils einatmend und ausatmend bis fünf, ehe sie antwortet. »Du vergisst, dass wir eben noch gemeinsam geschnüffelt haben. Ich habe diese Wohnung nicht mit dir betreten, um mir ein Kochbuch unter den Nagel zu reißen.«

»Ach? Du warst also meinetwegen dort?«

»Zumindest musste ich dich weder fesseln noch knebeln oder mit 'ner Waffe bedrohen, damit du mich begleitest. Ich hatte den Eindruck, dass du dich freiwillig auf meinen Vorschlag eingelassen hast.«

Er schweigt. Die Ellbogen aufs Geländer gestützt, hält er noch immer die Flasche in seiner Rechten, sein Rucksack hängt an den Trägern überm linken Unterarm. Mit versteinerter Miene starrt er aufs gemächlich unter ihnen dahinziehende Alsterwasser.

»He«, versucht sie es in sanftem Ton. »Was ist so schlimm, wenn ich diese Sache spannend finde und versuche herauszubekommen, was hinter all den Merkwürdigkeiten steckt?«

»Du willst also noch weiter in Dingen herumschnüffeln, die dich nichts angehen? Ich denke, die sind mit ihren Untersuchungen durch?«

Lea dreht sich halb zu ihm. »Ist dir eigentlich klar, dass du ständig Sachen von dir gibst, die sich anhören, als hättest du selbst etwas mit dem Fall zu tun?«

Auch er dreht sich zu ihr, sieht sie mit funkelnden Augen an. Ohne den Blick von Lea zu wenden, lässt er die Wasserflasche in den geöffneten Rucksack gleiten. Dann greift er tief hinein. Bis ganz nach unten. Tiefer, als es zum Verstauen der Flasche nötig ist. Als seine Hand wieder zum Vorschein kommt, hält er den Flusskiesel vom Schreibtisch in der Hand. Mit weit ausholender Bewegung schleudert er den Stein in die Alster. Während Lea noch hinterherschaut, schließt er den Reißverschluss, schwingt den Rucksack auf seinen Rücken und macht sich davon.

Lea ist viel zu überrascht, um darauf zu reagieren. Als ihr gewahr wird, dass sie spätestens jetzt ein Motiv hat, ihre Nase in Dinge zu stecken, die sie angeblich nichts angehen, ist er bereits um die Ecke.

»He!«, ruft sie hinter ihm her. »Rüdiger!«

»Alles in Ordnung?«, fragt freundlich eine ältere Dame, die in einigen Metern Entfernung ebenfalls am Geländer steht.

»Ja, danke«, erwidert Lea lächelnd. »Alles gut.«

Rüdiger hat ihren Zuruf ignoriert. Lea schüttelt den Kopf, fragt sich, was das nun wieder zu bedeuten hat. Noch einmal wandert ihr Blick zu der Stelle, wo der Stein ins Wasser geplumpst ist und Ringe über den Wasserspiegel getrieben hat. Längst sind die Ringe ebenso verschwunden wie der Stein. Unwiederbringlich. Weshalb hat Rüdiger ihn aus der Wohnung entwendet und hier entsorgt? Damit man ihn nicht auf Blutspuren untersuchen kann? Denn wer sollte ihn hier finden und ihn als jenen identifizieren, der mal Iris Beckers Briefbeschwerer gewesen ist? Nach diesem seltsamen Auftritt drängt sich natürlich noch mehr die Frage auf, was Rüdiger mit der Sache zu tun hat. Aber er kann doch nicht wirklich …

Lea muss das Kajak finden. Da werden ja dann hoffentlich keine DNA-Spuren oder Fingerabdrücke von ihm drauf sein.

# 8. KAPITEL

Im Schritttempo folgt sie dem Alsterlauf. An den Stellen, an denen der Abstand zwischen Radweg und Böschung zu groß ist, dringt sie zu Fuß bis ans Ufer vor, um jeden Meter gründlich abzusuchen. Sie inspiziert auch die kleine Insel, die von der Alster und einem Seitenarm umschlossen ist, die man jedoch von der Straße Im Grünen Grunde erreicht. Auf der parallel verlaufenen Rathenau setzt bereits der Feierabendverkehr ein. Viel Zeit bleibt ihr heute nicht mehr. Allerdings kann sie, falls sie bis zum Einbruch der Dämmerung kein Glück haben sollte, die Suche morgen fortsetzen. Während sie sich am linken Ufer südwärts vorarbeitet, wird sie von tausend Gedanken befeuert. Rüdiger ein Mörder? Oder Totschläger im Affekt? Das ist und bleibt unvorstellbar für sie. Lennart! Muss sie ihm nicht umgehend mitteilen, dass sich Rüdiger soeben in höchstem Grade verdächtig verhalten hat? Ist sie nicht sogar rechtlich verpflichtet, der Polizei zu melden, dass sie weiß, dass jemand unter Vorsatz ein mutmaßliches Beweismittel verschwinden ließ? Warum hat er sie an diesem Akt der Vertuschung teilhaben lassen? Weshalb hat Rüdiger so offensichtlich gehandelt? Wollte er sie provozieren? Wenn sie Lennart davon in Kenntnis setzen würde, könnte sie kaum verschweigen, wie Rüdiger an den Stein gekommen ist. In welcher Form würde sie dann zur Rechenschaft gezogen? Immerhin hat sie sich widerrechtlich Zutritt zur Wohnung der Toten verschafft. Hat sie sich der Amtsanmaßung mitschuldig gemacht, weil sie die gutgläubige Nachbarin Kamphausen nicht dahingehend aufgeklärt hat, dass Rüdiger kein Polizist ist? Und falls sie selbst den Vorfall tatsächlich weiter verheimlicht, ist es dann nicht nur eine Frage der Zeit, bis diese wandelnde Redseligkeit ausplaudern wird, dass am Dienstagnachmittag diese junge Frau und der Polizist mit den langen Haaren in Frau Beckers Wohnung gewesen sind und die junge Frau ihr ausgeliehenes Buch tatsächlich gefunden und mitgenommen hat? Lea setzt sich auf eine Bank, um die Gedankenlawine zu stoppen. Sie muss die sich überschlagenden Zwischenrufe in ihrem Hirn zum Schweigen bringen. Sie schließt die Augen, konzentriert sich aufs Atmen. Es wird besser. Bald hört sie nur noch ihre bis fünf auf- und abzählende innere Stimme. Was soll die Aufregung? Sie hat sich nichts zuschulden kommen lassen. Sie kann, wenn sie es für richtig hält, Lennart informieren. Sie kann, wenn sie möchte, auch mit Rüdiger noch einmal in Ruhe darüber reden, was hinter seiner Aktion steckt. Im Übrigen ist alles, was sie im Zusammenhang mit der Toten in der Alster unternommen hat, gesetzeskonform. Fast alles. Sich in der fremden Wohnung umzusehen, könnte als kleiner Verstoß gegen übliche Normen betrachtet werden.

Vom Wasser her dringt ausgelassenes Rufen und das dumpfe Geräusch gegeneinander rumpelnder Boote in Leas heruntergefahrenes Bewusstsein. Sie schlägt die Augen auf. Eine Gruppe Jugendlicher kommt flussabwärts auf sie zu. Wie es scheint, eine Schulklasse auf Paddeltour. Zwei Begleiterinnen um die vierzig dürften die Lehrkräfte sein oder eine andere leitende Funktion innehaben. In bester Stimmung versuchen sich die Bootsinsassen mit den Paddeln gegenseitig nass zu spritzen. Einige scheinen es darauf anzulegen, die anderen zum Kentern zu bringen. Lea sieht dem Spektakel zu, bis ihr ein rotes Kajak ins Auge fällt. Eindeutig das gleiche Modell wie das der Kirchheimer. Sie tritt ans Ufer, um es sich genauer anzusehen. Ohne jeden Zweifel handelt es sich um einen dieser praktischen Zweisitzer, die man zum Einer umrüsten kann. In einem Bootstyp wie diesem ist sie bei den Ausfahrten mit der Kirchheimer gesessen. Ob es nicht nur das gleiche, sondern sogar dasselbe ist? »Hallo!«, ruft Lea den Begleiterinnen zu, die ihren Versuch der Kontaktaufnahme jedoch nicht mitbekommen, da sie sich in diesem Moment selbst einer Spritzattacke zu erwehren haben. Winkend versucht sich Lea bemerkbar zu machen. Eine der beiden paddelt aus dem Getümmel heraus, um das Tohuwabohu aus der Distanz zu beobachten und sich aus dem Treiben fernzuhalten. Sie ist es auch, die Lea als Erste wahrnimmt. »Meinen Sie uns?«

Auf Leas Nicken nähert sich die Frau mit kraftvollen Zügen dem Ufer und sichert ihr Kajak, indem sie das Paddelblatt auf der Wiese abstützt. »Moin!«, ruft sie Lea lächelnd entgegen. »Sind wir Ihnen zu laut?«

»Nein, überhaupt nicht. Ein bisschen Spaß haben muss schon noch drin sein.« Lea zeigt auf die ausgelassene Gruppe. »Klassenausflug?«

Die Angesprochene lässt die spritzende und johlende Horde nicht aus den Augen. Sie scheint damit zu rechnen, jeden Moment rettend eingreifen und jemanden aus dem Wasser ziehen zu müssen. »Unser Abschlussjahrgang Schwerpunktfach Sport. Wir kommen aus Ulm. Eine Woche Hamburg als Motivation für die letzte Runde.«

»Sie hören sich eher an wie eine Einheimische«, sagt Lea, die nicht einmal den Hauch eines schwäbischen Akzents heraushört.

»Bin in Hamburg geboren und hole mir bei solchen Exkursionen immer eine Nase voll Hanseluft.«

»Schön, wenn man Berufliches mit Privatem verbinden kann.« Während die Paddlerin zustimmend nickt, kommt Lea zum Punkt. »Dann sind die Boote hier in Hamburg geliehen?«

»Von unserer Partnerschule. Wir praktizieren seit Jahren einen regelmäßigen Austausch. Weshalb fragen Sie?«

»Das rote Doppelkajak«, Lea deutet auf das betreffende Boot, »gehört das auch zum Schulfundus?«

»Ja, worum geht es Ihnen denn? Wenn Sie es kaufen wollen, fragen Sie die Falsche. Ich bin da nicht befugt.«

»Nach so einem Bootstyp wird hier in Hamburg gerade gesucht.«

Nun lässt die Frau zum ersten Mal für längeren Zeitraum den Blick von den Paddelnden, die soeben Anstalten machen weiterzuziehen, von der zweiten Begleiterin jedoch aufgefordert werden, auf die Lehrerin am Ufer zu warten. »Geht es um die Tote in der Alster? Darüber hab ich gelesen. Auch den Aufruf, sich zu melden, wenn man dieses Boot findet. Sind Sie bei der Polizei?«

Lea schüttelt den Kopf. »Nein. Auch nur eine ganz normale Zeitungsleserin wie Sie.«

»Dann haben Sie mit Sicherheit aufmerksamer hingesehen als ich. Wenn Sie nicht gefragt hätten, wäre mir nicht aufgefallen, dass es sich um den gleichen Bootstyp handelt.«

»Hat es ein Leck?«, fragt Lea.

Die Frau lacht. »Dann wären die beiden Insassen ja wohl nicht mehr auf dem Wasser.«

Lea erklärt ihr, dass sich im Boden des fraglichen Kajaks ein feiner Riss befände, der mutmaßlich durch ein im Wasser liegendes scharfkantiges Metallstück verursacht wurde. »Das Leck ist provisorisch mit Gaffer-Tape repariert.«

»Dann handelt es sich nicht um das gesuchte Boot. So was fällt einem auf, wenn man verantwortlich ist. Ich paddle seit meiner Kindheit und schau mir die Boote meiner Schutzbefohlenen genau an«, sie nickt mit dem Kopf seitlich zur Gruppe hinüber, »ehe ich sie aufs Wasser lasse. Will ja alle wieder gesund mit nach Hause bringen. Aber wenn Sie wollen, können Sie in der Schule anrufen und fragen, ob denen etwas aufgefallen ist. Vorletztes Jahr im Herbst haben die auch zwei Kajaks aus dem Wasser gezogen. Die hat nie jemand eingefordert, obwohl sie den Fund ordnungsgemäß bei der Polizei gemeldet hatten.«

»Gute Idee. Wenn Sie meinen, dass ich dort nicht lästig falle, mach ich das.«

»Ach, woher. Nennen Sie meinen Namen und die wissen, dass alles in Ordnung ist.«

Während Lea die Namen der Schule und der auskunftsfreudigen Lehrerin ins Adressbuch ihres Smartphones eingibt, steigt der Lärmpegel auf dem Wasser erneut heftig an. Beide blicken gleichzeitig auf das endgültig eskalierende Geschehen.

»O, o, nun ist es passiert«, sagt die Lehrerin. »Mein Einsatz. Tschüs.« Sie stößt sich ab und ist mit wenigen dynamischen Paddelzügen bei den drei in schneller Folge kenternden Booten. Eins davon ist der rote Zweier, der nun kopfüber auf dem Wasser treibt. Lea reckt den Hals, um den Boden nach der schadhaften Stelle abzusuchen, die von der Kirchheimer vor ihrem letzten gemeinsamen Ausflug provisorisch mit Gaffer-Tape repariert wurde. Lea hatte damals misstrauisch gefragt, ob das denn auch wirklich halte. Die Antwort der Kirchheimer war überzeugend gewesen.

Vom Ufer aus sieht Lea weder schwarzes Tape noch kann sie erkennen, ob die Stelle mittlerweile professionell repariert wurde. Um auszuschließen, dass es sich um das von ihr gesuchte Kajak handelt, ruft sie am besten gleich morgen in der Schule an. Jetzt, am späten Nachmittag, wird wahrscheinlich sowieso niemand mehr ans Telefon gehen.

Da sich die Rettungs- und Trockenlegungsaktion der Ulmer Reisegruppe nun auf die Wiese zu verlagern scheint, wartet Lea ab, bis alle gekenterten Kajaks an Land gehievt worden sind, um sie ausleeren zu können. Sie stellt fest, dass sie auf einen Anruf in der Schule verzichten kann. Der Boden des roten Bootes weist weder Kratz- noch Reparaturspuren auf. Sie entzieht sich der ausgelassenen Atmosphäre, indem sie ihre Suche flussabwärts fortsetzt. Sie folgt dem Lauf der Alster parallel zur Rathenaustraße bis an deren Ende, wo sie von den Zäunen einer Kleingarten-Kolonie daran gehindert wird, direkt am Ufer zu bleiben. In Höhe der Bebelallee überquert sie die Metzgerbrücke, um die andere Seite des trägen, mit bloßem Auge kaum erkennbar fließenden Gewässers abzufahren. Der Feierabendverkehr rauscht monoton über die Brücke, auf der sie noch einmal Halt macht und versucht, sich von diesem Aussichtspunkt einen Überblick zu verschaffen. Auch auf der anderen Flussseite muss sie ihr Rad mehrfach zurücklassen, um das unwegsame Gelände zu Fuß abzusuchen. Viele Uferabschnitte sind in Privatbesitz. Nach einer weiteren Stunde steht Lea schließlich auf der vierspurigen Sengelmannbrücke. Inzwischen ist sie auch flussaufwärts schon wieder so lange unterwegs, dass sie weniger als einen Kilometer von der Stelle entfernt ist, an der das Boot mutmaßlich eingesetzt wurde. Lennarts Andeutungen zufolge ist der Frauenkörper weiter flussabwärts aus dem Wasser geborgen worden. Die Frage ist, wie weit voneinander entfernt Boot und Körper aufgrund der Strömungsverhältnisse sein können. Ab dem Moment, zu dem der Körper herausgeglitten ist, um alleine flussabwärts weiterzutreiben, können sie vollkommen unterschiedlich weitergetrieben sein. Das Boot kann früher hängen geblieben sein als der Körper. Der Starkregen vor wenigen Tagen kann die Reise auch beschleunigt und es deutlich weiter abwärts getrieben haben.

Lea schaut den unter ihr hindurchfahrenden Freizeit- und Vereinssportlern zu. Inzwischen befinden sich zahlreiche Ruderboote auf dem Wasser. Einer, Zweier, Doppelvierer und ein Frauenachter gleiten unter den Kommandos ihrer Trainer im Motorboot recht ambitioniert übers Wasser. Wenige Meter flussabwärts fällt Lea ein Kehrwasser ins Auge, in dem sich allererstes herbstliches Blattwerk zu einem bunten Teppich versammelt hat. Sie muss auf der Brücke ein Stück nach links gehen, um an dieser Stelle überhaupt noch einen Hauch von Strömung zu erkennen. Extrem langsam driftet ein Teil des Blätterteppichs Zentimeter um Zentimeter in einen Seitenkanal. Lea befragt die Navikarte ihres Smartphones, um den vom dichten Baumbewuchs verdeckten Seitenarm als Brabandkanal zu identifizieren. Sie revidiert ihre eigentlich schon getroffene Entscheidung, ihre Suche mit Erreichen der Brücke einzustellen. Der wie ein breitgezogenes Hufeisen eine Alsterinsel umfließende Kanal ist nicht sehr lang. Der ist zum Abschluss noch zu schaffen. Sollte sie auch hier nichts finden, wird sie dies sportlich zur Kenntnis nehmen und es jemandem anderen beziehungsweise dem Zufall überlassen, das Kajak zu finden. Flussabwärts betrachtet ist der Brabandkanal von der Öffentlichkeit nur von der rechten Seite einsehbar. Die linke Seite ist mit sehr idyllisch gelegenen Häusern bebaut. Die Grundstücke scheinen allesamt in Privatbesitz zu sein. Einige Anwohner verfügen über Bootsstege, die teils vor sich hin rotten, sich teils in funktionsfähigem Zustand befinden. Eine Traumlage für Wassersportfans. Das schrille Pfeifen einer Kreissäge macht Lea auf zwei Handwerker aufmerksam, die ihr aufgrund des dichten Baumbestandes am Ufer bislang verborgen geblieben sind. Die Männer konstruieren auf der steilen Böschung eine Holztreppe bis zum Haus hinauf. Die Bewohner des Neubaus lassen sich offenbar einen Zugang zum Wasser anlegen. Und eben dort liegt, Lea kann es kaum fassen, mit dem Boden nach oben ein rotes Kajak, als wäre es erst vor wenigen Minuten aus dem Kanal gezogen worden. Eine heiße Welle strömt durch ihre Magengrube. Schon hat sie ihr Telefon in der Hand, um Lennart zu informieren. Nein. Halt. Erst muss sie sicher sein, dass es das richtige ist. Es kann ebenso gut das Boot der Hausbewohner sein, die es nach einem Paddelausflug noch nicht weggeräumt haben. Sie schwingt sich aufs Rad. Von der tief stehenden Sonne geblendet, übersieht sie beinahe ein entgegenkommendes Auto. Am Ende der Straße ärgert sie sich für einen Augenblick darüber, dass sie ihr Ziel schneller erreicht hätte, wenn sie die andere Richtung genommen hätte. Jedoch ist der Umweg nicht lang. Aber es ist eben ein Umweg. Wo sie doch endlich Gewissheit haben möchte. Erst als sie in der Brabandstraße an den Häusern entlangfährt, wird ihr klar, dass sie es vom gegenüberliegenden Ufer versäumt hat, sich das Haus einzuprägen. Durch Zufall entdeckt sie eine schmale Durchfahrt zu einer Reihe neuer Doppelhäuser. Vor einem steht ein Kleintransporter mit der Aufschrift eines Zimmermanns. Sie legt ihr Fahrrad in der Einfahrt ab. Hier hinten kann sie es sich sparen, es anzuschließen. Hier wird schon keiner vorbeikommen, um es zu klauen. Nach einem flüchtigen Kontrollblick, ob sie nach ihrem Abstecher in den Uferbewuchs noch halbwegs vorzeigbar ist, tritt sie an die Haustür, um zu klingeln. Ohne Erlaubnis am Haus vorbei zu der im Bau befindlichen Treppe zu gehen, erscheint ihr unangemessen. Würde sie einfach übers Grundstück laufen, zöge sie nur den Unmut der Eigentümer auf sich und würde abgewiesen, ehe sie prüfen konnte, ob es sich um Sonja Kirchheimers Kajak handelt oder nicht. Wenn sich auf ihr Klingeln niemand meldet, kann sie immer noch ums Haus gehen und die Handwerker fragen, ob sie wissen, wem das Boot gehört. An der Außenwand rechts neben der Tür befindet sich eine Kamera. Die Gegensprechanlage ist mit einem Bildschirm versehen. Womöglich wird sie bereits beobachtet. In einer Übersprunghandlung streift sie ein weiteres Mal die Kleidung glatt. Als ob sie damit etwas beeinflussen könnte und ihr sonst nicht aufmachen würde. Wenn die Leute bereit sind, ihr zu öffnen oder wenigstens über die Sprechanlage mit ihr zu kommunizieren, werden sie dies tun. Ob mit oder ohne Falten im T-Shirt. Während Lea darauf eingestellt ist, über die Anlage angesprochen zu werden, geht schwungvoll die Tür auf. Vor ihr steht ein Mann, den sie auf etwa 60 schätzt. Er wirkt ebenso überrascht, wie Lea es ist. Offenbar hat er nicht mit einer Fremden vor seiner Haustür gerechnet. »Ja, bitte?«, versucht er sein Zögern souverän zu überspielen. Gleichzeitig schiebt er die Tür kaum wahrnehmbar langsam wieder ein wenig zu.

Lea stellt sich vor. Mit ihrem richtigen Namen. Erzählt im Plauderton, dass sie vom gegenüberliegenden Ufer das rote Boot hätte liegen sehen und gerne wissen würde, ob es zum Haus gehöre oder ob es eventuell hier angetrieben wurde.

»Welches Boot?«, fragt der Mann.

»Das rote Kajak. Neben Ihrer Treppe«, wiederholt Lea, obwohl sie genau das bereits gesagt hat. Sie blickt aufs Klingelschild, um ihn mit Namen anzusprechen. »Gehört das Boot Ihnen, Herr Angermann?«

Er scheint noch immer nicht zu wissen, was er mit der Situation anfangen soll. Die Tür geht noch ein wenig weiter zu. »Ich weiß wirklich nicht, wovon Sie sprechen«, erwidert er weiterhin lächelnd.

»Das Boot aus der Zeitung? Im Radio und im NDR-Abendprogramm wurde es ebenfalls erwähnt«, versucht Lea ihm so knapp wie möglich zu vermitteln, worum es geht. Diesen Aufruf muss in Hamburg doch jeder kennen. Selbst sie hat ihn mehrfach mitbekommen, obwohl sie durch ihre Fahrt nach Büsum grob geschätzte 24 Stunden nicht in Hamburg gewesen ist.

»Ach, das Boot der Toten in der Alster? Und«, er zögert, »weshalb klingeln Sie in dieser Angelegenheit ausgerechnet an unserer Tür?«

Ihre Ungeduld mit einem freundlichen Lächeln überspielend, unternimmt Lea einen nächsten Erklärungsversuch. »Ich bin gerade dort drüben die kleine Seitenstraße entlang geradelt …«, sie deutet am Haus vorbei die ungefähre Richtung an. »Da seh ich zufällig durch die Bäume was knallig Rotes liegen und muss sofort an den Aufruf in den Medien denken. Ich halte an, schau genauer hin und da liegt tatsächlich ein rotes Kajak auf der Böschung. Zumindest von dort drüben entspricht es der Beschreibung des gesuchten.«

Er schüttelt den Kopf. »Tut mir leid, ich weiß noch immer nicht, wovon Sie reden. Wir sind erst vor Kurzem hier eingezogen und haben kein Boot, das Ihrer Beschreibung entspricht.«

Wenn ihr nicht sofort etwas Überzeugendes einfällt, wird die Tür im nächsten Augenblick vor ihrer Nase ins Schloss fallen. Lea kommt sich vor wie eine Zeitschriften-Abo-Verkäuferin. Oder eine dieser bedauernswerten Menschen, die im Winter an die Haustür kommen, um für hungernde Zirkustiere zu sammeln. Wenn sie so jemanden an der Tür hat, findet sie solche Situationen immer höchst peinlich und weiß nie, wie sie sich verhalten soll. Dass der Mann sie schnellstmöglich wieder los sein möchte, ist absolut naheliegend. Im letzten Moment wird sie gerettet.

Eine Frau, Lea vermutet, dass es sich um Herrn Angermanns Angetraute handelt, tritt aus dem Hintergrund neben ihn. »Was gibt's denn, Daniel?«

»Nichts weiter, Conny«, antwortet er ein wenig ratlos. »Die junge Frau fragt nach einem roten Kajak und ich habe nicht die leiseste Ahnung, wovon sie redet.« Lea ist überrascht, dass er ihr trotz aller nachvollziehbarer Distanz zwischen Tür und Angel die Frau förmlich als seine Gattin vorstellt.

»Ach, das ging jetzt aber wirklich schnell«, sagt Frau Angermann und schafft es Lea und ihren Mann gleichermaßen zu verblüffen. Vertraut legt sie ihm eine Hand auf den Unterarm. »Du warst noch beim Einkaufen, als die beiden Zimmerleute ein Kajak aus dem Kanal gezogen haben. Der hat seinen Azubi bis zur Hüfte ins Wasser geschickt, um das Boot zu bergen. Das Ding hatte sich unter den verrotteten Überresten vom alten Steg verklemmt. Weil die Böschung an der Stelle unterspült ist, war es von oben überhaupt nicht zu sehen. Weiß der Himmel, wie lange es schon dort gelegen hat. Gehört es etwa Ihnen?«, fragt sie Lea. »Das wäre ja ein wunderbarer Zufall, wenn wir es der rechtmäßigen Besitzerin so schnell zurückgeben könnten. Bei uns würde es nur herumliegen. Ich wüsste nicht einmal, wohin damit.«

»Wenn ich die Zusammenhänge nun doch allmählich verstehe, haben wir es nicht mit der Besitzerin zu tun«, übernimmt Herr Angermann mit ernster Miene wieder das Wort. »Ich gehe davon aus, dass Frau Martin …«

»Mertens, Lea Mertens«, nennt sie noch einmal ihren Namen.

»… dass Frau Mertens glaubt, das Boot der Toten aus der Alster gefunden zu haben.« Da er an Leas Mimik ablesen kann, dass er mit seiner Annahme die Sache auf den Punkt gebracht hat, lädt er sie endlich mit knapper Geste ein, ihm zu folgen. Während er sie am Haus vorbei zur Ufertreppe begleitet, bringt er seine Frau auf den neuesten Stand. Sie zeigt sich schockiert, ringt nach Worten und verliert tatsächlich von einem Moment auf den anderen an Farbe. Während das Ehepaar am oberen Ende der in Bau befindlichen Treppe wartet, lädt er Lea gegen den Lärm der Kreissäge rufend ein, sich nach unten zum Boot zu begeben, um es sich aus der Nähe anzusehen. Sie könne sich gerne überzeugen, ob es sich um das gesuchte Kajak handelt. »Seien Sie bitte vorsichtig. Die Treppe ist noch nicht fertig. Auch fehlt noch der Handlauf. Es ist alles noch nicht so stabil, wie es einmal sein soll.«

Lea steigt hinunter zum Boot. Die Handwerker, die sie, abgelenkt durch ihre Arbeit, erst jetzt bemerken, halten inne und lassen rücksichtsvoll die Kreissäge ruhen. Der Jüngere der beiden, Lea geht davon aus, dass er der Azubi ist, nutzt die Gelegenheit, vom Wasser auf den Steg zu klettern, um zwischendurch die Gummistiefel auszuziehen und zu entleeren. Der ältere ruft seinem Auftraggeber zu, dass er seine Frau vor einer halben Stunde wegen des Bootes informiert habe. »Schönes Ding! Wenn Sie den Besitzer nicht ausfindig machen können, nehme ich es Ihnen ab. Das Leck im Boden lässt sich problemlos reparieren.«

So wie er redet, muss auch er den Medienaufruf bezüglich des Bootes verpasst haben. Als Lea bis auf Höhe des Kajaks hinabgestiegen ist, verlässt sie die Holztreppe und hangelt sich auf allen vieren über die Böschung zum Boot. Der Untergrund ist feucht. Um nicht auszugleiten, hält sie sich am Uferbewuchs fest. Kaum bekommt sie das eben erwähnte Leck zu sehen, ist sie sicher, Sonja Kirchheimers Kajak gefunden zu haben. Der etwa 30 Zentimeter lange Kratzer, der das Material auf einer Länge von etwa fünf Zentimetern vollständig durchdrungen hat, lässt keinerlei Zweifel. Als die Bootseigentümerin für Lea noch Iris Becker war, hat sie beschrieben, wie der Schaden zustande kam. In einem Moment der Unaufmerksamkeit war sie in flachem Gewässer über ein scharfkantiges Stück Altmetall geschrappt. Zwar klebt inzwischen kein Gaffer-Tape mehr über dem Riss, jedoch sind rings ums Leck sowohl weiße Klebstoffreste als auch anhaftender Schmutz zu erkennen. »Es ist das Boot!«, ruft Lea zu den Angermanns hinauf. »Ohne jeden Zweifel!«

»Sollen wir es Ihnen hochtragen?«, bietet der wortführende Handwerker sofort an.

»Nein!«, antworten Lea und Herr Angermann, ohne einen Moment zu zögern. Lea nickt ihm zustimmend zu. Seine unaufgeregte Besonnenheit gefällt ihr. Nach der Identifizierung des Kajaks scheint auch sein erster Gedanke zu sein, dass die Bergung Angelegenheit der Spurensicherer der Polizei sein sollte. Dass Lea im Zusammenhang mit dem Erhalt der Spurenlage noch einen Schritt weiter denkt, muss sie in diesem Moment niemandem erklären. Vielleicht gibt es in Form von Fingerabdrücken oder Spuren von DNA nun doch bald Beweise, dass es sich bei der Toten eben nicht um Iris Becker alias Sonja Kirchheimer handelt und dass Lea sich in Büsum nicht getäuscht hat. Mit ihrem Smartphone dokumentiert sie den Schaden am Boot, durch den ausreichend Wasser eingedrungen sein dürfte, um es untergehen zu lassen. Sie vermutet, dass dies nicht lange nach dem Einsetzen geschehen sein muss und die Ertrunkene zu einem frühen Zeitpunkt aus dem Boot geglitten ist. Aufgrund unterschiedlicher Strömungen blieb der Körper an einer vollkommen anderen Stelle hängen als das unter Wasser dahintreibende Kajak. Nach routinemäßigem Blick auf ihre Fotoserie, mit der sie auch den Ablageort dokumentiert hat, hangelt sie sich an Stauden und Grasbüscheln zurück zur Treppe.

Oben hält Herr Angermann bereits sein Mobiltelefon in der Hand. »Was wählt man in so einem Fall? Am besten 110, nehme ich an?«

»Ich kenne den ermittelnden Kommissar«, sagt Lea. »Wenn Sie mir den Vortritt ließen?«

»Bitte. Ich muss mich da keinesfalls vordrängeln. Nur zu.«

Lea geht ein paar Schritte zur Seite, um ungestört mit Lennart reden zu können. Frau Angermann bleibt unentschlossen am Kopf der Treppe stehen, blickt zwischen Boot, der fremden jungen Frau, ihrem Mann und den Handwerkern hin und her. Sie scheint noch immer einen wenig außer Fassung zu sein. Ihr Mann begibt sich nach unten zu den Zimmermännern, um sich nach dem Vorankommen zu erkundigen und sie zu fragen, ob sie die Probleme mit dem Untergrund inzwischen im Griff hätten.

Während Lea darauf wartet, dass Lennart rangeht, bekommt sie anhand einiger Satzfetzen und der Mimik der Beteiligten mit, dass die Männer trotz zwischenzeitlicher Bergung des Bootes im Zeitplan sind. Das Kajak hätte sich im Wurzelwerk des unterspülten Ufers verkeilt. Detailliert beschreiben sie, wie sie das Boot in der Mitte des Kanals stehend hin- und herbewegen mussten, um es unter größter Mühe aus dem Wurzelwerk zu zerren. Das klingt nicht gut, denkt Lea. Nach diesen Schilderungen dürfte die Verwertbarkeit der Spuren gegen Null gehen. Gerade als sie sich darauf einstellt, Lennart auf die Box zu sprechen, meldet er sich doch noch.

»Lea? Was gibt's?«, fragt er grußlos. Er wirkt gestresst.

Ganz bewusst verzichtet auch Lea darauf, ihn zu grüßen. Obwohl sie einmal mehr einen Beitrag zur Klärung eines Falles liefert, bemüht sie sich, sachlich und nüchtern zu klingen und die Fakten ohne triumphalen Unterton mitzuteilen. »Ich hab das Boot gefunden.« Sie hört sein angespanntes Atmen. »Lennart? Was ist?«

»Sorry«, presst er hervor. »Immer noch der verdammte Rücken. Was sagst du? Du hast das Boot gefunden? Das von der Kirchheimer?«

»Welches denn sonst?«, erwidert sie leicht enttäuscht, da sie durchaus eine positive Reaktion erhofft hat. Ein kleines Lob vielleicht. »Es hat mir keine Ruhe gelassen, da hab ich mich aufs Rad gesetzt, um die Alster abzufahren, und jetzt bin ich tatsächlich fündig geworden. Ich glaube, du solltest so schnell wie möglich kommen. Den Leuten hier scheint zwar durchaus klar zu sein, dass sie nichts anfassen sollen, aber es ist schon spät, und das Kajak sollte besser nicht über Nacht hier …«

»Nein, nein, natürlich nicht«, fällt er ihr ins Wort. »Meine Kollegen hast du noch nicht angerufen?«

»Ich dachte, ich melde mich zuallererst bei dir.«

»Okay. Nenn mir deinen Standort. Ich schicke Leute vorbei. Die sollen sich den Fundort ansehen und das Ding sicherstellen.«

Ein wenig verwundert, dass er nicht selbst ins Auto springt, um zu kommen, wendet sich Lea an Frau Angermann und bittet um die Anschrift. Die Hausherrin gibt so laut Auskunft, dass der Kriminaloberkommissar die ausführliche Beschreibung selbst hören kann. Auf Leas Nachfrage bestätigt Lennart, dass er alles mitbekommen hat. »Hast du selbst schon Schluss gemacht für heute?«, fragt Lea weiter.

»Bin längst zu Hause«, presst er hervor. »Hab mich auf Eis gepackt, um die verdammten Schmerzen in den Griff zu bekommen.«

»Kann ich dir irgendwie helfen?«, bietet Lea sofort an. »Brauchst du was?«

»Nein, ich komme klar. Das heißt …« Erneutes Ächzen.

»Ja?«

»Wenn du im Moment wirklich nichts Besseres zu tun hast, als mir zu helfen – ich bräuchte was gegen die Schmerzen. Hab seit Jahren keine Schmerzmittel mehr genommen und nicht eine Tablette im Haus. Mann! Ich war mir so sicher, die verdammte Rückengeschichte ein für alle Mal los zu sein. Könntest du mir was aus der Apotheke besorgen?« Er klingt in höchstem Maße frustriert.

Lea kann gar nicht anders. Sie muss ihm helfen. »Ja, klar. Sag mir, was du immer nimmst, und ich bring's dir vorbei.«

Er nennt das Mittel, das ihm in der Vergangenheit bei derlei Attacken halbwegs geholfen hat, stellt noch einmal verärgert fest, dass er geglaubt hat, nie wieder mit dieser Rückengeschichte zu tun zu haben, um Lea schließlich zu bitten, den Fundort des Bootes im Blick zu behalten, bis die Kollegen vor Ort sind.

»Soll ich im Präsidium anrufen oder machst du das?«

»Es ist besser, wenn ich das übernehme. Telefonieren geht auch gerade noch. Hab's ja nicht an den Ohren. Danke. Bis nachher.«

Lea blickt aufs Display. Das ist schon beinahe ein Abschiedsgruß gewesen. Mittlerweile steht Herr Angermann wieder bei seiner Frau und erzählt ihr, was er aus den Medien über die Tote in der Aster weiß, und beschreibt ihr den Aufruf an die Öffentlichkeit, nach dem roten Kajak Ausschau zu halten. Da sie am vergangenen Wochenende allein unterwegs war, scheint sie weder vom Fund der Leiche noch von dem dadurch ausgelösten Medienrummel etwas mitbekommen zu haben.

»Die Polizei dürfte in wenigen Minuten hier sein«, informiert Lea die beiden.

»Sagen Sie mal, Frau Mertens«, spricht der Hausherr sie an, »bin ich zu indiskret, wenn ich frage, was Sie mit dieser Sache zu tun haben? Wenn ich mich recht entsinne, haben Sie sich an der Tür nicht als Polizistin vorgestellt oder ausgewiesen.«

»Bin ich auch nicht. Ich habe die Tote gekannt«, erzählt sie den beiden und widerspricht dabei ihrer eigentlichen Überzeugung, dass die Kirchheimer noch lebt. Jedoch hält sie es für unangebracht, dem Ehepaar die näheren Umstände zu erklären. Denn das würde die Sache komplizierter machen, als sie ohnehin ist.

»O, das tut mir leid«, sagt Frau Angermann betroffen.

»Es war eine eher flüchtige Bekanntschaft.« Weil Lea, noch während sie dies sagt, die Doppeldeutigkeit des Attributs erkennt, fällt es ihr nicht leicht, ernst zu bleiben. »Und wie Sie bereits wissen, kenne ich auch den Kriminaloberkommissar, der mit dem Fall befasst ist.« Sie blickt über den Kanal zur Straße, von der aus sie das Boot entdeckt hat. »Schon ein seltsamer Zufall, dass ich da drüben vor mich hin radle und das Kajak auf der Böschung liegen sehe. Da musste ich Sie einfach stören. Ach, ich hab mich noch gar nicht für Ihre Geduld bedankt.«

»Hören Sie auf, so was ist doch selbstverständlich«, sagt Frau Angermann. »Man hilft, wo man kann.«

»Bisher schien noch nicht klar, ob es sich um einen Unfall handelt oder ob fremde Gewalt im Spiel war. Weiß man das inzwischen?«, fragt er.

Lea wiegt den Kopf. »Vielleicht können die Leute der Spurensicherung nach Untersuchung des Kajaks ein weiteres Mosaiksteinchen zur Aufklärung beisteuern.«

»Man tappt also noch immer im Dunkeln«, interpretiert Herr Angermann ihre Antwort nüchtern.

Lea könnte ihm jetzt ausführlich erzählen, dass die Polizei ihrer Ansicht nach den Fall für abgeschlossen hält, sie selbst jedoch noch reichlich Klärungsbedarf sieht. Sie weiß nicht, wie sie auf seine alles zusammenfassende Feststellung eingehen soll, und ist froh, dass die Handwerker in diesem Moment mit ihrem schweren Werkzeug die Treppe hochsteigen.

»Wie sieht es aus?«, fragt Herr Angermann. »Wird ein weiterer Tag reichen, um die Arbeiten abzuschließen?«

»Sie können Ihre Treppe und Ihren Bootssteg morgen Abend einweihen«, äußert sich der ältere der beiden zuversichtlich. »Sofern sich über Nacht nicht noch ein weiteres herrenloses Boot verkeilt.«

Ehe Lea die Zimmermänner bitten kann hierzubleiben, bis die Polizei eingetroffen ist, um Fragen zur Bergung des Kajaks zu beantworten, spricht Herr Angermann denselben Gedanken aus. Auf Leas Bemerkung, dass sie seine Weitsicht bewundere, lässt er nebenher fallen, dass er im Laufe seines Arbeitslebens viel mit Polizei und Kriminalität zu tun gehabt habe.

»Mein Mann war Richter«, ergänzt seine Frau nicht ohne Stolz. »Allerdings nicht hier in Hamburg. Wir sind erst vor Kurzem hergezogen. Wegen der Kinder und Enkelkinder.« Sie zeigt auf das neue Haus hinter sich. »Dies ist, wenn man so will, unser Altersruhesitz.«

Herr Angermann legt seiner Frau mit sanfter Geste die Hand auf den Unterarm. Er scheint ihre Auskunftsfreude ein wenig bremsen zu wollen.

In Anbetracht ihrer Überstunden, die sie bei einer Arbeitsschicht bis 18.30 Uhr sicher geleistet haben, sind die Handwerker froh, dass ihr Auftraggeber wenige Minuten später beim Eintreffen der Polizei interveniert, die beiden doch bitte als Erste zu befragen. Damit sie ihren verdienten Feierabend bekommen. Gerade weil ihn Lea bislang als souverän wahrgenommen hat, könnte sie nachvollziehen, dass er dabei auch an die Zeit für das polizeiliche Interview denkt, die er nicht unbedingt auf seiner Rechnung finden mag. Während die Zimmerleute gestenreich die Bergung des Kajaks schildern, wird Lea von einem weiteren Beamten befragt, den sie bereits im Zusammenhang mit dem Tod eines professionellen Baumkletterers vom Frühsommer kennengelernt hat. Sie gibt zu Protokoll, aus persönlichen Gründen am Brabandkanal entlanggefahren zu sein. Wegen des öffentlichen Aufrufs habe sie durchaus bewusst nach dem Boot Ausschau gehalten. Nachdem sie tatsächlich fündig wurde, habe sie bei den Angermanns an der Tür geklingelt und sie auf das auf ihrem Grundstück liegende Kajak angesprochen. Lea bedankt sich fürs schnelle Kommen, wünscht den Angermanns einen guten Abend und viele schöne Stunden auf ihrem Bootssteg. Dann verlässt sie den Schauplatz, damit sie sich um Lennart kümmern kann. Die von ihm gewünschten Schmerzmittel bekommt sie inzwischen ohnehin nur noch in einer Apotheke mit Notdienst.

# 9. KAPITEL

Lennart öffnet die Wohnungstür im Bademantel.

»Meinst du, die 20er-Packung wird dir reichen?« Lea hält ihm die Tabletten als eine Art Gastgeschenk entgegen.

»Ich geh mal davon aus«, presst er hervor.

Er stützt sich mit einer Hand auf dem Schuhschrank im Eingangsbereich ab und hat sichtlich Mühe, sich auf den Beinen zu halten. Die tiefen Augenränder sprechen Bände.

Lea fragt sich, wie er es bis in den Flur geschafft hat, um den Türöffner für sie zu drücken. »Warst du beim Arzt?«

Er schüttelt den Kopf. »Vor fünf Jahren habe ich es ohne jede ärztliche Beteiligung geschafft, schmerzfrei zu werden, und ich bin es bis zur vergangenen Nacht auch geblieben. So sehr sich jeder Einzelne sicher aufrichtig müht, ist mir der Glaube an die Schulmedizin schon vor langer Zeit abhandengekommen.« Er winkt sie mit der freien Hand heran, damit sie ihn stützen möge und ihm helfe, zurück aufs Bett zu kommen.

So wie sie ihn kennt, ist Lea sicher, dass er während der kurzen Strecke deutlich mehr ächzen und stöhnen würde, wenn er sich unbeobachtet fühlt. Sie hilft ihm den Bademantel abzustreifen, sich auf die Bettkante abzusenken und unterstützt ihn auch dabei, die Füße auf die Matratze zu hieven. Nachdem er sich mit schmerzverzerrtem Gesicht in eine Liegeposition gebracht hat, die halbwegs erträglich zu sein scheint, bläst Lea die Backen auf und legt ihre Stirn in Falten. »Sieht ja wirklich nicht gut aus.«

»Danke«, sagt er sarkastisch. »Das baut auf.« Er lässt sehr lange Luft aus der Lunge entweichen, als hätte er auf dem Weg von der Tür bis zum Bett nur eingeatmet. »Wo hast du die Placebos?«

»Moment. Ich hol dir Wasser.« Dass er die mitgebrachten Schmerzmittel Placebos nennt, kann Lea gut nachvollziehen. Allerdings hat sie die Erfahrung, dass Pharmaka die Symptome überlagern, selbst gemacht. Solange es einem nicht gelingt, zu den Wurzeln des Übels vorzudringen, bleibt alles andere ein hilfloses Herumdoktern. Die Sichtweise, körperliche Schmerzen und Krankheiten im Allgemeinen könnten dicht ans innere Gleichgewicht gekoppelt sein, ist ihr vor einigen Jahren eher zufällig begegnet. Zunächst hat sie neugierig tastend ausprobiert, ob sie etwas damit anfangen kann. Doch schon bald hat sie am eigenen Leib erlebt, dass sie umso beschwerdefreier ist, je ausgeglichener sie sich fühlt. Mithilfe dieser zunächst neuen und spannenden Betrachtungsweise, bei deren Umsetzung es eines gewissen Maßes an Selbstdisziplin bedarf, hat sie sowohl die Schmerzen, die sie seit ihrer Jugend in den Knien hatte, als auch ihre wiederkehrenden Migräneattacken und Allergien sowie ihre bisweilen kaum erträglichen Periodenschmerzen in den Griff bekommen. Sozusagen als Bonus hat sich auch noch dieses oder jenes nicht so schlimme Alltagszipperlein in Wohlgefallen aufgelöst. So wie Lennart es soeben für sich in Anspruch genommen hat, sucht auch Lea schon seit Jahren keine Ärzte mehr auf und fühlt sich damit gesünder denn je. Wenn es doch einmal hier oder dort bei ihr zwickt oder sie aus heiterem Himmel von Heiserkeit befallen wird, muss sie sich allerdings Zeit nehmen, um zu ergründen, womit sie gerade ein Problem hat. Meist liegt die Ursache im Unterbewusstsein verborgen. Dann heißt es, die notwendige Ruhe zu finden, um nach den Auslösern der Malaise zu fahnden. Sobald sie erkannt hat, woran sich ihr Unterbewusstsein gerade abgearbeitet hat, verschwinden die Symptome ebenso schnell, wie sie aufgetaucht sind.

Bei aller Empathie für Lennart, der unter seinen Schmerzen zu leiden hat, ist Lea positiv überrascht, dass er soeben eine Sichtweise formuliert hat, die sich weitgehend mit ihrer deckt. So gut sie ihn inzwischen zu kennen glaubt, hätte ihr das eigentlich längst auffallen müssen. Zumal sie in ihrem Umfeld keinen einzigen Menschen kennt, der diesen Ansatz teilt. Die meisten können nicht einmal nachvollziehen, was Lea meint, wenn sie versucht, es zu beschreiben.

»Wie viele willst du nehmen?« Sie tritt mit einem Glas Wasser zu ihm ans Bett und drückt eine Tablette aus dem Blister in die hohle Hand.

»Alle«, antwortet er selbstironisch und einen Hauch entspannter als zuvor. Im Liegen scheinen die Schmerzen erträglicher zu sein.

»Viel hilft viel?«, fragt Lea. »Wieso gehst du überhaupt davon aus, die Dinger könnten etwas bewirken, wenn du sie selbst für Placebos hältst?«

»Hab ich gelesen. Der Körper und vor allem das Nervensystem verlernen alte Muster nur sehr mühevoll und extrem langsam. Wie man unter anderem an meinem Zustand ablesen kann. Immerhin liegt es fünf Jahre zurück, dass ich mir die verdammten Rückenschmerzen abgewöhnt habe.« Er klingt frustriert. Vielleicht auch eine Spur ratlos. »Gib mir zwei, bitte.«

Lea legt ihm die Tabletten auf die Hand. Mühevoll stützt er sich auf einen Ellbogen, wirft sie sich in den Mund und spült sie mit Wasser hinunter. So langsam wie möglich, lässt er sich wieder aufs Kopfkissen sinken. »Seitdem es mir heute kurz vor dem Aufstehen diesen Dolch zwischen die Wirbel gerammt hat, bin ich auf der Suche nach den Hintergründen. Fast jeder, der mich angesprochen hat, wollte wissen, woran ich mich verhoben habe.« Mit einem Kopfschütteln macht er klar, für wie absurd er diese Frage hält. Er glaubt in Lea eine der wenigen Personen gefunden zu haben, die seinen Standpunkt nachvollziehen können.

»Leider ist diese Sichtweise immer noch die übliche«, sagt sie.

Erwartungsvoll sieht er sie an, ob sie diesen Gedanken weiter ausführen möchte.

»Womit hast du dich verhoben? Vollkommen falsche Frage. Jedenfalls nach dem Buch, das mir geholfen hat, alle meine Schmerzen und Zipperlein loszuwerden. Darin wird ganz banal festgestellt, dass man orthopädisch betrachtet, alles, was man heben kann, auch tragen kann.«

»Dann haben wir das gleiche Buch gelesen.« Lea nimmt vorsichtig auf der Bettkante Platz. »Für mich war das allerdings nur der Einstieg. Inzwischen bin ich davon überzeugt, dass man das nicht nur in Bezug auf Orthopädie so betrachten kann, sondern auch auf andere Krankheitsbilder übertragen kann.«

Er winkt ab. »Spinnkram, esoterischer Hokuspokus.«

»Was?« Lea schaut ihn zweifelnd an. Gerade eben hat sie noch geglaubt, in ihm jemanden gefunden zu haben, mit dem sie darüber reden könnte, wie man die allermeisten seiner Leiden selbst in den Griff bekommt. Und dann kommt er mit derselben Replik daher, die sie sich schon so oft hat anhören müssen, dass sie es inzwischen aufgegeben hat, überhaupt noch jemandem davon zu erzählen. Nicht einmal mit Phil hat sie sich bisher dahingehend ausgetauscht. Gut, es gab keinen konkreten Anlass. Weder sie noch er haben im Laufe ihres Zusammenseins irgendwelche Wehwehchen gehabt. Abgesehen von ihrer Heiserkeit an jenem zweiten Abend, als sie sich im Sommer in diesem Kiez-Club trafen. Aber damals war er ihr noch längst nicht so vertraut, dass sie sich bei diesem Thema überhaupt hätte öffnen wollen. Der Letzte, mit dem sie einen Versuch gestartet hat darüber zu reden, war Yannick, ihr vorheriger Freund. Auch er hat den großen Diplomskeptiker gemimt und auf die Errungenschaften der Schulmedizin verwiesen. Dabei ist es so wunderbar erleichternd, wenn man die Kontrolle über sein eigenes Wohlbefinden selbst in die Hand nehmen und steuern kann. Nur will es einem niemand glauben, dass man durch Aneignung einer anderen Denkweise seine Rücken- oder sonstige Schmerzen beeinflussen kann. Kaum hat sie bei Lennart die Hoffnung, er könnte einer dieser wenigen Menschen sein, kommt auch er mit demselben zerstörerischen Vorurteil daher. Frustriert hebt sie die Schultern. »Das bekomme ich ständig zu hören.«

»Ich auch.«

»Was denn nun?«

»Wenn ich erzähle, dass meine chronischen Rückenschmerzen, die mich zuvor eineinhalb Jahrzehnte durchs Leben begleitet und traktiert haben, im Kopf abgeschafft habe, wird mir ständig entgegnet, dass dies nur Spinnkram und esoterischer Hokuspokus sein kann.«

»Kannst du dich bitte mal eindeutig äußern? Glaubst du nun, etwas steuern zu können, oder nicht?«

»Ja. Klar. Nein. Glauben ist Quatsch. Ich bin der festen Überzeugung. Ich weiß es. Ich habe es am eigenen Leib erfahren und fahre seit Jahren gut damit.« Er schüttelt den Kopf. »Deshalb kapiere ich auch nicht, was gerade abgeht. Bis gestern Abend war ich der fitteste Mensch auf Erden und dann knallt es mir wider alle Logik dermaßen ins Kreuz, wie ich es selbst in meiner chronischen Höchstphase nur selten erlebt habe.«

»Stress?«, fragt Lea.

»Wenn man die Dinge, die man macht, gern macht, gibt es keinen Stress. Das funktioniert selbst dann, wenn man gewisse unliebsame Dinge eben so oder so erledigen muss. Stress ist immer selbst gemacht.«

Auch diese Aussage kann Lea ohne zu zögern unterschreiben. Wenn sie Spaß an der Arbeit hat, kann sie tage-, ja, wochenlang malochen und sie hat trotzdem noch Kraft, abends oder am Wochenende auszugehen. Und wenn gewisse Anteile der Arbeit nicht eben großartig sind, muss sie nur das große Ganze betrachten und sich kurz darauf aufmerksam machen, wie gut es ihr in diesem Augenblick geht. »Trotzdem – irgendetwas kratzt dich doch«, sagt sie. »Sonst würdest du hier nicht rumliegen.«

»Ich komm nicht drauf, was es ist«, erwidert er leise. »Ich fahnde schon den ganzen Tag nach den Ursachen und finde nicht den Hauch einer Spur, was dahinterstecken könnte. Ich hab das Büro schon nach unserem ersten Telefonat verlassen, um in Ruhe nach dem Auslöser der Attacke suchen zu können.« Er hebt den Blick, sieht sie an, als könnte sie ihn dabei unterstützen. »Ich finde nichts, was mir in meiner augenblicklichen Situation Probleme bereiten könnte.«

»Ist es die Alsterleiche? Immerhin scheint es ein Fall zu sein, der sich nicht ohne Weiteres abschließen lässt.«

»Solche Fälle gehören zu meinem Alltag, Lea. Das belastet mich schon lange nicht mehr. Jedenfalls nicht im Zusammenhang mit körperlichen Leiden.«

»Probleme mit dem Chef? Wurde dir eine Beförderung verweigert? Benimmt sich ein Kollege oder eine Kollegin scheiße?«, versucht Lea ihm mit einer Art Brainstorming zu helfen. »Hat dich deine Mutter angerufen, weil du dich zu lange nicht bei ihr gemeldet hast?«

»Woher weißt du?«, fragt er lächelnd, ohne Näheres über sein Verhältnis zu seiner Mutter mitzuteilen. Allerdings wird in der einschlägigen Literatur gerade das Verhältnis zu den Eltern, insbesondere zu den Müttern, wiederkehrend als Hintergrund für Auflehnungen und Terrorattacken des Unterbewussten genannt. »Nein, nein und noch mal nein. Keine besonderen Vorkommnisse, an denen es sich festmachen ließe.«

Eine Zeit lang folgen sie schweigend ihren Gedanken.

»Ich war in Büsum«, beginnt Lea schließlich aus einem Impuls heraus von ihrer Recherche zu erzählen.

»Das ist jetzt nicht dein Ernst?«, fragt er, obwohl ihm natürlich klar ist, dass seine Frage allenfalls rhetorischer Natur ist.

»Die Sache hat mich nicht losgelassen. Inzwischen ist die Kirchheimer auch dort verschwunden. Von einem Tag auf den anderen wie vom Erdboden verschluckt.«

»Das passt doch irgendwie zu ihrem Zustand. Was soll sie anderes tun als Tote?«, kommentiert er ihre Worte ironisch.

»Lennart! Glaub mir doch endlich. Die Kirchheimer ist nicht tot. Sie ist untergetaucht. Ich war noch mal im ›Diabolo‹. So heißt der Laden, in dem Phil und ich sie gesehen haben. Einer ihrer Kollegen meinte, sie hätte sich in den letzten Wochen merkwürdig verhalten. Sie wäre ihm vorgekommen wie ausgewechselt. Während sie beispielsweise früher mit Touris aus BaWü unbefangen drauflos geschwäbelt hätte und man ihre süddeutsche Herkunft auch sonst deutlich heraushören konnte, hätte sie sich mit einem Mal angehört wie eine Hamburgerin.« Lea erzählt ihm auch von dem mysteriösen Unbekannten, der offenbar versucht hat, der Bedienung am Arbeitsplatz aufzulauern und den sie am Montag auf dem alten Büsumer Friedhof aufgescheucht hat. Sogar der Nachbarin ist der Typ aufgefallen, worauf sich Lea ihr aus dem Stegreif die Geschichte vom Stalker aus der Vergangenheit ausgedacht habe.

Lennart liegt schweigend auf dem Bett, hört kommentarlos zu. Für einen Moment ist Lea nicht sicher, ob er sich nur darauf konzentriert, den Schmerz zu kontrollieren, oder ob er zuhört. Wenigstens wirken seine Gesichtszüge mittlerweile entspannter. Dass sie ihm doch mehrfach für Sekundenbruchteile entgleisen, ist nicht irgendwelchen Schmerzspitzen zuzuschreiben. Seine Grimassen spiegeln vielmehr seine Missbilligung ihres eigenmächtigen Handelns wider. Sie dagegen würde ein wenig Anerkennung für durchaus angemessen halten. Ein wenig trotzig verschweigt sie ihm die Information, heute auch in der Wohnung der Kirchheimer gewesen zu sein. Rüdigers seltsames Verhalten behält sie ebenfalls für sich.

Er schüttelt den Kopf. Schließt die Augen. Sagt lange nichts.

»Was denn?«, fragt Lea leise.

Die Augen noch immer geschlossen, huscht ein Lächeln über sein Gesicht. Ein weiteres Kopfschütteln, dann hebt er die Lider und sieht sie an. »Was soll ich sagen? Du bist einfach so was von unglaublich.«

»Danke.« Sie geht zwar davon aus, dass es tadelnd gemeint ist, zieht es aber vor, seine Worte als Kompliment zu interpretieren.

Er nimmt ihre Hand, hält weiter Blickkontakt, lächelt. »Ich meine das absolut ernst. Du bist die unglaublichste Frau, die mir seit Langem, Quatsch, was rede ich, die mir jemals begegnet ist. Ich mag dich.«

Das kommt überraschend. Mit dieser Fügung hat Lea nicht gerechnet. Sie schlägt die Lider nieder. Zum ersten Mal seit ewigen Zeiten ist sie es, die bei einem Blick-Contest den Kürzeren zieht. Sie fühlt sich überrumpelt. Seine Hand betrachtend, die noch immer auf der ihren liegt, merkt sie, wie sehr ihn seine Worte verwirren. Selbst wenn sie es längst geahnt hat, dass er mehr als Sympathie für sie empfindet, hat sie nicht mit so einem Geständnis gerechnet. Zumindest nicht heute. Sie lässt ihre Hand unter seiner liegen, erwidert sein Lächeln, hebt schließlich bedauernd die Schultern. »Du hast doch am Sonnabend mitbekommen, dass ich mit Phil …«

»Ja, natürlich«, fällt er ihr ins Wort und klingt einen Hauch ungehalten. Und traurig. »Sorry, tut mir leid. Brauchst auch keine Angst zu haben, dass ich da irgendwie dazwischengrätschen will und lästig falle. Ist nicht mein Ding.« Er verzieht das Gesicht, als wäre er mit sich und der Welt nicht zufrieden. »Weiß nicht, warum ich dich damit konfrontiere, wo ich doch weiß, dass du mit …« Er spricht Phils Namen nicht aus, als handele es sich um seinen persönlichen Lord Voldemort. »Sorry.«

»Vielleicht weil es einfach rausmusste?«

Die daraufhin einsetzende Stille ist beiden gleichermaßen unangenehm und wird erst gebrochen, als Leas Magen mit lautem Grummeln ihr bis zu diesem Zeitpunkt erfolgreich verdrängtes Hungergefühl bekannt gibt. Befreiendes Lachen löst beider Anspannung. Lea nimmt die Töne aus ihrem Innersten auf, um die Schwere des Moments abzufedern. »Ich glaube, ich muss dringend etwas dagegen unternehmen.«

»Falls es dir nach meinem Geständnis«, mit matt erhobener Hand malt er Anführungsstriche in die Luft, »nicht unangenehm ist zu bleiben, ich habe von gestern noch Pasta übrig, die ich schnell warmmachen kann.«

Lea braucht nur einen Moment, um zu entscheiden, dass sie sich der Situation stellen mag. Nur weil er gesagt hat, dass er sie mag, kann sie doch nicht Hals über Kopf aus seiner Wohnung fliehen, als wäre er über sie hergefallen. Oder ihm gar die Freundschaft kündigen und fortan nie wieder mit ihm reden. »Du bleibst liegen«, ordnet sie an. »Wo ist diese alte Pasta, die ich aufwärmen soll?«

Er macht Anstalten aufzustehen.

»Liegen bleiben, hab ich gesagt.«

»Ist ja schon gut. Hab mich wohl geirrt.«

»Doch keine Pasta?«

»Von wegen dich mögen und so. Im Grunde bist du mir viel zu selbstbewusst und dominant.«

Durchaus erleichtert nimmt Lea zur Kenntnis, dass er bereits wieder fähig ist, die Situation ironisch zu kommentieren. Sie lässt sich erklären, wo alles zu finden ist, was sie zur Zubereitung des schnellen Abendessens braucht. Ehe sie den Herd anschmeißt, bringt sie ihm auf seine Bitte noch ein Handtuch aus dem Badezimmer sowie ein eingefrorenes Geschirrtuch aus dem Eisfach. Das Tuch ist in kaltes Wasser getaucht, dreimal gefaltet und in einer Plastiktüte eingefroren.

Lea hat nicht den Hauch einer Idee, was er mit diesem bretttharten Ding will. »Was hast du damit vor?«

»Mir Linderung verschaffen«, antwortet er knapp, zieht es aus der Tüte, hebt unter sichtlichen Schmerzen den Hintern von der Matratze, entblößt mit etwas Scheu sein Gesäß, indem er die Boxershorts ein Stück nach unten schiebt und legt das gefrorene Tuch in Höhe der Lendenwirbel auf das darunter liegende Handtuch. Schließlich lässt er sich betont langsam auf die Eispackung sinken, um sich den Lendenwirbelbereich zu kühlen.

Lea fröstelt allein beim Zuschauen. »Und das soll helfen?«

Aufgrund des Kälteschocks zieht er Luft zwischen den Zähnen ein. »Als ich das mit dem Rücken chronisch hatte, war das mein letzter Rettungsanker. Wenn man so möchte, sind diese Eispackungen neben den Schmerztabletten mein Placebo Nummer zwei.«

Während er sich seiner seltsam anmutenden Eigenbehandlung unterzieht, geht Lea in die Küche, um sich ums Essen zu kümmern. Als sie eine Platte mit einem Dutzend mit Ricotta und frischen Kräutern gefüllter Teigtaschen aus dem Kühlschrank nimmt, fällt es ihr schwer zu glauben, dass Lennart sie selbst gemacht hat. Obwohl sie, wie er gesagt hat, vom Vortag sind, sehen sie so frisch, ebenmäßig und perfekt aus, dass sie genauso gut aus der Hand eines Profikochs stammen können. Schön, dass Lea davon profitieren darf, dass er sich ein Mehrfaches dessen zubereitet hat, was er alleine bewältigen kann. Sie braucht für die gemeinsame Mahlzeit lediglich Wasser für die Pasta aufzusetzen und eine schnelle Soße zuzubereiten, fertig. Über die großartig aussehenden Ravioli hinaus freut sich Lea auf die in Öl eingelegten Trüffel, die Lennart im Kühlschrank hat. Er hat gesagt, nein, er hat ihr aufgetragen, sie solle für die Soße die Trüffel aus dem kleinen Gläschen in der Eierablage verwenden. Obwohl sie ihm gestanden hat, diese kostbare Zutat noch nie selbst verarbeitet zu haben, hat er darauf bestanden, dass sie es hier und heute endlich einmal ausprobiere. Um ihr die Unsicherheit zu nehmen, hat er kurz beschrieben, wie simpel Trüffel zu verarbeiten sind. Noch immer ein wenig respektvoll öffnet Lea das Gläschen, auf dessen Etikett eine Mengenangabe von 12,5 Gramm gedruckt ist. Sie hält sich die Trüffel unter die Nase und kann das unwillkürlich entweichende »Boah« nicht unterdrücken.

»Alles in Ordnung?«, ruft Lennart aus dem Schlafzimmer.

»Ja, danke. Alles gut.« Lea wundert sich selbst, wie laut sie ihre Begeisterung kundgetan hat. Wiederholt hat sie in der Vergangenheit in Restaurants Pasta mit Trüffeln geordert. Kein einziges Mal ist sie dabei auf den Geschmack gekommen. Nach dieser einen Nase Trüffelaroma regt sich bei ihr der Verdacht, dass entweder keiner der verantwortlichen Köche sein Handwerk verstand oder die verarbeitete und den Gästen dargebotene Ware allenfalls mittelmäßig gewesen sein musste oder, dritte Möglichkeit: so sparsam verwendet wurde, dass Lea gar keine Chance hatte, das typische Aroma in seiner vollen Entfaltung zu erleben. Das Zeug, das Lennart hier in kleiner Dosierung im Kühlschrank hat, ist der Hammer. Ab sofort weiß Lea, worauf sie bei künftigen Restaurantbesuchen ihre Geschmacksknospen ansetzen muss, wenn sie sich ein Trüffelgericht bestellt. Mit dem Gläschen in der Hand geht sie ins Schlafzimmer, um zu fragen, wie viele der hauchzarten Scheiben sie in die Soße geben soll.

»Reine Geschmackssache. Ich würde für zwei Personen drei bis fünf verwenden.«

»Und das reicht?«

»Mehr kann ich mir nicht leisten. – Nein, Blödsinn. Probier es aus, Lea. Natürlich kannst du gerne mehr verwenden. Aber wenn man die Scheibchen schön fein unterm Wiegemesser …« Mit genüsslicher Miene lässt er den Satz ausklingen. »Mir selbst schmeckt es bei dieser Dosierung jedenfalls immer sehr gut.«

Mir routinierten Handgriffen, die auch in der fremden, von Lennart übersichtlich strukturierten Küche sitzen, bereitet Lea eine Soße aus dünn geschnittenen, in Butterschmalz glasig angebratenen Schalotten und Sahne zu. Während Lennarts Teigtaschen im siedenden Wasser garen, reduziert sie die Soße ein, schmeckt mit Salz und Pfeffer ab und gibt am Ende ehrfürchtig bescheiden vier fein gehackte Trüffelblättchen hinzu. Dass sie Lennart bei Verwendung von mehr Trüffeln ruinieren könnte, glaubt sie zwar nicht, sie möchte ihn aber auch nicht seiner kompletten Vorräte berauben. Sie gießt die Pasta ab, stürzt sie zum Servieren in die Pfanne mit der Soße und streut – das Auge isst mit – ein paar gerupfte Blättchen Basilikum darüber. Ob sie zur Krönung Parmesan verwenden mag, weiß sie noch nicht. Zuallererst muss sie so pur wie möglich den Geschmack der Trüffel kosten. Für den Fall, dass Lennart geriebenen Käse wünscht, legt sie das faustgroße Stück, das sie im Kühlschrank gefunden hat, nebst Reibe aufs Tablett.

»Wo möchtest du essen?«, ruft sie ihm aus der Küche zu und stellt sich darauf ein, ihren Teller auf einem Stuhl neben dem Bett sitzend auf dem Schoß balancieren zu müssen.

»Zivilisiert am Tisch.« Im Bademantel geht Lennart mit vorsichtig tastenden Schritten an seinen Essplatz in der Küche. Dass er sich noch immer mit faultierartiger Langsamkeit bewegt, ist unübersehbar. Bislang scheinen ihm weder Eispackung noch Tabletten Schmerzfreiheit beschert zu haben. Im Vergleich zum Empfang an der Wohnungstür kommt er jedoch bereits wieder aufrechter daher. Ehe er sich setzt, tränkt er das unter seinem Rücken aufgetaute Geschirrtuch für eine spätere Eiskur noch einmal mit Wasser, lässt es in die Plastiktüte gleiten und legt es ins Eisfach. »Magst du einen Schluck Chianti zum Essen?« Er deutet auf einen Getränkekorb unter der Anrichte und nimmt betont langsam Platz.

Lea entkorkt die Flasche, serviert Wein und Pasta und gibt beim Essen, während sie am Gaumen und auf der Zunge genießerisch nach den Aromen fahndet, eine Reihe wohliger Töne von sich. Lennart isst auffällig langsam. Beinahe macht es den Anschein, er würde bereits davon satt, Lea beim Essen zusehen zu dürfen.

»Wie viel Euro hab ich da jetzt reingehauen?« Lea hat in einschlägigen Geschäften die Preise für Trüffel schon häufig respektvoll zur Kenntnis genommen und sie letztlich immer für zu teuer empfunden, um sich welche zu leisten.

Er blickt auf den Teller, als könnte er auf diese Weise den Wert der verwendeten Menge exakt bestimmen. »Da werde ich wohl wieder ein paar Überstunden machen müssen«, antwortet er mit sorgenvoller Miene. »Nein, im Ernst, so ein Essen ist wirklich nicht teuer. Zwei Euro? Höchstens zwei fünfzig.«

»Nur?« Lea kann es kaum fassen, dass dieses vorzügliche Gericht so günstig gewesen sein soll.

»Wenn man im Laden vor dem Regal steht, kostet so ein Gläschen natürlich eine ordentliche Stange Geld«, erläutert Lennart. »Ich weiß nicht mehr genau, was ich dafür ausgegeben habe. So um die 15 Euro vielleicht? Wenn man jedoch ein halbes Dutzend Mahlzeiten damit verfeinern kann, relativiert sich das schnell. Selbst das Öl, in dem die Scheiben eingelegt sind, kann man am Ende noch verwenden. Damit komme ich auf sieben oder acht Gerichte.« Beinahe verträumt schüttelt er den Kopf. »Und bei jeder einzelnen dieser Mahlzeiten bekommst du diesen wunderbaren aromatischen Wumms in die Soße. So betrachtet lohnt sich die Investition allemal und ist überhaupt nicht teuer. Wenn du mich fragst, sind gute Trüffel schlicht und ergreifend preiswert.«

Lea nickt versonnen. So einfach, so schnell, so gut. Das darf schon mal zwei Euro kosten. Oder sogar zwei fünfzig. »Bekomme ich das Rezept für die Teigtaschen?«, fragt sie am Ende.

»Bekomme ich das Rezept für die Soße?«, kontert Lennart.

»Ach, die war einfach. Als ob ein Koch, der mit Trüffel umgehen kann, so was nicht selbst hinbekäme. Und ohne die Trüffel …«

»Hör schon auf, du weißt, dass diese Soße vorzüglich geworden ist. In einer fremden Küche mal eben in wenigen Minuten so einen feinen Geschmack zu komponieren, muss man erst mal hinbekommen.«

»Danke. Gilt aber auch für deinen Part. Selbst wenn du diese Köstlichkeiten in gewohnter Umgebung und vermutlich mit der notwendigen Muße produziert hast.«

In stillschweigendem Einvernehmen greifen sie gleichzeitig zu ihren Gläsern, um auf das gelungene Essen anzustoßen. Erneut versinkt Lennart in ihren Augen. Diesmal gewinnt sie. Ein wenig verlegen räuspert er sich. Zur ausgleichenden Gerechtigkeit hält Lea das anschließende Schweigen nicht lange aus. »Meinst du, dass du damit leben kannst?«, ergreift sie als Erste wieder das Wort. Er sieht sie fragend an, scheint nicht zu verstehen, was sie meint. »Dass ich mit Phil zusammen bin? Und dass wir beide trotzdem weiter freundschaftlich …«

»Freundschaft zwischen Mann und Frau gibt es nicht.«

Lea lehnt sich ob der nachdrücklichen Vehemenz seiner Aussage überrascht zurück. »Sagt wer?«

»Ist aus irgendeinem Film. Ich glaube, das wird irgendwann mal in ›Harry und Sally‹ behauptet. Bin mir aber nicht sicher. Kann auch ein anderer Film gewesen sein.«

Lea kennt die Geschichte nicht. »Und? Kriegen sie sich am Ende?«

Lennart betrachtet sie schmunzelnd. »Verrate ich nicht.«

»Spielverderber.«

»Nein! Im Gegenteil. Ich finde den Film absolut sehenswert. Ein Klassiker. Ich würde zum Spielverderber, wenn ich dir vorab alles verrate. Außerdem kann ich nicht mehr länger hier sitzen.«

»Soll ich dir aufhelfen?«

»So weit kommt's noch.« Sich mit beiden Händen auf den Tisch stützend, bringt er sich in Zeitlupentempo in die Senkrechte. »Siehst du? Geht doch. Fit wie ein Turnschuh. Wenn du allerdings so lieb wärst und die Sachen …« Er braucht den Satz nicht zu Ende zu führen. Lea hat bereits begonnen, das Geschirr in die Spülmaschine zu räumen. »Danke«, sagt er und faultiert Richtung Bett.

Nachdem sie die Küche in ihren ursprünglichen Zustand versetzt hat, nimmt Lea die Weingläser und die Flasche mit in sein Schlafzimmer, um ihm noch ein wenig Gesellschaft zu leisten. Sie hat das Gefühl, jetzt nicht einfach gehen zu können. Schließlich ist er im doppelten Sinne verletzt. Zum einen kann er sich kaum regen, zum andern hat es sie sogar selbst ein wenig geschmerzt, als sie ihm in Bezug auf Phil klaren Wein eingeschenkt hat. Wie groß Lennarts stille Hoffnung gewesen sein muss, bei ihr landen zu können, ist ihr nicht verborgen geblieben. »Noch einen Absacker?«

»Her damit. Alkohol soll die Wirkung von Schmerzmitteln durchaus steigern«, erwidert er sarkastisch.

»Wenn du dich besaufen möchtest, bin ich die falsche Gesellschaft. Dann stell ich dir die Flasche hin und du musst sie alleine leeren.«

»Lea. War ein Witz. Ich finde es schön, wenn du einem Krüppel noch ein wenig Gesellschaft leistest.«

»Müsstest du dich als Polizeibeamter nicht ein klein mehr in politischer Korrektheit üben?«

»Okay. Hast recht. Vorübergehender Krüppel trifft es besser.« Plötzlich schaut er sie an, als wäre er zutiefst erschrocken. »Sag mal, bist du verwanzt? Bist du für die internen Ermittler hier?«

Lea ist erleichtert, dass er seinen Humor nicht verloren hat. Sie holt einen Stuhl aus der Küche, setzt sich ans Bett, zieht ihr Smartphone aus der Tasche, um ihm die Fotos des Kajaks zu zeigen. Ihre Theorie, dass das Klebeband unter Vorsatz abgezogen wurde, damit das Boot nach gewisser Zeit sinkt, scheint Lennart zumindest zu denken zu geben. Mit aufmerksamem Blick wischt er von Bild zu Bild übers Display. Ehe er weiter zurückgeht und die Aufnahmen aus Sonja Kirchheimers Wohnung sieht, nimmt Lea ihr Smartphone wieder an sich und tut so, als wolle sie sich die Spuren am Boot selbst noch einmal vergegenwärtigen.

»Gib mir doch noch mal einen ausführlichen Überblick, was du dazu denkst«, sagt er schließlich.

»Ernsthaft?«

»Ja, klar. Beim letzten Fall hab ich mir doch auch alles angehört, was dir eingefallen ist. Holst du mir aber vorher bitte noch einen Block? Oberste Schublade in meinem Schreibtisch.«

Lea ist nicht überrascht, als sie in dieser Schublade einen

ganzen Stapel der Notizblöcke vorfindet, von denen er nach ihrem Eindruck ständig welche bei sich zu haben scheint. Auch fällt ihr der im Schreibtisch eingebaute kleine Tresor auf, in dem sie seine Dienstwaffe vermutet. Zurück im Schlafzimmer schenkt sie ihre Gläser nach. Als sie ihm schließlich so sachlich wie möglich beschreibt, was sie bislang zusammengetragen hat, hört er zeitweise einfach nur zu, dann schreibt er ganze Passagen mit oder bittet Lea sogar, etwas zu wiederholen. Er unterbricht sie nur, wenn er mit seinen Notizen nicht hinterherkommt. Als sie ihren Bericht mit dem Fund des Kajaks am Brabandkanal abschließt, blättert er mehrmals in seinem Block hin und her. Man könnte meinen, er würde auf diese Weise seine Gedanken sortieren. Endlich klappt er den Block zu. »Zwillingsschwester. Eure Begegnung mit der Kellnerin in Büsum, die DNA der Toten, das defekte Boot, präpariert, um zu sinken. Die Beobachtungen des Barkeepers – es läuft tatsächlich alles auf deine Theorie mit einer Zwillingsschwester hinaus. Aber von einer Schwester müsste es doch Dokumente geben? Warum haben wir die nicht gefunden?«

»Du hast es also schon versucht?«

»Natürlich hab ich das versucht. Meinst du, ich würde solche Dinge nicht ernst nehmen?«

Sie schüttelt lächelnd den Kopf. »Sei mir nicht böse, aber ich hatte eher den Eindruck …«

»Lea, so was zu überprüfen, gehört zur polizeilichen Routine. Aber wir können nicht alles auf einmal erledigen, müssen auf Laborergebnisse warten, haben so gut wie immer zu wenig Leute.«

»Und die besten legen sich dann auch noch ins Bett und ruhen sich aus.«

Er ringt sich ein gequältes Lächeln ab.

»Sorry.«

Er winkt ab. Ihr sekundenlanges Schweigen wird vom Klingeln seines Telefons im Flur unterbrochen. »Wärst du so lieb? Ich hab es vorhin, als ich dir aufmachte, im Flur auf der Ablage vergessen.«

Lea beeilt sich, um das Anspringen seiner Mailbox zu vermeiden, und schafft es, ihm sein Smartphone zu reichen, ehe es verstummt. Beim Blick auf das Display verdreht Lennart die Augen. Er scheint keine Lust auf Dienstliches zu haben. Auch Lea hat gesehen, dass seine Kollegin Özil angezeigt wurde.

»Moin, was gibt's noch?«, fragt er nicht unfreundlich. Seine Knappheit könnte sich für die Frau am andern Ende durchaus abweisend anhören. »Ja, danke, allmählich wieder ganz gut.« Er verdreht die Augen.

Lea geht davon aus, dass sich seine Gesprächspartnerin nach seinem Befinden erkundigt hat und schüttelt ob seiner Lüge, dass es ihm gut gehe, milde lächelnd den Kopf.

»Habt ihr euch das Kajak angesehen? Gibt's schon erste Ergebnisse?« – »Nein? Worum geht es dann?« Trotz seines Zustands richtet er sich plötzlich auf. »Die haben was?« Er nimmt das Telefon vom Ohr, beeilt sich die Lautsprechertaste zu drücken, um Lea mithören zu lassen.

Sie rückt ein Stück näher.

»Die Nachricht kam gerade rein«, sagt Kriminalkommissarin Özil. »Im Lauf des Tages ist eine weitere verdeckte Ermittlerin aufgeflogen. Ich hab gedacht, es interessiert dich vielleicht, dass wir hier in Hamburg jetzt schon die zweite Spitzelgeschichte innerhalb kürzester Zeit an der Backe haben. Da kann man schon fast von Glück reden, dass eine davon abgesoffen ist.« Özil redet sich um Kopf und Kragen, so scheint es Lea. Aber die Anruferin weiß ja nicht, dass ihr Kollege nicht allein ist und er die Aktivistin einer Umweltgruppe mithören lässt. »Ich frage mich allmählich, ob es unter unseren Leuten keine kompetenteren Leute gibt, die ihre Rolle spielen können, ohne entlarvt zu werden? Im Moment sieht es so aus, als wäre die zweite Undercover-Frau ebenso wie die Kirchheimer mit anderen Aktivisten in die Kiste gestiegen. Die hat anscheinend auch jede Menge persönlicher Beziehungen mit denen aufgebaut. Wie blöd muss man sein? Vögelt sich durch die Gruppe, um dann aufzufliegen. Außerdem soll sie bei der einen oder anderen Aktion selbst zu Straftaten aufgerufen und die anderen aufgeputscht haben. Wenn man schon Leute einschleust, sollte man wenigstens vorher ihren IQ überprüfen und dafür sorgen, dass nicht gleich wieder alles an die Öffentlichkeit kommt. Jetzt heißt es garantiert wieder, den Bullen ist jedes Mittel recht.«

Lennart verdreht die Augen. Inzwischen ist ihm durchaus bewusst, dass er Özil hätte sagen müssen, dass jemand mithört. Er hebt entschuldigend die Hand, stellt den Lautsprecher wieder aus und setzt das Gespräch mit seiner Kollegin fort. Lea tut ihm zusätzlich den Gefallen, sich zurückzuziehen, damit er ungestört weiterreden kann.

Als der Anruf beendet ist, entschuldigt er sich für Özils loses Mundwerk und ihre Kommentare, die gewiss nicht für fremde Ohren bestimmt waren.

»Insidertalk«, sagt Lea locker. Er scheint erleichtert, dass sie die Geschichte nicht weiter vertiefen möchte. Auch wenn sie sich selbst nicht zum Kreis der paranoiden Aktivisten zählt, die ständig glauben, von der Staatsgewalt überwacht und von Spionen verfolgt zu werden, ist sie nicht so weltfremd davon auszugehen, dass derlei Bespitzelungen ohne richterlichen Beschluss nicht stattfinden würden. Zwei enttarnte Frauen innerhalb weniger Monate ist allerdings eine bemerkenswerte Quote. »Wie viele Spitzel sind in Hamburgs politischen Gruppen eigentlich unterwegs?«

»Wie viele gibt's denn?«, erwidert Lennart.

Lea stutzt. »Politische Gruppen? Soll das heißen, dass ihr in allen ...« Erst als er beginnt zu lachen, kapiert sie, dass er sie mit seiner skandalöse Zustände implizierenden Gegenfrage auf den Arm genommen hat. »O, Mann. Kannst du mich bitte mal ernst nehmen?«

»Das tue ich bereits deutlich mehr, als mir lieb ist«, sagt er leise.

Lea verzieht das Gesicht, hebt bedauernd die Augenbrauen und versucht, schleunigst das Thema zu wechseln. Sie deutet auf sein Telefon. »So viel zum Thema Political Correctness.«

»Ich fürchte, was Özil gerade von sich gegeben hat, war nicht für die Ohren Außenstehender gedacht.«

»Hast du ihr noch gesagt, dass ich zumindest den ersten Teil eures Gesprächs mitbekommen habe?«

Er schüttelt den Kopf. »Und das werde ich auch nicht tun. Sofern du es für dich behalten kannst.«

»Keine Sorge, ich werde nur meine Kontakte zur BILD-Zeitung aktivieren, damit die die Öffentlichkeit auf die skandalösen Interna bei der Hamburger Polizei hinweisen kann.«

»Meinst du tatsächlich, dass ausgerechnet ein Blatt von so hohem Niveau das richtige für eine so brisante Enthüllung wäre? Im Ernst Lea, ich könnte es schon nachvollziehen, wenn du dich deiner Gruppe verpflichtet fühlst, so was publik zu machen. Selbst wenn mir das Ärger einbringen würde.«

»Keine Sorge, ich hab keinen Drang, das so hoch aufzuhängen. Aber glaubst du denn, dass es zwischen dieser neuen Spitzel-Affäre und der Alsterleiche irgendwelche Zusammenhänge gibt?«

»Muss man immer gleich alles eine Affäre nennen?« Lennart klingt ein wenig ungehalten und glaubt offenbar, seinen Berufsstand gegen Lea verteidigen zu müssen. Im Übrigen hält er eine Verbindung zwischen der Alstertoten und der neuen Undercover-Geschichte für unwahrscheinlich. Auch wenn es sich nicht ausschließen lässt, müsse man ja nicht immer gleich alles miteinander in Verbindung setzen.

Lea dagegen lockert ihrer Fantasie die Zügel und entwickelt eine Theorie, nach der die Kirchheimer die andere Undercover-Frau gekannt und unter Druck gesetzt haben könnte. Worauf diese wiederum die Erpresserin genötigt haben könnte unterzutauchen. Die Kirchheimer hätte dafür den Mord an der Unbekannten begangen, um diese ins Boot zu setzen und der Alster zu übergeben. Aufgrund des Lecks hätte sie davon ausgehen können, dass das Kajak sinken und man die Leiche mit ein wenig Glück erst nach sehr langer Zeit finden würde. Da sie der Toten ihre Papiere mitgegeben hatte, würde man sie als Sonja Kirchheimer identifizieren, womit sie zumindest bis zum momentanen Stand der Dinge auch richtig liege. Damit hätte sie ihre Identität ausgelöscht, könnte untertauchen und mit neuen Papieren und neuer Vorgeschichte ein neues Leben starten. Durch ihre Undercover-Tätigkeit hätte sie doch sicher die entsprechenden Leute im Hintergrund, die ihr bei der Erschaffung einer neuen Existenz unter die Arme greifen. Da man aus nachvollziehbaren Gründen nur selten Genaues über diese verdeckt agierenden Menschen erfährt, lässt Lea ihrer Fantasie freien Lauf.

Nachdem er sich alles geduldig angehört und sich durchaus Mühe gegeben hat, ihrer Logik zu folgen, kann sich Lennart am Ende nicht beherrschen, seinem Amüsement freien Lauf zu lassen. »Entschuldige, bitte nicht böse sein. Aber was du dir da zurechtgezimmert hast, könnte man als ein klein wenig weit hergeholt bezeichnen.« Er schaut sie an und muss erkennen, dass sie überhaupt nicht nachvollziehen kann, dass er sich über ihre Theorie amüsiert. »Lea, das ist hübsch ausgedacht, aber doch ein wenig zu abenteuerlich.« Er bemüht sich eine ernstere Miene aufzusetzen, scheitert jäh und prustet nun erst richtig los.

Es dauert eine Weile, bis sie sich anstecken lässt. Dann fängt auch sie an zu grinsen und ergibt sich schließlich ebenfalls einer Lachattacke. »Vielleicht bin ich ja auch nur ein klein wenig betrunken«, sagt sie nachdenklich. Sie reckt sich nach der Flasche und stellt mit Bedauern fest, dass sie leer ist. Ein wenig rechthaberisch fügt sie hinzu: »Zumindest mache ich mir Gedanken, wie das alles zusammenpassen könnte.«

»Während wir im Präsidium die Füße auf den Tisch legen und Däumchen drehen.«

»Das hab ich nicht gesagt.« Die leere Flasche noch immer in der Hand haltend, bläst sie die Backen auf. »Ich glaube, ich bin müde. Wie geht's dir eigentlich inzwischen?«

»Besser. Vielleicht probier ich es einfach mal aus. Du entschuldigst mich einen Moment.« Er schlägt die Decke zurück. Im Vergleich zu vorher schwingt er sich nahezu locker aus dem Bett und schafft es sogar, sich halbwegs zügig in die Senkrechte zu bringen. »Na bitte, geht doch«, meint er mehr zu sich selbst als zu Lea. Er zieht den Bademantel über und verschwindet mit durchaus noch vorsichtigen Schritten ins Badezimmer.

Auch Lea erhebt sich vom Stuhl, um ihren Rücken durchzustrecken. Sie öffnet das Fenster und lässt ein wenig frische Luft ins Zimmer. Es regnet. Nein, es gießt in Strömen. Ihr Regencape liegt ebenso mitnahmebereit zu Hause wie ihre Trinkflasche. Aber selbst wenn sie es dabei hätte, ist der Gedanke, gleich durch diesen Dauerregen fahren zu müssen, wenig attraktiv. Natürlich kann sie ihr Fahrrad stehen lassen und ein Taxi nehmen.

»Zumindest hast du einen guten Einfluss auf meine Gesundheit«, sagt Lennart hinter ihr. »Ich fühl mich in der Tat schon deutlich besser. Noch ein Placebo und eine Eispackung und ich bin morgen wieder ganz der Alte.«

Sie dreht sich um, sieht ihn zweifelnd an.

»Dann eben fast ganz der Alte.« Auch er nimmt nun den Platzregen vor dem Fenster wahr. »Also – ganz ohne Hintergedanken. Wenn du magst, kannst du hier übernachten.«

Mit diesem Angebot hat Lea nicht gerechnet. Auch wäre sie von sich aus nie darauf gekommen, ihn darum zu bitten. Etwas unentschlossen wendet sie den Blick noch einmal nach draußen. Nein, das würde wahrlich keinen Spaß machen. Ob sich die Couch im Wohnzimmer zu einem Gästebett umbauen lässt? Ein verlockender Gedanke, nicht mehr rauszumüssen. Sie fühlt sich müde und schwer. Leicht angetrunken. Am liebsten würde sie sich sofort in die Horizontale begeben. »Bist du sicher?«

»Sonst hätte ich es nicht gesagt. Du hast hoffentlich keine Angst, ich könnte über dich herfallen?«, fragt er scherzhaft. »Lea, bitte, ich in meinem Zustand. Selbst wenn ich wollte …«

»Na ja, immerhin schon wieder halb der Alte? – Sei still. Sonst geh ich sofort. Hast du noch Wein?«

»Echt jetzt?«

»Echt jetzt, ob ich bleibe, oder echt jetzt, ob du noch Wein hast?«

»Beides? Ja, meinetwegen. Leeren wir eben noch eine Flasche. Hab mir für morgen sowieso freigenommen.«

# 10. KAPITEL

Der Wein ist im weiteren Verlauf des Abends viel zu gut, um die Flasche angebrochen stehen zu lassen. Bis weit nach Mitternacht liegen Lea und Lennart nebeneinander auf dem Bett, führen philosophische Gespräche über die innere Mitte und ihrer beider Versuche sowohl den privaten als auch den beruflichen Alltag mit einem Leben im Hier und Jetzt in Einklang zu bringen. Sie sind sich einig, dass es nicht immer leicht ist, gleichzeitig jedoch die einzig sinnvolle Vision, nach der es zu streben gelte. Mehrfach stellt Lea fest, dass sie von dieser oder jener Gemeinsamkeit mit Lennart zuvor nichts geahnt hat. Ebenso häufig bemerkt Lennart, dass er mit noch keinem anderen Menschen bei seinen Betrachtungen so große Übereinstimmungen fand wie mit ihr. Erst als sich auch der zweiten Flasche kein Tropfen mehr abringen lässt, löschen sie das Licht. Im Moment vor dem Einschlafen fragt sich Lea, was Phil sagen würde, wenn er wüsste, dass sie bei »ihrem« Kommissar übernachtet. Ehe sie sich entscheiden kann, ob ihr seine diesbezügliche Meinung egal ist oder nicht, fällt sie in einen traumlosen Schlaf, den sie nur einmal unterbrechen muss, um den vielen Wein loszuwerden. Weil sie in der fremden Umgebung gegen den Türpfosten läuft, wird auch Lennart wach und steht ebenfalls auf, kaum dass sie sich wieder in ihre Decke gekuschelt hat. Im Halbschlaf nimmt sie wahr, dass er das Zimmer verlässt, ohne zu ächzen und zu stöhnen, und in der Tat schon wieder einen recht gesunden Eindruck macht. Seine Rückkehr aus dem Badezimmer bekommt sie schon gar nicht mehr mit.

Gegen neun wird sie von ihrem Telefon geweckt, ist aber nicht schnell genug, das Gespräch anzunehmen. Die Mailbox ist schon angesprungen. Eine unbekannte Nummer. Lennarts Seite des Betts ist verwaist. Ihr Telefon noch immer in der Hand, verspürt sie im halbwachen Zustand keinen Drang, mit fremden Leuten zu kommunizieren. Jedenfalls nicht vor dem Frühstück. Sie schwingt sich auf die Bettkante, nimmt ein leicht bewölktes Gefühl im Hinterkopf wahr, das sie an den vielen Wein des gestrigen Abends erinnert. Nein, ein Kater ist es nicht. Allerhöchstens ein klitzekleiner. Behutsam klopft sie an die Badezimmertür, um Lennart in seiner eigenen Wohnung nicht bei der Morgentoilette zu überraschen.

»Bin in der Küche!«, ruft er in den Flur. »Guten Morgen!«

»Morgen«, grummelt sie und wundert sich durchaus, wie er sich nach der letzten Nacht und mit einem kaputten Rücken so wach und gut gelaunt anhören kann. Als sie zu ihm in die Küche tritt, sitzt er Zeitung lesend am gedeckten Frühstückstisch. Außer einer Tasse Kaffee scheint er jedoch noch nichts angerührt zu haben. Er hat auf sie gewartet. Wie schön.

»Die Brötchen sind nur aufgebacken. Du hast die Wahl zwischen einem Fünf- und einem Sieben-Minuten-Ei. Mir ist es egal. Ich mag das eine wie das andere. Espresso? Oder magst du zum Frühstück lieber eine andere Kaffee-Variante?«

Lea muss sich erst einmal setzen. »Ähm.«

»Kein Stress. Ich hab meine Zeitung.« Er ist taz-Leser.

Obwohl der Lokalteil der taz zu wünschen übrig lässt, wäre das auch für Lea die einzige Tageszeitung, die sie in Hamburg abonnieren würde. Bisher hat sie ein Abo für sich allein als zu teuer empfunden und sich den Großteil der Tages-Informationen meist aus dem Netz geholt. Wenn der ›Was cookst du?‹-Auftrag erst einmal in die Gänge kommt, wird sie sich vermutlich auch die taz leisten. Sofern das Blatt in ihrem Viertel an einen morgendlichen Zustelldienst angeschlossen ist. Eine Tageszeitung mit der Post zu beziehen, macht keinen Sinn. Dann hat man sie mal um halb zehn, dann wieder um halb zwei im Briefkasten. Wenn schon ein Zeitungs-Abo, dann bitte zum Frühstück. »Espresso«, beantwortet sie schließlich Lennarts Frage, während er sie, bereits an seiner Kaffeestation stehend, auffordernd anschaut. Sie deutet auf die taz. »Krieg ich davon auch ein Stück?«

»Wenn du den vorderen Teil nimmst. Da bin ich schon durch. Steht übrigens schon was über die Undercover-Geschichte drin.«

Lea nimmt die Zeitung auf, überfliegt den Artikel, in dem zwar inhaltlich eine Brücke zu Sonja Kirchheimer geschlagen wird, aber die Möglichkeit, dass es sich bei der Alstertoten um eine Undercover-Polizistin handeln könnte, nicht einmal erwähnt wird. Erst als Lennart ihr den Espresso hinstellt, bemerkt Lea, dass er sich offenbar schmerzfrei bewegt. Wie es aussieht, scheint er die Rückenattacke bereits im Griff zu haben. »He«, stößt sie erfreut hervor, »du bist ja doch schon wieder ganz der Alte.«

»Das zu behaupten, wäre so kühn wie übertrieben. Andererseits bin ich weit davon entfernt zu sagen, es ginge mir schlecht.« Er schiebt ihr ein Glas Orangensaft hin. »Frisch gepresst.«

»Womit hab ich das verdient?«

»Durch deine Existenz.«

Sie schüttelt den Kopf. Was soll sie nur mit ihm machen? Wäre Phil nicht dazwischengekommen – noch ein Kopfschütteln.

»Was denn?«

»Ach, nichts. Du hast dich also im Schlaf kuriert?«

»Ich glaube eher, dass es neben der Anwendung der beiden Placebos unser gestriger Austausch war. Mir hat es ungeheuer gutgetan, endlich mit jemandem über das Thema reden zu können. So seltsam es auch sein mag, bis zu deiner Ankunft war mir gestern meine ganze Überzeugung, oder besser: mein ganzes Wissen, ein klein wenig abhandengekommen. Unser Gespräch hat es wieder wachgerüttelt. Danke.«

»Da nich für«, antwortet sie lächelnd. »Hast du ihn gefunden?«

Er sieht sie fragend an.

»Den Auslöser deiner Rückenattacke.«

Er atmet tief ein, lächelt verlegen. Nickt.

»Und?«

»Versteh mich jetzt nicht falsch, es liegt mir fern, irgendwelchen Druck aufzubauen, ja?«

Lea ahnt, was kommen wird.

»Ich will nicht, dass es einen Keil zwischen uns treibt, wenn ich dir jetzt sage, dass mein Unterbewusstes nicht damit klargekommen ist, dass wir unterschiedlich empfinden. Dass ich durch diesen neuen Fall wieder mit dir zu tun habe und ich dir schon allein wegen deiner aktuellen Beziehung«, wieder meidet er Phils Namen, »nicht nah sein darf, hat mein unterbewusstes Ego wohl heftig angepisst. Offenbar hat es die vermeintliche Niederlage nicht verkraftet und mir einen Dolch in den Rücken gerammt.«

Lea nickt, versteht, was er damit sagen will. Aus welchen Gründen auch immer handelt das Unterbewusste objektiv betrachtet häufig kontraproduktiv. Anstatt einen im Lebensalltag zu unterstützen und alles daran zu setzen, Kraftreserven zu mobilisieren, legt es einen lahm. Sie selbst hat diese Erfahrung zuletzt gemacht, als sie aufgrund von Heiserkeit kaum hatte reden können. Sobald man den Auslöser solch einer Wutattacke des Egos gefunden hat, setzt in aller Regel sehr schnell die Besserung ein.

»Du bist nicht böse, dass ich das jetzt so offen gesagt habe?«, fragt Lennart.

»Nein, wieso. Ich habe schließlich danach gefragt. Leid tut's mir natürlich auch. Bin ja quasi die Auslöserin.«

Er schüttelt vehement den Kopf. »Gerade du solltest wissen, dass niemals ein anderer für das eigene Glück zuständig sein kann als man selbst. Es ist, wie es ist. Zur Aufrechterhaltung des eigenen Wohlbefindens muss man den Istzustand akzeptieren. Punkt. Genau das habe ich gestern vernachlässigt. Das heißt nicht, dass ich es nicht immer noch schade oder traurig finde, dass ich keine Chance bei dir habe. Deshalb unerträgliche Rückenschmerzen zu bekommen, ist jedoch völliger Quatsch.« Er winkt ab. »Natürlich bin ich mir in der Theorie weit voraus. Aber so wie ich mich nach der gestrigen Attacke wieder bewegen kann, scheine ich auch in der Praxis auf einem brauchbaren Weg zu sein.«

Lea steht auf. »Darf ich dich in den Arm nehmen?«

Er erhebt sich ebenfalls vom Stuhl. »Ups«, sagt er, als ihm sein aufmüpfiges Unterbewusstsein noch mal einen Stich im Lendenbereich mitgibt. Ein wenig gequält sieht sein Lächeln schon aus, als sie einander in die Arme schließen.

»Geht's?«, fragt Lea leise.

»Alles gut.«

Sie halten einander fest, lassen sich Zeit. Trennen sich dann einvernehmlich wie auf ein Zeichen, schauen sich in die Augen und beginnen endlich zu frühstücken. In seinem Bemühen, nicht aufdringlich zu sein, fragt Lennart gegen Ende, was Lea an diesem angebrochenen Tag noch vorhabe. Er selbst habe aufgrund seines gestrigen Zustandes im Präsidium ja bereits angekündigt, dass er Überstunden abfeiern werde. Da er trotz weitgehender Genesung keine Lust verspüre, sich heute dort blicken zu lassen, werde er seine Pläne, nicht zur Arbeit zu gehen, aufrechterhalten.

»Ich muss mal eben meine Mails checken, ob die mit dem Koch-Shooting schon in die Puschen gekommen sind. Gestern sah es noch nicht danach aus. Sonst habe ich nichts auf dem Zettel. Was schwebt dir vor?«

»Sieh du erst mal in deine Korrespondenz«, sagt er sichtlich erfreut. Offenbar hat er nicht wirklich damit gerechnet, mehr gemeinsame Zeit mit ihr zu verbringen. »Ich denke so lange darüber nach.«

Lea zieht sich ins Wohnzimmer zurück und scrollt die eingegangenen Nachrichten durch. Als sie Phils Selfie öffnet, dreht sie sich automatisch zur Seite, um das Bild mit dem Körper abzudecken, und ertappt sich dabei, einen Kontrollblick in Richtung Tür zu werfen. Als hätte ihr Gastgeber nicht den Anstand, ihr Privatsphäre zu gewähren. Phils Aufnahme ist allerdings durchaus als anzüglich interpretierbar. Er liegt mit nacktem Oberkörper auf dem Bett. Da er jedoch zugleich mit einem trottelig doofen Schmachtblick in die Kamera schaut, wird jede Erotik wieder ins Alberne verkehrt. Würde ein Dritter das Selfie zu Gesicht bekommen, läge alle Peinlichkeit eindeutig beim Abgelichteten. Trotzdem beantwortet sie Phils »love U« mit »me 2«. Erst nach dem Absenden fällt ihr auf, dass ihre Nachricht auch so interpretiert werden kann, dass sie sich ebenfalls liebt. Egal. Der nächsten Text-Message kann sie entnehmen, dass bei ›Was cookst du?‹ das Startchaos noch immer nicht behoben ist. Nach aktuellem Stand muss sie sich auf einen Einsatz am Wochenende einstellen. Zuletzt öffnet sie eine der beiden Textnachrichten, über die sie zunächst hinweggescrollt ist, weil ihr die Absenderin zum einen unbekannt ist und zum anderen zwei Nachrichten von ein- und derselben fremden Adresse meist der Kategorie Spam angehören. Sie hat den Daumen schon auf der Mülltonne, als ihr der Name ›Hansen‹ doch etwas sagt. Es handelt sich um Sonja Möllers Nachbarin. Noch während sie liest, erhebt sie sich vom Sessel, um Lennart ein Ausflugsziel vorzuschlagen. Sofern er sich in der Lage sieht, so lange im Auto zu sitzen, würde sie gerne mit ihm an die Nordsee fahren. Sie fasst Frau Hansens Nachricht für ihn zusammen. »Sie wollte der Möller meine Grüße ausrichten und ist dabei anscheinend beinahe dem Stalker begegnet, den die Möller gestern Abend allerdings selbst ins Haus gelassen hat. Er hat sogar bei ihr übernachtet. Jetzt möchte sie wissen, wie sie sich verhalten soll.«

Am Küchentisch sitzend lässt Lennart die Information erst einmal sacken. Er fasst sich an die Stirn. »Darf ich mal?« Lea legt ihm das Smartphone hin, damit er die Nachricht noch einmal lesen kann. »Ich nehme an, die Frau steht viel hinterm Vorhang und hat einen Türspion in ihrer Wohnungstür. Vom Typ her eine zweite Frau Lehmann. – Für dich ist die Bedienung und die Kirchheimer dieselbe Person.« Sie nickt. »Wie kommt die Nachbarin darauf, dass der Besucher ein Stalker ist?«

Lea schildert ihm, was der Barkeeper und Frau Hansen über diesen Fremden erzählt haben, und lässt auch ihre Begegnung auf dem Alten Friedhof mit ihm nicht aus. »Die Getränkedose, auf der seine Fingerabdrücke und seine DNA sein dürften, habe ich zu Hause.«

Da er mit dieser Aussage nichts anfangen kann, fragt Lennart nach. Sie geht auf ihre Zufallsbegegnung auf dem Friedhof ein und beschreibt ausführlich, wie sie die Dose gesichert und in ihrer Tasche verwahrt hat. Lennart schüttelt lachend den Kopf.

»Was denn?«

»Nichts. Entschuldige. Aber was dir so alles in den Sinn kommt und wie du manchmal handelst …« Er lässt den Satz unvollendet ausklingen.

»Was?«, fragt sie noch einmal.

»Da muss man erst mal drauf kommen, auf einem alten Friedhof die Getränkedose eines vermeintlich Obdachlosen einzusammeln, um sie später eventuell im Labor untersuchen zu lassen, weil man ihn verdächtigt, ein Stalker sein.«

»Ein Obdachloser scheint er jedenfalls nicht zu sein.«

»Du möchtest also, dass wir nach Büsum fahren?«, fragt er wenig überzeugt.

»Ja, klar. Damit du mir endlich glaubst, dass die Kirchheimer lebt und dass du und deine Leute mal eure Hausaufgaben machen und euch darum kümmert, wer diese Tote wirklich ist.«

Er verdreht die Augen. »Vielleicht glaubst du mir mal«, erwidert er in ähnlich provokantem Ton, »dass wir alles Menschenmögliche unternehmen, um die Identität einer Toten festzustellen. Ich hab dir doch gesagt, dass ich deine Theorie weitergegeben und dringend darum gebeten habe, die Kirchheimer näher zu durchleuchten. Wir sind doch schon dabei, uns ihre Herkunft und ihre Vergangenheit anzusehen. So was geht nicht von jetzt auf gleich.«

»Und?«

»Nichts und. Hab den Bericht gestern auf den Schreibtisch bekommen und ihn mal eben überflogen. Vielleicht erinnerst du dich, dass ich nicht eben der Fitteste war. Jedenfalls ist mir nichts weiter aufgefallen. Das heißt …«

Lea sieht ihn auffordernd an.

Er fasst sich an die Stirn, scheint sich darauf zu konzentrieren, was er bei der flüchtigen Lektüre verpasst haben könnte. »Ihre Eltern haben sich getrennt, als sie im frühen Teenie-Alter war. Grundsätzlich scheint sie jedoch in einem gewöhnlichen familiären Umfeld aufgewachsen zu sein.«

Lea muss sich zurückhalten, ihm bezüglich des ›gewöhnlichen Umfelds‹ nicht vorschnell zu widersprechen. Immerhin hat sie am eigenen Leib erfahren, wie schwierig die Verarbeitung einer elterlichen Trennung im Teenie-Alter sein kann. Hätte ihr damals nicht im rechten oder vielleicht sogar letzten Moment eine Sozialarbeiterin die Hand geboten, wäre sie unter Umständen vor die Hunde gegangen. Sie spart sich den Kommentar, versucht sich nicht anmerken zu lassen, dass sie deutlich anderer Meinung ist. Sie selbst würde so eine Jugend nie als normal bezeichnen.

»Ihr Lebenslauf scheint unauffällig. Fachabitur, Ausbildungsplatz bei der Polizei, nach ein paar Jahren Dienst beginnt sie mit verdeckten Ermittlungen.«

Spätestens das würde Lea nicht mehr als unauffällig betrachten. Unter Vorspiegelung falscher Tatsachen Leute auszuspionieren und sich in Gruppen einzuschleichen, liegt in ihrem Wertekatalog weit außerhalb gesellschaftlicher Normalität. »Hat sie Geschwister?«

»Kann mich nicht erinnern, dass im Bericht welche erwähnt wurden.«

»Wo ist sie aufgewachsen?«

»Meck-Pomm. Irgendwo bei Rostock, glaub ich.«

»Nicht in Süddeutschland?«

»Wieso fragst du?«

»Weil die Bedienung im ›Diabolo‹ mit schwäbischen Touris häufig Dialekt gesprochen hat.«

»Womöglich hat sie eine Zeit lang im Süden verbracht. Im Bericht ist nichts vermerkt. Nach ein paar Dienstjahren werden die Angaben bezüglich des Wohnorts lückenhaft oder sind vorsätzlich vage gehalten. Vermutlich wegen ihrer Rolle als verdeckte Ermittlerin.«

Lea verkneift es sich zu erwähnen, dass sich Lennart mit dieser Aussage zum ersten Mal in ihrem Beisein darauf eingelassen hat, die Büsumer Bedienung und die Kirchheimer möglicherweise als eine Person zu betrachten. »Ich würde wirklich gerne noch einmal hinfahren und mit der Nachbarin reden.«

Er blickt auf die digitale Zeitangabe der Mikrowelle. »Wenn wir bald aufbrechen, dürften wir spätestens gegen 13.30 Uhr dort sein. Ruf doch mal an, ob sie überhaupt da ist und ob sie bereit wäre, mit uns zu reden.«

»Darfst du das eigentlich? In einem anderen Bundesland Leute befragen?«

»Wieso soll ich niemanden fragen dürfen? Bin doch nicht mal im Dienst heute. Ich werde ja wohl mit dir privat nach Büsum fahren dürfen. Übrigens finde ich es durchaus amüsant, dass ausgerechnet du so was erwähnst. Wenn jemand genauer hinsehen würde, wie oft du deine Nase in polizeiliche Angelegenheiten gesteckt hast …«

»He, meistens hat's geholfen.«

Er stöhnt. »Und wie oft hast du Grenzen überschritten oder dich sogar in Gefahr gebracht?«

»Du weißt, dass ich mich zu wehren verstehe.«

»Klar. Ein paar schwere Jungs aus der organisierten Kriminalität schafft eine Lea Mertens mit links. Du weißt, was ich meine.«

Natürlich hat es bei jenem Fall, in dessen Verlauf sie Lennart kennengelernt hat, die eine oder andere brenzlige Situation gegeben. Wenn man es genau nimmt, war sie am Ende durchaus auch auf die Hilfe von Lennarts uniformierten Kollegen angewiesen und musste sich von ihnen retten lassen. Im Moment findet sie es allerdings vor allem schmeichelhaft, dass er sich um sie sorgt. »Umso sicherer ist es doch, wenn wir unsere Nasen heute mal gemeinsam in gewisse Dinge stecken. Ich ruf die Nachbarin an.«

Als hätte sie darauf gewartet, dass ihr Telefon klingelt, geht Frau Hansen schon nach einem Rufzeichen ran. Sie wirkt aufgeregt und erweist sich als deutlich redseliger, als Lea sie von ihrer ersten Begegnung in Erinnerung hat. Auch schildert sie ihre Beobachtungen ausführlicher als in der Textnachricht. Wenn sie darüber nachdenkt, ist Lea überrascht, dass sich diese Frau in den Mittfünfzigern überhaupt an Textnachrichten heranwagt hat. Ein großer Teil der Leute, die Lea in diesem Alter kennt, geht eher scheu mit dieser Technik um. Sicher scheint allerdings, dass Lea im Laufe ihres Besuchs in Büsum einen glaubwürdigen und vertrauenserweckenden Eindruck hinterlassen hat. Um Lennart mithören zu lassen, schaltet sie die Freisprechfunktion an und legt ihr Telefon auf den Tisch. Frau Hansen schildert, dass Leas Freundin vor zehn Minuten das Haus verlassen habe. Da es in der Wohnung unter ihr zeitweise sehr laut geworden sei, war sie während der ganzen Zeit hin und her gerissen, sie anzurufen. Erst haben sie gestritten, um sich dann, na ja, wie soll sie sagen, in turbulenter Form zu versöhnen. Das Haus sei sehr hellhörig und sowohl die Wände als auch die Decken sind sehr dünn. Jedenfalls habe sie das Telefon mehrmals in der Hand gehalten. Als die beiden vor zehn Minuten losfuhren, schien jedoch alles in Ordnung. Auf Leas Frage, welche Richtung sie genommen haben, bekommt sie die vage Antwort, dass sie nach links, also in Richtung Hafen gefahren sind. Lennart kritzelt etwas auf seinen Notizblock: »Ist sie gegen 14 Uhr zu Hause?« Lea leitet die Frage weiter an Frau Hansen, die diese bejaht. »Dürfen wir vorbeikommen?«, schreibt er weiter. Auch darauf erhält Lea eine positive Antwort. Sie bedankt sich, kündigt ihren Besuch an und beendet das Gespräch.

»Seltsam, dass sie den vermeintlichen Stalker bei sich übernachten lässt«, sagt Lennart. »Wie es scheint, sind sie sich einvernehmlich auch sehr nahegekommen.«

»Und wenn der Stalker kein Stalker ist?«

»Dann erklär mir bitte, weshalb dieser Barkeeper darauf kommt, den Typen rausschmeißen zu müssen, und dir erzählt, seine Kollegin Möller wäre von dem Kerl alles andere als angetan gewesen.«

»Hm.« Mehr fällt ihr dazu nicht ein.

Kurz darauf sind sie in Lennarts Privatwagen unterwegs in Richtung Büsum. Lea versucht sich die Enttäuschung, nicht in seinem Dienstwagen sitzen zu dürfen, nicht anmerken zu lassen. Während sie es in ihrer Jugend ganz und gar nicht zu schätzen wusste, in einem Polizeifahrzeug mitgenommen zu werden, hat sie das letzte Mal, als sie Lennarts Beifahrerin sein durfte, die technischen Extras auf eine seltsame Weise als chic empfunden. Sein Auto verfügt weder über Blaulicht, das er im Bedarfsfall aufs Dach stellen könnte, noch kann Lea Extraknöpfe oder Bedienfelder erkennen, mit deren Hilfe er ein Signalhorn einschalten oder nachfolgenden Verkehrsteilnehmern im Heckfenster Anweisungen geben könnte, rechts ranzufahren oder so.

Sie befinden sich bereits auf der Autobahn in Richtung Norden, als Lea das Handschuhfach öffnet, um es nach einem kurzen Blick wieder zu schließen.

»Meine Dienstwaffe liegt zu Hause«, sagt er.

Lea fühlt sich ertappt. Obwohl er sie mit diesem Kommentar zugleich darauf aufmerksam macht, dass sie eine Indiskretion begangen hat, bewundert sie einmal mehr seine Fähigkeit, sich in andere hineinzuversetzen. Ihm scheint vollkommen klar zu sein, wonach sie in ihrer bodenlosen Neugier gesucht hat. Manchmal hat sie den Eindruck, er kann Gedanken lesen. Sie schaut ihm beim Fahren zu. Er wirkt entspannt. Auch wenn er vorhin auf dem Weg zum Auto noch ein wenig verhaltener einhergeschritten ist, als er dies üblicherweise tut, scheint er weitgehend schmerzfrei zu sein. Lea empfindet es als Bereicherung, jemanden gefunden zu haben, der die gleichen Bücher liest. Bücher, die ihr geholfen haben, sich selbst viel näher zu kommen. Ebenso wie sie scheint auch Lennart ernsthaft danach zu streben, alles so zu akzeptieren, wie es ist, und sich nicht daran abzuarbeiten, dass etwas anders sein muss, als es einem der Moment bietet.

»Wie geht's dir denn jetzt?«, fragt sie beiläufig.

»Ich arbeite daran«, sagt er, ohne die Augen vom Verkehr zu lassen, der in Hamburgs Peripherie seine ganze Aufmerksamkeit beansprucht. In der Tat schert in diesem Augenblick Zentimeter vor ihnen ein Kleintransporter aus und nötigt Lennart zu einem scharfen Bremsmanöver. Reflexartig klammert Lea sich am Haltegriff der Tür fest und stützt sich mit der anderen Hand am Handschuhfach ab, um gleich darauf erleichtert festzustellen, dass Lennart die Situation im Griff hat. Als sie nach überstandener Gefahr wieder zu ihm schaut, ist jedoch unübersehbar, dass er soeben eine Schmerzattacke gehabt haben muss.

»Alles okay?«

Er schüttelt den Kopf. Lacht. Sieht zu ihr herüber, lacht erneut. »Hast du so was schon mal erlebt?«, fragt er rhetorisch, ohne eine Antwort zu erwarten. »Das war die absurdeste Reaktion, die mir jemals widerfahren ist!«

Lea versteht nicht, worauf er hinauswill. Dass sich ein Verkehrsteilnehmer aus heiterem Himmel falsch oder gar lebensbedrohlich verhält, ist ihr durchaus schon häufiger begegnet und so manches Mal grenzte es an ein Wunder, dass es glimpflich ausging. Deshalb würde sie derlei Fehler nicht als absurd, sondern eher als idiotisch bezeichnen.

»Hallo?« Lennart tippt sich an die Stirn. »Irgendjemand zu Hause da oben?« Noch immer amüsiert schaut er zu seiner Beifahrerin. »Weißt du, was mein Unterbewusstes soeben gemacht hat? Es hat versucht, sich umzubringen.«

Sie sieht ihn fragend an.

»Es hat versucht, mich am Bremsen zu hindern! Geht es noch dümmer? Gibt es etwas Idiotischeres?«

»Möchtest du anhalten? Soll ich weiterfahren?«, fragt Lea, der allmählich dämmert, dass Lennart während des Bremsmanövers offenbar so große Schmerzen gehabt haben muss, dass er kaum das Bremspedal richtig durchtreten konnte.

»Nein. Alles gut. Keine Sorge. Aber ich glaube jetzt noch einen weiteren Ansatz zu haben, auf welcher Ebene ich mit meinem Unterbewussten kommunizieren könnte.«

»Indem du dich auf der Autobahn von einem Kleintransporter in den Mittelstreifen checken lässt?«, fragt Lea sarkastisch.

»Nein. Ich werde ab sofort versuchen, mein Unterbewusstes bei seiner eigenen Intelligenz zu packen. Wie dumm muss es sein, wenn es das ausübende Organ – in diesem Fall also mich – durch vorsätzlich ausgelöste Schmerzen daran hindert, im rechten Augenblick auf die Bremse zu treten?«

»Du meinst, es schadet mit solchem Handeln am Ende nur sich selbst?«

»Wenn es nur sich selbst schaden würde, wäre das ja akzeptabel«, erwidert Lennart spitzfindig, freut sich jedoch, dass Lea gewillt ist, seinem Gedankengang zu folgen. »Wenn es mir aber durch von ihm ausgelöste Schmerzen schadet und mir die Kraft nimmt, die ich zum Bremsen brauche, gefährdet dieser Schritt nicht nur mein Leben, also das Leben meines bewussten Ichs. Es gefährdet auch sein eigenes Leben. Das heißt, mein Unterbewusstes verhält sich in so einem Moment eindeutig suizidal.«

Sie nickt. »Fällt so ein Verhalten in deinem Fall dann auch noch unter die Kategorie Selbstmord-durch-polizeiliches-Handeln?«

»Lea, ich bitte dich! Ich meine das ernst. Unser Unterbewusstes muss doch merken, dass es bei so einer Nummer mit in den Tod gerissen wird! So unabhängig und isoliert es sich vom Bewussten auch verhält, das eigene Ende kann es doch wirklich nicht anstreben.«

»Sorry«, entschuldigt sich Lea. »Ich verstehe, was du meinst. Ein interessanter Gedanke. Doch, der Ansatz hat was. Übertragen auf Flora und Fauna würde sich die Frage stellen, wie blöd eine Schmarotzerpflanze oder ein Schmarotzertier sein muss, um den Wirt umzubringen?« Sie dreht sich auf dem Beifahrersitz zu ihm hin. Das Thema beginnt sie zu faszinieren. »Du hoffst also, dein Unterbewusstes könnte einen gewissen Ehrgeiz haben, nicht als dumm zu gelten?«

»Klar. Wer ist erpicht darauf, dumm dazustehen? Und dass es jederzeit fähig ist, aus heiterem Himmel unangenehme Dinge mit uns anzustellen, zeugt meines Erachtens durchaus von Kreativität und Intelligenz.«

Dem kann Lea nur zustimmen. Die These mit dem Wirtstier gefällt ihr. Wenn man sein Unterbewusstes auf seine eigene Intelligenz hinweisen und ihm nahelegen könnte, dass es deutlich mehr Sinn macht, das Wirtstier pfleglich zu behandeln, als ihm Schmerzen zuzufügen oder es gar umzubringen, wäre das ein Schritt in die richtige Richtung. Und wenn man es nicht bei seiner Intelligenz zu fassen bekommt, dann wenigstens beim Überlebenswillen. Vielleicht.

Über viele Kilometer sitzen sie schweigend nebeneinander. Lea versucht, ihre Gedanken herunterzufahren und einfach nur den Moment wahrzunehmen. Gleich einer Kulisse streicht die Landschaft vorbei. Das Ticken des Blinkers, wenn Lennart die Spur wechselt, gibt einen eigenen Takt vor. Die zahllosen Windräder links und rechts der Autobahn drehen sich in strammer Brise, die im Innern des Wagens durch die Rotation der riesigen Blätter nur optisch wahrzunehmen ist. Lea fühlt sich im Einklang mit sich selbst, ist ganz bei sich, bis sich wieder ein Gedanke anschleicht, der ihr schon mehrfach in den Sinn gekommen ist, den sie aber erst jetzt laut äußert. »Ist in Sonja Kirchheimers Wohnung eigentlich ihre Dienstwaffe gefunden worden?«

»Nicht dass es mir in den Akten aufgefallen wäre.« Mit ärgerlicher Miene schüttelt er den Kopf. »Verdammt, darauf hätte ich achten müssen.«

»Wenn es sich bei der Toten um die Kirchheimer handeln würde, wäre die Sache nicht weiter bedenklich.«

»Eine verschwundene Waffe in falschen Händen ist immer bedenklich. Ich kann aber nicht einmal mit Sicherheit sagen, ob sie als verdeckte Ermittlerin über eine Waffe verfügte.«

»Wenn die Kirchheimer untertauchen möchte, wär's logisch, die Waffe nicht zurückzulassen. Dass das Ding jetzt auf dem Grund der Alster liegt, weil es mit dem Kajak untergegangen ist, halte ich jedenfalls es für abwegig.«

»Ich werde die Kollegen fragen«, sagt Lennart.

Er holt sein Telefon hervor und Lea will ihn schon maßregeln, dass er sich auch als Polizist an die üblichen Regeln zu halten hat. Doch er macht sich nur eine Sprachnotiz. »Kirchheimers Waffe.« Schon ist es wieder in der Tasche verschwunden.

»Sind dir die Notizblöcke ausgegangen?«

»Wie soll ich beim Fahren schreiben?«

»Ich frag ja nur«, grummelt Lea, die sich lediglich über seinen kleinen Stilbruch gewundert hat.

»Hab versucht, mich auf diese Sprachnotizen umzustellen. Kann und will mich nicht daran gewöhnen. Wenn ich mal was draufspreche, übertrage ich es bei nächster Gelegenheit in meine Notizen. Damit komme ich besser klar. Die meisten Voice-Memos gehen ohnehin in der gespeicherten Datenflut unter. Genau wie Fotos. Früher hat man im Urlaub zwei, drei Filme vollgeknipst und hundert Bilder mit nach Hause gebracht. Fünf oder sechs davon waren richtig gut. Heute schießt man mit dem Smartphone 500 oder 1.000 Bilder und wenn man sie jemals wieder anschaut, sind ebenfalls fünf oder sechs richtig gut.« Er blickt zu Lea, um sich ihrer Zustimmung zu versichern.

»Was sind Filme?«, fragt sie scherzhaft. »Hab ich nie benutzt. Ich bin schon digital groß geworden. Nur einmal hat unser Kunstlehrer Fotos mit uns entwickelt. Allerdings nur in Schwarz-Weiß. Die sind alle toll geworden.«

»Was so ein paar Jährchen Altersunterschied ausmachen.«

Für Lea hört sich das sentimental an. Glaubt er etwa, einen Korb bekommen zu haben, weil sie ihn für zu alt hält? Möglichst unauffällig betrachtet sie ihn von der Seite. Er scheint ihren Blick nicht zu bemerken. Nein, zu alt ist er ihr nicht. Sie hat ohnehin keine Ahnung, wie viele Jahre zwischen ihnen liegen mögen. Attraktiv findet sie ihn allemal. Und das schon lange.

Die letzten Kilometer bis Büsum gehen beide wieder eigenen Gedanken nach. Auf Höhe des Ortsschilds bittet Lennart darum, zum Haus der Kirchheimer-Doppelgängerin gelotst zu werden. Da es an der Hauptstraße liegt, findet sich Lea problemlos zurecht. Gegenüber dem Alten Friedhof stellt er den Wagen auf dem Parkstreifen ab. »Ich gehe davon aus, dass du dort oben die Getränkedose sichergestellt hast«, sagt er beim Aussteigen mit provozierendem Grinsen.

Lea geht darüber hinweg, leitet den Weg bis zur Haustür und drückt Frau Hansens Klingel. Ohne dass sie über die Gegensprechanlage gefragt wurden, wer da sei, schnarrt Sekunden später der Türöffner. Lea und Lennart sind sich ohne Worte einig, dass sie es mit einer Frau zu tun haben, die ihre Zeit zu gleichen Anteilen hinterm Türspion und hinter der Gardine verbringt.

Lea ist überrascht, als sich Lennart als Kriminaloberkommissar Fahnenberg vorstellt und sie als seine Mitarbeiterin bezeichnet. Frau Hansen scheint vom Besuch eines

Kriminalbeamten dermaßen beeindruckt zu sein, dass sie nicht einmal wissen mag, weshalb Lea zunächst als nette Freundin ihrer Nachbarin aufgetreten ist und nun als Polizistin mit Verstärkung anrückt. Sie bittet die beiden herein, fordert sie auf, am Tisch Platz zu nehmen, und fragt, ob sie ihnen einen Tee und ein Stück frischen Zwetschgenkuchen anbieten dürfe. Dass ihr Kaffee deutlich lieber wäre, wagt Lea nicht zu äußern. Allerdings kann sie wenige Minuten später dem liebevoll zelebrierten Friesentee mit Kluntje und dem Wölkchen Sahne auch etwas abgewinnen. Zwei, drei lobende Sätze von ihr und Lennart genügen, um der zunächst aufgeregt wirkenden Frau den Stress zu nehmen. Anfangs zögernd, dann immer fließender erzählt sie ihren Gästen, was sie in den vergangenen etwa 24 Stunden beobachtet hat.

Gestern um die Mittagszeit habe sie Frau Möller die Grüße von Lea übermitteln wollen. Im Übrigen wäre es nach ihrem Gespräch vom Montag vor der Haustür das erste Mal gewesen, dass sie Frau Möllers Anwesenheit bemerkt habe. Sonst wäre sie schon früher runtergegangen. Auf halbem Weg nach unten habe sie dann mitbekommen, dass ihre Nachbarin über den Türöffner diesen vermeintlichen Stalker hereingelassen hat. Da sei sie lieber zurück in ihre Wohnung gegangen und habe sich nicht mehr getraut zu stören. Als es kurz darauf laut wurde, habe sie aufgrund von Leas Hinweisen das Telefon schon in der Hand gehalten, um die Polizei zu rufen. Bei dem Gedanken einen gewalttätigen Stalker im Haus zu haben, sei ihr mulmig gewesen. Jedoch habe sich die Situation ebenso schnell wieder beruhigt, wie sie hochgekocht war. Die Wände im Haus wären ja leider sehr hellhörig und man bekomme fast alles mit, was in den Wohnungen ringsum geschehe. So war nicht zu überhören, dass die beiden Minuten später Geräusche verursachten, die sich sehr einvernehmlich angehört hätten, die sie jedoch nicht näher beschreiben möchte. Lea und Lennart wüssten ja, was sie meinte. Gegen Abend hätten die beiden bestens gelaunt das Haus verlassen, um etwa gegen Mitternacht erneut Tohuwabohu zu veranstalten. Da habe sie ja längst geschlafen. So laut zu sein, wäre eigentlich gar nicht die Art von Frau Möller. Aber wenn sie es mit so einem merkwürdigen Kerl zu tun habe. Sie verdreht die Augen zur Decke. »Im Treppenhaus war vielleicht was los, sag ich Ihnen. Die haben einen Lärm gemacht. So ganz nüchtern waren die ja nicht mehr, wenn Sie mich fragen. Aber ich kann Sie beruhigen, es schien alles in Ordnung zwischen den beiden. Sie machen sich ja doch Sorgen, wenn Sie schon so lange befreundet sind.«

Lea wundert sich, dass Frau Hansen offenbar noch immer bereit ist, sie als eine alte Freundin der Möller zu betrachten. »Wie ging es denn heute weiter?«, fragt sie.

»Der Mann ging so gegen zehn weg und kam mit so einem riesigen Reisemobil wieder. Was weiß ich, wie man die Dinger nennt.«

»Camper?«, schlägt Lennart vor.

»In den haben sie erst mal eine Menge Taschen und Kisten eingeladen. Ach ja, das Boot. Das hab ich beinahe vergessen. Gestern wurde noch ein Kajak geliefert. Das hat die Frau Möller und ihr – wie soll ich ihn nun nennen? Und ihr Stalker? Das klingt irgendwie auch nicht richtig. Wo es doch ausgesehen hat, als wäre es ein richtiger Freund. Jedenfalls haben die beiden das Kajak aufs Dach von dem Transporter gebunden.«

»Wissen Sie, ob das Boot von einem Sportgeschäft hier im Ort geliefert wurde?«, fragt Lennart.

»Das kann ich Ihnen nicht sagen. Hab das nur vom Fenster aus gesehen. Ob man so was bei uns in Büsum überhaupt kaufen kann? Aber übers Internet kriegt man heutzutage ja alles.«

»Und anschließend sind sie dann los?«

»Ja, wie gesagt, als Sie anriefen, waren sie gerade zehn Minuten weg. Erst hab ich gedacht, sie würden sofort loswollen, als sie mit Packen fertig waren. Weil sie doch von unserer Polizeistreife darauf aufmerksam gemacht wurden, dass sie gegen die Fahrtrichtung nicht auf der Straße stehen dürfen. Auch nicht zum Be- und Entladen. Der hat den Transporter aber auch so richtig dusselig halb auf dem Gehweg, halb auf der Straße geparkt. Da kamen dann weder die Autos noch die junge Mutter mit Kinderwagen auf dem Gehweg dran vorbei. Die Frau war vielleicht sauer. Als die Streife weiterfuhr, sind die zwei trotzdem wieder hoch in die Wohnung. Eigentlich ins Schlafzimmer. Sie wissen, was ich meine. Wie gesagt, die Wände … so laut wie die beiden, also ich sag Ihnen das, da helfen auch keine dicken Wände.« Sie schüttelt missbilligend den Kopf. Lea und Lennart vermeiden es, Blickkontakt aufzunehmen. »Hätten Sie ein klein wenig früher angerufen, hätten Sie Ihrer Freundin die Grüße persönlich ausrichten können. Natürlich nicht während sie …«

Lea hat Mühe, ernst zu bleiben. »Dann sind sie Richtung Hafen losgefahren?«

»Vor Ihrem Anruf war ich kurz im Hof. Müll wegbringen. Da hab ich vorsichtig gefragt, wo es hingeht. Wie man das eben macht in einer guten Nachbarschaft. Auf Weltreise, hat der Kerl frech geantwortet. Frau Möller hat aber erzählt, dass sie nur einen Tag unterwegs wären und dass in den vielen Taschen nur die Sachen stecken, die man zum

Wassersport nun mal braucht. Das sähe immer nach viel mehr aus, als es in Wirklichkeit ist. Schon merkwürdig, oder?«

Lea hat keine Ahnung, was merkwürdig sein soll, und auch Lennart hebt ratlos die Schultern. Er signalisiert Lea, sie solle nachfragen. »Merkwürdig?«

»Ich weiß nicht, wie lange Sie einander kennen und wie das früher bei Frau Möller mal war. Ich persönlich habe sie in den Jahren unserer Nachbarschaft niemals zum Sport gehen sehen.«

»Ach, früher haben wir alles Mögliche gemacht«, lässt Lea einmal mehr ihrer Fantasie freien Lauf. »Wir haben alles mal ausprobiert. Rudern, Paddeln, Surfen, Segeln und wenn es das damals schon gegeben hätte, sicher auch Kiten … Hauptsache, es hatte mit Wasser zu tun.«

»Ist mir nie aufgefallen bei ihr.« Nachdenklich drückt sie auf ihrem Teller einen Kuchenkrümel zwischen die Gabelzinken und führt ihn gedankenverloren zum Mund. »Da darf man sich wohl wundern, wie man sich so eine Leidenschaft für Wassersport ausgerechnet an der Küste abgewöhnt?«

Von der zuvor sprudelnden Erzählfreude überwältigt, weiß Lea nicht, wie sie die plötzliche Pause überbrücken soll. Ihre übliche Schlagfertigkeit verweigert ihr die Mitarbeit. Lennart springt ein, um Details zu vertiefen. »Können Sie uns den Transporter beschreiben?«

»Weiß. So ein großer Kasten. Das eine Fenster auf der Fahrerseite ist ein Bullauge. Irgendwie selbst umgebaut. Ach, noch was. Der ist mit dem Kasten vorausgefahren und Frau Möller mit ihrem Auto hinterher.«

»Das ist beim Wassersport nicht ungewöhnlich«, sagt Lea. »Man fährt mit zwei Autos zum Zielpunkt, parkt dort das eine Auto und transportiert mit dem anderen Auto die Ausrüstung zum Startpunkt. So braucht man keine fremde Hilfe, um wieder wegzukommen, nachdem man die Strecke mit dem Boot hinter sich gebracht hat.«

»Ah.« Frau Hansen scheint die Erklärung nachvollziehen zu können. Sie hebt den Kopf, sieht zwischen Lennart und Lea hin und her. »Eins verstehe ich nicht. Wieso kümmert sich die Polizei um Ihre Freundin? Ist sie in irgendetwas verwickelt?«

»Darüber können wir Ihnen beim augenblicklichen Stand der Ermittlungen keine Auskunft geben«, bringt Lennart einen dieser Standardsätze. »Ist Ihnen bei Frau Möller in letzter Zeit etwas aufgefallen?«

»Sie war eben viel weg in letzter Zeit«, antwortet sie hilflos.

»In letzter Zeit?«, fragt Lea. »War sie sonst mehr zu Hause?«

»Ja. Schon. Wenn sie mal wegfuhr, meist nur für drei, vier Tage. Im Urlaub auch mal eine Woche. Selten genug. Man kann sagen, dass sie eine sehr zurückhaltende und genügsame Person ist. Kann mir nicht vorstellen, dass sie was ausgefressen haben soll.«

Lennart lächelt. »Das hat auch niemand behauptet.«

»Ach. Dann sind Sie seinetwegen hier? Ich weiß ja nicht, ob Ihnen das hilft, aber Frau Möller hat mir schon vor ein paar Jahren, also gleich nach ihrem Einzug, ihren Schlüssel anvertraut. Für alle Fälle, falls etwas ist. Hab ihn aber nie benutzt. Ist ja nie was gewesen.«

Lea würde das Angebot sofort annehmen. Da sie jedoch nicht schon wieder ihre Kompetenzen überschreiten möchte, überlässt sie Lennart die Entscheidung. Als er Frau Hansen sagt, dass es ihnen in der Tat sehr helfen würde, einen Blick in die Wohnung werfen zu können, ist Lea trotzdem überrascht. Ihre Gastgeberin erhebt sich vom Stuhl, um den Schlüssel aus einem mit Muscheln dekorierten Kästchen zu nehmen und sie ein Stockwerk nach unten zu begleiten. Nachdem sie die Wohnungstür aufgeschlossen hat, bleibt sie zwischen Tür und Angel stehen. Obwohl sie es vor Neugier sicher kaum aushält und unter Umständen sogar auf eine Einladung spekuliert, mit reinzukommen, bemerkt sie mit tiefer Überzeugung, dass es sich für sie ja nicht schicke, grundlos in die fremde Wohnung zu treten. Vor einem derart honorigen Verhalten kann Lea nur respektvoll den imaginären Hut ziehen.

»Wonach suchen wir?«, wendet sie sich drinnen leise an ihren vermeintlichen Kollegen.

»Keine Ahnung. Zumeist findet man bei solchen Gelegenheiten sowieso nichts, was weiterhilft.«

Wie er sich umsieht, wirkt er auf Lea wie eine Mischung aus dem guten alten Inspektor Columbo und dem für das Morddezernat San Francisco als Berater arbeitenden Adrian Monk. Mit einem Hauch von Faszination versucht Lea Lennarts spezielle Note zu ergründen. Es ist das erste Mal, dass sie ihn vor Ort beobachten kann. Gut, sie durfte schon miterleben, wie er Leute befragt, auch wurde sie bereits selbst von ihm befragt. Aber sie hat noch nie gesehen, wie er sich an einem Tatort verhält. Wobei es sich bei der Möller'schen Wohnung nach jetzigem Kenntnisstand nicht einmal um einen solchen handelt.

Er zieht Latexhandschuhe aus der Tasche, öffnet ohne erkennbares System Schubladen, um sie nach einem Kontrollblick wieder zuzuschieben. Er hebt die Schreibtischauflage an. Nichts darunter. Als wollte er sich selbst auf etwas hinweisen, lässt er seinen Zeigefinger an einem Regalbrett voller Bücher von links nach rechts wandern. Ein Brett darüber nimmt der Finger die andere Richtung zurück. Vor einem Fotoalbum im A4-Format mit dem handgeschriebenen Titel ›Sonja‹ hält er inne. Er zieht es heraus, schlägt es aufs Geratewohl auf. Lea blickt ihm über die Schulter. Kinderbilder. Ein Mädchen, etwa im Grundschulalter. Die Gesichtszüge lassen die erwachsene Kirchheimer bereits erahnen. Er blättert weiter. Fast alle Aufnahmen zeigen dieselbe Person.

»Kindheit und Jugend der Kirchheimer«, sagte Lea.

»Kindheit und Jugend der Möller«, setzt Lennart dagegen, blättert nach vorn, um sich auch die ersten Seiten anzusehen. »Das gibt's nicht.«

Auch Lea zeigt sich überrascht von diesem Zufallsfund. »Also doch Zwillinge.«

Das Eingangsbild, unter dem handschriftlich das Geburtsdatum sowie zwei nur Minuten auseinanderliegende Uhrzeiten vermerkt sind, zeigt nicht nur ein Mädchen, wie es die Bilder der Folgeseiten tun, sondern ein Mädchenpaar. Lea und Lennart betrachten die zwei Neugeborenen, die vermutlich jeder ohne zu zögern als Zwillinge einstufen würde. Aus welchem anderen Grund sollte man zwei neugeborene Babys auf diese Weise für ein Foto nebeneinander arrangieren?

»Auch wenn ich mich damit wiederhole«, sagt Lennart leise, »ich bewundere deinen Instinkt.«

»Danke. Hab schon fast nicht mehr daran glauben wollen, dass es wirklich stimmen könnte. Die Kirchheimer hat also definitiv kein Hamburg-Büsum-Doppelleben geführt.«

»Und die Alstertote dürfte«, er zeigt auf die um wenige Minuten jüngere, also auf die sogenannte kleine Schwester, die laut Bildunterschrift Sonja heißt, »die erwachsene Frau Möller sein.«

»Ich geh dann mal hoch!?«, ruft ihnen Frau Hansen, die beide vorübergehend völlig ausgeblendet haben, aus dem Treppenhaus zu. »Bringen Sie mir den Schlüssel, wenn Sie fertig sind?«

Mit derlei Situationen vertraut, gibt Lennart über die Schulter hinweg routiniert Antwort. »Ja, Frau Hansen, machen wir! Es dauert nicht mehr lange! Bis hierhin schon mal herzlichen Dank!«

# 11. KAPITEL

»Soll ich?« Lea zieht ihr Smartphone hervor, um den Fund mithilfe eines Schnappschusses zu dokumentieren.

Kommentarlos hält ihr Lennart die erste Seite mit dem Zwillingspärchen hin. Er klappt das Album zu, präsentiert für ein weiteres Foto den Buchrücken, um dann das persönliche Erinnerungsstück wieder an seinen angestammten Platz zu stellen. Der Kriminaloberkommissar sieht sich weiter um, wirft einen Blick in diese oder jene Schublade, schaut in diverse Aufbewahrungsboxen. »Lea, sag mal, wo bewahrst du als Frau Identifikationspapiere auf? Zum Beispiel deinen Reisepass, die Kreditkarten, die du gerade nicht mitnehmen willst? Oder deine Hagenbeck-Jahreskarte? Deinen Fahrzeugbrief?«

»Ich hab kein Auto.«

»Du weißt, was ich meine. Wo deponierst du personenbezogene Dokumente, die du nur im Bedarfsfall bei dir trägst?«

»In einer Schreibtischschublade?«, antwortet Lea fragend. »Oder in einer Box auf dem Schreibtisch? Oder im Bettkasten? Wieso?«

Lennart geht ins Schlafzimmer, um unters Bett zu schauen, das sich, wie nach Frau Hansens vagen Schilderungen zu erwarten war, in einem aufgewühlten Zustand befindet. Auch hier wird er nicht fündig. »Ich habe in dieser Wohnung bislang kein Dokument gesehen, das Rückschlüsse auf die hier lebende Person zulässt. Die

Fotos im Album sind der einzige Hinweis darauf, wer hier wohnt.«

»Hm. Verstehe. Passt zur Theorie, dass die Kirchheimer versuchen könnte, unter neuer Identität weiterzuleben.«

»Als ihre eigene Schwester? Wenn das zutrifft, scheint diese Frau das Wort Skrupel wahrhaftig nicht zu kennen.«

»Sollen wir vielleicht irgendwas vom Bett mitnehmen? Wegen DNA und so?«, fragt Lea.

Lennart nimmt ihr Ermittler-Fieber schmunzelnd zur Kenntnis. »Das übernehmen gegebenenfalls die Leute der Spurensicherung. Im Übrigen ist mir inzwischen klar, weshalb wir bei der Toten die DNA der Kirchheimer bekommen haben. Es handelt sich um die Zwillingsschwester. Bei einem sehr hohen Anteil von Zwillingen ist die DNA nicht zu unterscheiden. Zumindest nicht in einer Signifikanz, die vor Gericht als Beweis akzeptiert wird.«

»Wie ist das bei Fingerabdrücken?«

»Die sind verschieden. Wieso?«

»Weil kaum ein Mensch fremde Zahnbürsten benutzt. Normalerweise nicht einmal die von Geschwistern.«

Voller Anerkennung signalisiert er Zustimmung und überrascht Lea mit einem Ziploc-Beutel, den er aus seiner Jacketttasche fischt.

»Trägst du solche Dinger immer mit dir herum?«

»So richtig schwer sind die ja nun wirklich nicht«, erwidert er. »Das Jackett trage ich privat und dienstlich gleichermaßen. Wo ist die Bürste? Ich nehme an, im Bad?«

Lea ist bereits unterwegs, um sie zu holen. Lennart kann sie mit seiner Frage, ob sie ihre Fingerabdrücke oder die von der Kirchheimer analysieren lassen mag, jedoch rechtzeitig darauf aufmerksam machen, dass sie die Bürste nicht anfassen soll. Zumindest nicht mit bloßen Händen. Obwohl sie sich tatsächlich im Ermittlungsrausch befunden hat, teilt sie ihm entgegen der Wahrheit halbwegs beleidigt mit, dass sie ihm die Bürste lediglich zeigen, aber selbstverständlich nicht berühren wollte. Ohne ihre Beschwerde zu kommentieren, stellt er bei diesem zweiten Blick ins Badezimmer fest, dass die Frau neben der Zahnbürste auch andere persönliche Hygieneartikel zurückgelassen hat. Er denkt laut darüber nach, was das bedeuten könnte. »Einerseits entfernt sie alle Papiere der Schwester aus der Wohnung, was auf ein schnelles Verschwinden hindeutet. Andererseits lässt sie sämtliche Waschutensilien zurück, als wäre sie heute Abend wieder zu Hause. Kapier ich nicht.«

»Vielleicht will sie vor ihrem endgültigen Abtauchen tatsächlich noch einmal hierher zurückkehren, um ein paar Sachen zu holen. Oder sie hat ernsthaft vor, in Büsum als ihre Schwester Sabrina Möller weiterzuleben.«

»Dann hätte sie die Unterlagen nicht aus der Wohnung geschafft. Nein. Alles zusammen deutet für mich darauf hin, dass sie einen Ortswechsel plant. Ob sie künftig als Sabrina Möller oder unter einem anderen Namen leben mag, spielt dabei keine Rolle. Das sieht nach komplettem Abbruch der Zelte aus.« Als wollte er damit seiner Theorie Substanz verleihen, zeigt er mit weit ausholenden Armen in der Wohnung herum, ehe sie diese verlassen. Er zieht die Tür ins Schloss und schließt zweimal ab.

»Ich nehme an, Sie dürfen mir nicht verraten, worum es geht«, stellt die Nachbarin bei der Entgegennahme des Schlüssels fest.

Lennart antwortet mit bedauernder Geste. »Tut mir leid. Aber falls wir weitere Fragen haben, dürften wir doch noch einmal auf Sie zukommen?«

»Selbstverständlich.«

»Ich hätte jetzt gleich noch ein Frage: Können Sie uns sagen, was für ein Auto Sonja fährt?«

Ehe sie antwortet, schaut Frau Hansen Lea leicht irritiert an. »Sabrina«, sagt sie mit einem Hauch von Tadel in der Stimme, »Frau Möller heißt Sabrina mit Vornamen. Und was das Auto angeht, kenne ich mich damit nicht aus. Allerdings hat sie sich im Frühjahr zufällig einen Gebrauchten derselben Marke gekauft, wie ich einen habe. Als unsere beiden Autos zum ersten Mal nebeneinanderstanden, ist selbst mir aufgefallen, dass die gleich aussehen. Mehr habe ich mir nicht gemerkt. Schauen Sie doch nach. Mein Auto steht im Hof. Das kleine gelbe. Frau Möller fährt den gleichen Wagen in grün.«

Sie bedanken sich und wünschen Frau Hansen einen guten Tag.

»Das mit dem falschen Vornamen tut mir leid«, sagt Lea im Treppenhaus, weil sie glaubt damit Frau Hansens Vertrauen leichtfertig aufs Spiel gesetzt zu haben. Lennart winkt ab. Auf ihre Frage, was er nun vorhabe, sieht er auf die Uhr. »Erst mal was essen? Weißt du, wo man um diese Stunde in Büsum etwas Kleines bekommt?«

Lea ist enttäuscht und überrascht zugleich. »Pause? Jetzt?«

»Mit leerem Magen kann ich nicht denken. Anschließend möchte ich gerne den hiesigen Kollegen einen Besuch abstatten. Vielleicht haben sie bei ihrer Ermahnung den weißen Transporter und dessen Halter näher unter die Lupe genommen.«

»Und dann?«

»Sehen wir weiter. Ein Schritt nach dem anderen.«

So viel Gelassenheit kann Lea im Moment kaum ertragen. Dass sie jetzt eine Pause einlegen soll, wo sie doch gerade eben ermittelt haben, dass es sich bei der Alstertoten mit allergrößter Wahrscheinlichkeit nicht um Sonja Kirchheimer, sondern um ihre jüngere Schwester handelt, ist für sie wie ein Cliffhanger. An so einer spannenden Stelle kann man doch nicht unterbrechen. Da muss man weitermachen und sich nicht in ein Restaurant setzen und etwas essen. Lennart dagegen ist an Ruhe kaum zu überbieten. Also findet sie sich damit ab, dass es keinen Sinn macht, sich an einer fremdbestimmten Pause abzuarbeiten, und nimmt die Entscheidung widerspruchslos hin. Sie schlägt das Café-Bistro am Hafen vor, in dem Phil und sie am vergangenen Wochenende die Kirchheimer getroffen haben. Lennart parkt den Wagen auf einem gebührenpflichtigen Parkplatz und löst ein Tagesticket. Lea interpretiert das dahingehend, dass er nicht vorhat, Büsum innerhalb der nächsten Stunden zu verlassen. Auf dem Weg zum ›Diabolo‹ passieren sie eine Reihe am Kai liegender Barkassen und Sportboote in unterschiedlichen Zuständen. Einer der Kutter, die ›Anita‹, macht aufgrund seiner maroden Planken den Eindruck, er könnte jeden Moment im Hafenbecken versinken. Einer Reihe anderer Boote sieht man dagegen an, dass sie mit viel Aufwand und Liebe zum Detail wiederhergerichtet werden.

Lea plädiert dafür, im ›Diabolo‹ auf der Außenterrasse Platz zu nehmen. Lennart wendet zwar ein, dass es doch etwas frisch wäre, entdeckt jedoch im selben Moment einen frei werdenden Strandkorb für zwei Personen und steuert zielstrebig darauf zu. Die Seitenwände des Korbs schirmen nicht nur die frische Nachmittagsbrise ab, sondern auch unerwünschte Blicke. Lea ist das sehr recht. Sie hat keine Lust, von Micha, dem Barkeeper, angesprochen zu werden. Mit leisem Ächzen lässt sich Lennart auf die Sitzfläche sinken.

»Alles gut?«, fragt Lea.

»Wenn ich daran denke, wie ich mich gestern gefühlt habe – großartig! Der Dolch befindet sich allerdings noch in Lauerstellung und haut, meistens wenn ich gar nicht daran denke, ordentlich rein. Immer nur kurz. Aber heftig.« Er drückt eine Tablette durch die Alufolie des Blisters und wirft sie ohne Wasser in den Mund. »Bis alle Symptome verschwunden sind, werde ich mich noch ein, zwei Tage mit denen behelfen. Im Moment habe ich nicht die Ruhe, mich auf mein inneres Gleichgewicht zu konzentrieren und alles wieder in Einklang zu bringen.«

»Das konnte ich noch nie«, sagt Lea.

»Dich in Einklang bringen?«

»Nein, das klappt ganz gut. Ich meine die Tablette. Egal wie klein die Dinger sind, ich bekomme sie nie ohne Flüssigkeit runter.«

»Kein Problem. Bevor mir klar wurde, dass Schmerzen Kopfsache sind, hab ich das Zeug gegessen wie Bonbons. Ich bin seit meinen frühen Zwanzigern Rückenpatient gewesen. Im Schnitt hab ich drei, vier Mal im Jahr für ein bis zwei Wochen flach gelegen.«

»Hallo, Leonie«, wird Lea in diesem Moment von Micha angesprochen. »Hab dich von drinnen gesehen. Da fühle ich mich doch genötigt, ausnahmsweise selbst wieder mal als Bedienung tätig zu werden. Du, tut mir echt leid, aber deine Sabrina ist noch immer nicht aufgetaucht. Irgendwie ist die wie vom Erdboden verschluckt.«

»He, Micha!«, mimt Lea die freudig Überraschte. »Das ist echt schade, ja. Bin nach eurer Beschreibung auch zu ihrer Wohnung hin. Das Haus neben dem Friedhof war ja leicht zu finden. Hab sie auch dort nicht angetroffen. Also hab ich gedacht, ich schau heute hier noch mal vorbei, ob sie zufällig Schicht hat.«

»Eigentlich ja, aber …« er hebt bedauernd die Hände, »sie ist auch heute einfach nicht zum Dienst angetreten. Was darf ich euch bringen?«

Lennart bittet um ein paar Minuten, weil er noch nicht in die Karte geschaut hat.

»Kein Problem, bin gleich wieder da.«

Lennart sieht hinter ihm her, bis er durch die Tür verschwindet, als könnte er auf seinem Weg nach drinnen Relevantes über ihn erfahren. »Hallo, Leonie. – Du hast deine Sabrina also noch immer nicht finden können. Ich nehme an, das ist der auskunftsfreudige Kollege?«

»Sabrina und Leonie sind in längst vergangenen Zeiten ein Paar gewesen«, erläutert Lea knapp die Geschichte, die sie sich für Micha ausgedacht hat. »Was seine Auskunftsfreudigkeit angeht, musste ich durchaus ganz schön baggern, um was aus ihm rauszuleiern. Er hat erst einen auf Datenschutz gemacht und wollte nichts Persönliches preisgeben.«

»Wie hast du ihn geknackt?«

»Hab ihm erzählt, ich wäre lesbisch und dass ich in Sabrina eine alte Freundin aus der Jugend erkannt habe.«

»Wo holst du dir so was nur immer her? Die Möller und du? Freundin aus der Jugend? Das hat er dir geglaubt? Die Frau ist zehn Jahre älter als du.«

»Gewundert hat er sich schon. Hab ihm gesagt, dass ich mich gut gehalten habe, und ihm erzählt, wie nervig ich es immer gefunden habe, in Discos selbst mit 25 noch meinen Personalausweis vorzeigen zu müssen.«

Lennart versichert sich mit einem Blick Richtung Eingangstür, dass Micha nicht in ihrer Nähe ist. »Wenn die hier nach IQ bezahlt werden, ist der Typ vermutlich Hartz-IV-Aufstocker.« Er studiert die Karte und beschließt, sich eine

Ofenkartoffel mit Sour Cream zu bestellen. Lea ordert eine mit Schafskäse gefüllte Spitzpaprika und Hörnchenkartoffeln aus der Grillpfanne. Beim doppelten Espresso und der Rhabarber-Schorle sind sie sich einig.

»Den Espresso vor dem Essen?«, fragt Micha beim Aufnehmen.

»Sicher«, lautet ihre synchronisierte Antwort.

»Betrachte dich als eingeladen«, sagt Lennart, nachdem Micha wieder nach drinnen verschwunden ist.

»Kannst du das auf Spesen setzen?«

»Nein, so was geht gar nicht. Will ich auch nicht. Bin schließlich privat hier. Im Übrigen wird in der Buchhaltung jeder Beleg zweimal hin und her gewendet. Ich bleibe oft genug auf Essensquittungen sitzen, die eigentlich gerechtfertigt sind. Was soll's, wenn es geschmeckt hat, ist es trotzdem okay. Muss mich zum Glück nicht auf Kosten der Steuerzahler durchs Leben fressen. Nein, dieses Essen geht nicht auf Kosten des Finanzsenators.«

Lennart skizziert das weitere Vorgehen. Nach den Erkenntnissen aus der Möller'schen Wohnung gilt es nun, passende Details zu recherchieren und zu ergänzen. Das läuft meist nach einem recht banalen Muster ab. Man sitzt am Schreibtisch, fragt bei einschlägigen Behörden Daten ab, telefoniert mit Meldeämtern, beantragt nötigenfalls bei der Staatsanwaltschaft Bescheide, die man braucht, entsprechende Unterlagen überhaupt einsehen zu dürfen. Je nach Fall könne es sich sehr mühselig gestalten, Stein um Stein für das große Gesamtbild zusammenzutragen. Letztlich wäre jedoch gerade bei Tötungsdelikten die Erfolgsquote sehr hoch. Wenn die Büsumer Kollegen sich das Autokennzeichen des Campers notiert haben, erhalten sie mit großer Wahrscheinlichkeit ohne Probleme die Identität des vermeintlichen Stalkers. Das letzte Wort setzt er mit Fingern in Anführungszeichen. Schließlich sei ihm die Rolle des mysteriösen Unbekannten im Augenblick noch äußerst rätselhaft. Während er lustlos in seiner Ofenkartoffel herumstochert, ist Lea von ihrem Gericht recht angetan. Der Schafskäse harmoniert wunderbar mit dem Geschmack der Spitzpaprika und die Grillkartoffeln sind mit grobem Salz, bunter Pfeffermischung und Rosmarin fein abgeschmeckt.

»Das werde ich in mein Repertoire aufnehmen. Vor allem weil ich mir nicht vorstellen kann, dass dieses Gericht einer langen Vorbereitungszeit bedarf. Magst du mal kosten?«

Sie schiebt ihm den Teller hin und auch Lennart bewertet die Kreation als gelungen. »Und was ist das?« Er schiebt ein etwa zwei Zentimeter langes Karottenstück auf Leas Teller hin und her, das man aufgrund des geringen Garungsgrades beinahe als Rohkost bezeichnen kann. »Ist das dem Koch beim Anrichten auf den Teller geschnippt?«

Das harte Stückchen Karotte ist in der Tat auch Leas einziger Kritikpunkt. Allerdings glaubt sie den Grund zu kennen, weshalb es auf dem Teller liegt. »Die Karotte steckte von oben in der gefüllten Paprika. Der Koch scheint sie als Korken verwendet zu haben. Damit der heiße Käse nicht ausläuft.«

»Verbesserungswürdig«, sagt Lennart abschließend.

Lea hat bereits eine Lösung. »Man könnte die Karotte mit den Kartoffeln vorgaren.«

Lennart wiegt skeptisch den Kopf. »Bisschen aufwendig.«

»Oder man schneidet sich ein Stück Pilz zurecht.«

»Wie wär's mit einer Kirschtomate? Man steckt sie von hinten in die Paprika. Das hält den Käse, wo er sein soll, und man muss die Tomate beim Essen nicht an den Tellerrand schieben wie diesen halbgaren Wurzelrest.« Ein wenig verächtlich schubst er ihn mit der Gabel weg. »Grundsätzlich stimme ich dir allerdings zu. Eine hübsche Variante von gefülltem Grillgemüse, die ich so noch nicht bekommen habe.«

Trotz der Verlockung im windgeschützten Strandkorb noch stundenlang die Nachmittagssonne zu genießen, bittet Lennart die Bedienung nach einem weiteren Espresso um die Rechnung. Micha, der sich zwischenzeitlich nicht mehr hat blicken lassen, hat mitbekommen, dass sie aufbrechen, und bringt ihnen noch eine überraschende Information nach draußen.

»Hab ich vorhin ganz vergessen. Vielleicht interessiert es dich, dass ich den Jockey noch mal gesehen habe.«

»Sicher interessiert mich das. Wo denn?« Amüsiert nimmt sie zur Kenntnis, dass sich Lennart offensichtlich darüber wundert, weshalb Micha an der Nordseeküste mit einem Reiter daherkommt.

»Hab mitbekommen, dass er schon seit Wochen dabei ist, einen alten Kutter seetüchtig zu machen. Die ›Sonja‹ – liegt ziemlich weit vorne am Kai. Drei, vier Plätze von der Landberg-Werft entfernt. Es heißt, er wäre so ein Aussteiger-Typ und hätte auch viel mit der Kite-Szene in St. Peter-Ording zu schaffen. Angeblich war er sogar WM-Teilnehmer. Aber die Leute reden viel und übertreiben gern. Jedenfalls scheint er sich die ›Sonja‹ im Frühjahr gekauft zu haben und ist inzwischen seit Juli dabei, sie seetüchtig herzurichten.«

Ohne sich darüber verständigen zu müssen, ist für Lea und Lennart klar, dass der vermeintliche Aussteiger die Büsumer Bedienung Sabrina Möller mit Sonja Kirchheimer aus Hamburg verwechselt haben muss. Auf dem Rückweg zu Lennarts Auto sind sie sich einig, dass der Stalker und Bootsrestaurator nicht die Möller, sondern die Kirchheimer von früher gekannt haben muss. Wenn sich dann einer im Glauben, er hätte die Richtige vor sich, der falschen Zwillingsschwester nähert, kann das schon mal sehr missverständlich aufgefasst werden und den Eindruck hinterlassen, es handle sich um einen Fall von Stalking. Vermutlich hat der Bootsrestaurator nicht einmal etwas von der Existenz einer Zwillingsschwester gewusst. Sonst hätte er bestimmt ganz anders reagiert, als er Sabrina Möller an jenem Abend das erste Mal ansprach und sie ihn so vehement abwies. Aufgrund ihrer ablehnenden Haltung hätte ihm bei Kenntnis der Schwester klar sein müssen, dass er die Falsche vor sich hatte.

»Wieso hat dieser Micha ihn als Jockey bezeichnet? Ich denke, der hat was mit Kiten zu tun.«

Lea erklärt ihm die Hintergründe. Ob der zwanghaften Originalität des Barkeepers kann Lennart nur noch die Augen verdrehen. »Wenn dieser Fremde einen Kutter kauft, der ›Sonja‹ heißt oder ihm nach dem Kauf diesen Namen gibt«, sagt er schließlich, »und Monate später, nachdem er die Kirchheimer, wie er glaubt, in Büsum gefunden hat, und heute in seinem Wohnmobil mit ihr durch die Gegend fährt, kann das kein Zufall sein. Die kennen sich von früher. Hm. Eine alte Liebe aus der Vergangenheit. Im Übrigen war das jetzt der Beweis, dass man immer essen gehen sollte, wenn einem danach ist. War doch recht aufschlussreich, was uns der Barkeeper mitgeteilt hat.«

»Ist es dir jetzt wirklich so wichtig, recht zu haben?«

»Das hat doch nichts mit recht haben zu tun. Es geht mir nur darum, dass ich es für richtig halte, essen zu gehen, wenn ich Hunger habe. Und der damit verbundene Aufenthalt im ›Diabolo‹ hat uns doch weitergebracht. Also kann es nicht falsch gewesen sein, dem Bedürfnis zu folgen.«

»Dass er das alles erzählt hat, war doch reiner Zufall. Und er war nur deshalb so redselig, weil ich zuvor schon mit ihm zu tun hatte.«

»Und wodurch wurde der Zufall ausgelöst?«, beharrt Lennart.

»Rechthaber.« Sie verdreht die Augen.

»Da vorne am Kai liegt die ›Sonja‹.«

»Als Kutter oder als Mensch?«

Aufgrund der billigen Pointe kontert auch er mit einem genervten Blick.

»Ist ja schon gut.«

Vom Restaurant her kommend, sehen sie auf der Backbordseite der ›Sonja‹ auch das Kajak an Deck liegen. Auf dem Hinweg war es vom Schiffsaufbau verdeckt und hätte ihnen nur auffallen können, wenn sie sich im Weitergehen noch mal nach dem Kutter umgewandt hätten. Natürlich lassen sie ihn nun nicht mehr aus den Augen, versuchen zu erkennen, ob sich der Eigner und die Kirchheimer vielleicht an Bord befinden. Als sie vorüber sind, halten sie, ohne sich absprechen zu müssen, an. Sie spielen zwei harmlose Touristen, die ein neu hergerichtetes Boot näher betrachten wollen und sich darüber austauschen, dass die ›Sonja‹ doch recht passabel von einem alten Fischkutter in ein hübsches Freizeitboot umgebaut worden ist. Sie sind nicht die Einzigen, die bei diesem Blickfang stehen bleiben. Eine Handvoll Büsum-Besucher diskutiert in Hörweite, was so was wohl kostet und wie groß der Aufwand sein mag, es in Schuss zu halten. Lennart scheint so viel Fachverstand auszustrahlen, dass er angesprochen wird, ob er sich mit so etwas auskenne. Entschuldigend hebt er die

Hände. »Tut mir leid. Absolute Landratte. Hübsch anzusehen ist das Ding aber allemal.«

Nach ein paar höflichen Floskeln mit Wünschen für einen weiterhin schönen Tag zieht die Gruppe weiter. Lea wendet sich mit der Frage an Lennart, weshalb die beiden das Kajak auf den Kutter geladen haben, wenn sie es nach Frau Hansens Angaben ebenso gut mit dem Camper hätten transportieren können.

Er lässt mit der Antwort auf sich warten, scheint sich ebenfalls keinen Reim darauf machen zu können. »Vielleicht haben sie es sich als eine Art Beiboot angeschafft. Die Fahrwasser entlang der Nordseeküste ändern sich ständig. Wenn du dich mit den Strömungen nicht auskennst und nicht über die aktuellste Seekarte verfügst, solltest du dich zumindest bei Ebbe nicht zu dicht an der Küste aufhalten. Sonst sitzt du hast-du-nicht-gesehen auf 'ner Sandbank.«

»Sprach die Landratte«, erwidert Lea. »Du meinst, wenn sie ein Kajak dabeihaben, können sie gegebenenfalls weiter draußen ankern und an Land paddeln.«

»Das war mein Gedanke, ja.«

»Wieso haben sie sich dann nicht gleich so einen praktischen Zweier besorgt, wie die Kirchheimer einen hatte? Weshalb nur ein Einer?«

»Keine Ahnung. Weil immer eine Person an Bord des Kutters bleiben sollte? – Spricht die Landratte. Wie gesagt, ich kenne mich da nicht aus. Lass uns zur Polizeistation gehen und mit den Kollegen reden.«

»Sollten wir die ›Sonja‹ nicht lieber im Auge behalten?«

Lennart sieht auf die Uhr. Mittlerweile ist es 16 Uhr durch. Er reibt sich übers Kinn, lässt den Dreitagebart knistern und vollzieht von der Form her die fast identische nachdenkliche Geste, die Lea am Wochenende auch bei

Phil mehrfach aufgefallen war. Auch er reibt sich häufig und ausführlich über die Stoppeln. Lea mag dieses Geräusch, fragt sich jedoch, was den Männern selbst daran so gefällt. Sich die Stoppeln auf diese Weise in die Haut zu drücken, muss doch piksen. Jedenfalls pikst es ihr immer an den Beinen, wenn die rasierten Haare die ersten Millimeter nachgewachsen sind und sie mit der Hand gegen den Strich über ihre Wade fährt. Wie auch immer scheint diese Übersprunghandlung unter Dreitagebartmännern eine verbreitete Angewohnheit zu sein. »Ich kann mir nicht vorstellen, dass man um diese Uhrzeit noch rausfahren sollte«, streichelt Lennart schließlich eine Überlegung aus seinen Stoppeln. »In etwa vier Stunden wird es dunkel. Während der Nacht werden die ja wohl kaum an der Küste längs schippern wollen.«

Zurück im Wagen holt er sich die Route zu seinen uniformierten Kollegen ins Navi. Fünf Minuten später wird den beiden zum zweiten Mal an diesem Tag ein ordentlicher Friesentee angeboten. Mit Kluntje und Sahnewölkchen. Wie es sich gehört. Auf Nachfrage berichten die Beamten, dass sie dem Halter des weißen Transporters an diesem Vormittag zwar kein Knöllchen verpasst haben, dass er ihnen jedoch schon vorher einige Male aufgefallen war, weil er sein zum Wohnmobil umgebautes Fahrzeug in den vergangenen Wochen zwar an unterschiedlichen Stellen, jedoch wiederholt wild abgestellt hatte, um zu übernachten. Nachdem sie ihn ein zweites Mal freundlich auf die ausreichende Zahl Büsumer Camping-Stellplätze hingewiesen hatten, wären sie beim dritten Mal nicht mehr bereit gewesen, es bei einer Ermahnung zu belassen. Deshalb hätten sie seine Personalien aufgenommen und ihm ein Bußgeld verpasst. Da hätte es ihm auch nicht geholfen, wenn er –

wie bei den ersten beiden Ermahnungen – wieder heftig lamentiert hätte, dass er im Hafen schon satte Liegegebühren bezahlen müsste und dass er es wirklich nicht so dicke habe. Nein – so Lennarts uniformierter Kollege aus Schleswig-Holstein – irgendwann müsse auch mal ein Exempel statuiert werden. Sonst könne man ja gleich alle Regeln und Bestimmungen von vornherein in die Tonne klopfen.

»Und?«, fragt Lennart. »Hat es was genutzt?«

»Zumindest haben wir ihn seitdem nicht mehr wild campend angetroffen. Wir haben nur mitbekommen, dass er zeitweise auf seinem Kutter genächtigt hat. Aber das ist ja nun nicht verboten. Keine Ahnung, wo Joachim Burger – so heißt der Mann – in diesen Nächten sein Auto abgestellt hatte. Der Vogel hat gleich beim ersten Mal darauf bestanden, dass wir ihn Jo nennen sollen. Wo sich hier im Norden doch alle duzen, hat er gemeint. Und in der Kite-Szene, der er sich zugehörig fühlt und die wegen der WM in St. Peter-Ording im Moment reichlich hier vertreten wäre, würde man die förmliche Anrede nicht einmal kennen. Wenn ihr mich fragt«, duzt auch Lennarts Kollege locker drauf los, »macht dieser Jo gern einen auf Kumpel und spielt den Checker, der immer alles im Griff hat. Für mich ist er so ein typischer Blender. Viel Getue, viel heiße Luft. Ihr versteht, was ich meine.«

Während Lennart zustimmend nickt, fragt sich Lea, ob man einen Menschen innerhalb weniger kurzer Begegnungen dermaßen klar einordnen kann. Dass auch sie bei jedem zwischenmenschlichen Kontakt ihre Schubladen hat, in die sie die betreffenden Personen einsortiert und dass sie dabei sicher auch einigen Leuten unrecht getan hat, würde sie gar nicht abstreiten. Allerdings hält sie sich zugute, dass sie zumindest versucht, dies immer weniger zu tun.

Weil er sein Mobiles im Auto gelassen hat, bittet Lennart seine Büsumer Kollegen ihr Diensttelefon benutzen zu dürfen, um im Hamburger Präsidium die Kollegin Özil anzurufen.

Offenbar auf Özils Nachfrage gibt er zunächst sein Befinden durch und klingt ein wenig genervt, als er behauptet sich schon wieder so gut zu fühlen, dass er morgen wieder zum Dienst antrete. »Nein, ich war nicht beim Arzt.« – »Nein, auch keine Krankschreibung. Morgen steh ich wieder auf der Matte. Hab nur einen Tag Pause gebraucht, um den Kopf freizubekommen.« – »Was?« – »Ja, den Kopf. Nicht den Rücken.« Des Weiteren bittet er die Kollegin, sich einen gewissen Joachim Burger näher anzusehen. Um eine Namensverwechslung zu vermeiden und damit die Kollegin auch wirklich die richtige Person unter die Lupe nimmt, gibt er ihr zur eindeutigen Identifizierung das amtliche Kennzeichen des Transporters, dessen Fahrzeughalter er ist. »Und bitte grabt noch einmal alles aus, was wir bei Sonja Kirchheimer gefunden haben. Fragt die Kollegen, für die sie verdeckt gearbeitet hat.« – »Natürlich werden die mauern. Aber nach neuestem Stand können wir fast sicher davon ausgehen, dass sie eine Zwillingsschwester hat.« – »Nein, ich habe keine Erklärung, weshalb wir nicht früher auf sie gestoßen sind. Wir können aber davon ausgehen, dass es sie gibt.« – »Was? Wieso nicht wir? Sind wir plötzlich kein Team mehr, nur weil ich einen Tag weg bin?«, fragt er ungehalten. Offenbar hat sich seine Gesprächspartnerin daran gestört, dass Lennart an einem Tag, an dem er nicht zur Arbeit erschienen ist, neue Anhaltspunkte und Ideen präsentiert, von denen das restliche Team noch nichts gehört hat. »Ja, ist gut. Ruf mich auf mobil an, falls ihr heute noch weiterkommt. Danke, tschüs. Bis morgen.«

Er lehnt sich im Schreibtischstuhl zurück, verzieht für Sekundenbruchteile das Gesicht, weil ihm während der Rückwärtsbewegung offenbar wieder ein Dolch zwischen die Wirbel geschossen ist. Ganz kuriert ist er in Leas Augen noch nicht. Aber dass er überhaupt schon wieder so weit hergestellt ist, hängt für Lea eindeutig mit seiner fortgeschrittenen Fähigkeit zusammen, mit dem Unterbewussten zu kommunizieren. Er scheint in diesem Punkt recht weit zu sein. Während er noch ein wenig Small Talk mit den Kollegen betreibt, überprüft sie ihr Telefon auf entgangene Anrufe und Nachrichten. Phil fragt nach, ob am nächsten Wochenende vielleicht doch noch was geht. Er würde gerne etwas mit ihr besprechen. Das kommt überraschend. Aber nach dem Verschieben des ›Was cookst du?‹-Projekts wird sich da vielleicht was freischaufeln lassen. Eine Frau aus ihrer Aktionsgruppe hat eine Rundmail verschickt, dass gefälligst alle ihren Arsch zur Pro-Asyl-Demo am Sonnabend hochbekommen und auftauchen sollen. Wenn der vom Engagement der Bürger angeschobene Schwung versiege, würde die vom Volk zum Handeln genötigte Politik, allen voran Frau Merkel, ihre positiven Signale garantiert schnell wieder herunterfahren. Lea hat die Medienberichte über die riesigen Ströme der vor allem aus Syrien fliehenden Menschen durchaus mitbekommen. Wenn auch nur am Rande. Schon seit sie das erste Mal davon gehört hat, trägt sie ein schlechtes Gewissen mit sich herum, bisher in keiner Weise aktiv geworden zu sein. In der ganzen Republik gibt es sowohl Verbalattacken als auch mörderische Brandanschläge auf zukünftige und teils auch schon bezogene Asylbewerberheime, und sie kümmert sich um diesen Fall mit der Alstertoten. Gleich morgen muss sie sich nach einer Möglichkeit umsehen, wo sie persönlich mit anpacken und helfen kann.

Da sie es soeben selbst aktiviert hat, nimmt ihr Telefon keine Rücksicht darauf, dass es zurzeit eigentlich noch immer ausgestellt ist und keine Anrufe entgegennehmen soll und gestattet es Ricardo von ›Was cookst du?‹ fernmündlich, bis zu ihr vorzudringen. Er teilt Lea mit, dass das Projekt nun am Montag gestartet wird und dass er endlich so weit ist, mit ihr die Termine für die nächsten beiden Wochen abzusprechen. »Jetzt sofort?«

»Natürlich. Du bist die Nächste auf meinem Zettel. Wenn ich die Abläufe mit dir nicht abstimmen kann, kommen wir hier nicht weiter. Wieso, passt es dir gerade nicht?«

Da er sich ohnehin gestresst anhört, verschweigt sie ihm, dass sie nur rangegangen ist, weil sie gerade ihre Mailbox gecheckt hat und sie sein Anliegen, wenn sie die Wahl hätte, im Augenblick nicht unbedingt vorrangig behandeln würde. Vermutlich würde er das in seiner momentanen Gefühlslage nicht verkraften. »Wie lang brauchen wir?«

»Kommt darauf an. 20 bis 30 Minuten? Ich sitze hier mit dem Großteil des Teams zusammen. Du bist sozusagen unsere zugeschaltete Konferenz-Teilnehmerin.«

Lennart sieht sie fragend an. Seinen Lippen kann sie ein pantomimisches »Probleme?« ablesen.

»Moment bitte, ich stell dich mal eben auf stumm. Bin gleich wieder dran. Okay?« Sie drückt Ricardo weg, um sich mit Lennart abzustimmen. Sie bräuchte etwa eine halbe Stunde, um telefonisch ein paar Dinge für nächste Woche zu klären. Er schlägt vor, dass er währenddessen zum Büsumer Wasserschutzpolizeiposten geht, um die dortigen Kollegen zu befragen, ob es im Zusammenhang mit der ›Sonja‹ Auffälligkeiten gegeben habe. Nach einem Blick auf die Uhr schlägt er vor, Lea zwischen sechs und sieben wiederzutreffen. Im ersten Moment hält sie das für recht spät, weil dann sicher nicht mehr viel Zeit verbleibt, um anschließend noch gemeinsam zu recherchieren. Im zweiten Gedanken schlägt sie vor, sich in diesem Fischgeschäft mit Imbiss am Hafen zu treffen, wo sie schon mit Phil ein paar Leckereien fürs Wochenenddinner gekauft hat. Wenn sie schon an der Küste ist, muss sie zwingend frischen Fisch mit nach Hause nehmen. Bei der Erwähnung von Phils Namen glaubt Lea um Lennarts Mundwinkel ein leichtes Zucken erkannt zu haben. Aber natürlich muss es in Anbetracht der wiederkehrenden fiesen Schmerzimpulse da keinen Zusammenhang geben. Seine Mimik kann ebenso gut von einem der Dolchstöße ausgelöst worden sein, mit denen sein Unterbewusstes ihn nach wie vor zu malträtieren versucht.

»Gute Idee«, lässt er sich auf ihren Vorschlag ein. »Sieben Uhr?«

»Ich weiß nicht, wann die zumachen. Wie wär's mit halb sieben? Wenn deren Theke nicht ganz leer gefressen ist, gönnen wir uns vor der Rückfahrt noch einen feinen Matjes oder schöne Büsumer Krabben oder sonst was Leckeres.«

»It's a date«, sagt Lennart und berührt sie, ehe er sich von den Polizeikollegen verabschiedet, vertrauensvoll am Arm.

# 12. KAPITEL

Zwei Minuten später, Lea steht inzwischen im Vorraum der Polizeistation, um ungestört mit Ricardo zu reden, kommt Lennart noch einmal zurück und hält Lea ihre Fahrradtasche hin, die sie im Auto hat liegen lassen. »Brauchst du die?«, fragt er pantomimisch stumm. Sie schüttelt den Kopf. Seine nächste tonlos gestellte Frage kann sie nicht von seinen Lippen ablesen. Noch einmal bittet sie Ricardo um einen Moment Geduld. Lennart möchte wissen, ob sie eine Jacke bei sich hat. Der Wind hätte merklich aufgefrischt und es wäre recht kühl geworden. Als sie verneint, drängt er ihr, ganz Gentleman, sein Jackett auf. Er selbst säße windgeschützt im Auto. Schon ist er wieder auf dem Weg zu seinem Wagen. Sie hat gar keine Chance, das Angebot abzulehnen. Nach dem Gespräch mit Ricardo, dessen Auswirkung für Lea eine 50- bis 60-Stunden-Woche sein wird, macht sie sich zu Fuß auf den Weg Richtung Hafen. Der Himmel ist mittlerweile fahlgrau, der Nordseewind weht zwischen den Häusern durch die Straßen. Weil sie bis zum vereinbarten Treffen noch Zeit hat, schlendert sie durch die Fußgängerzone, holt sich trotz der gefallenen Temperaturen ein Eis. Vielleicht ist es ja das letzte Draußeneis für diesen nun doch beginnenden Herbst. Wie immer steht sie unentschlossen vor der Vitrine mit den verschiedenen Eissorten, ehe sie sich am Ende einmal mehr für Zitrone mit Schokolade entscheidet. Ihre Standardmischung. Beim Griff nach ihrem Portemonnaie fasst sie automatisch in Lennarts Jackentasche und fühlt eine scheckkartengroße Plastikkarte. Es scheint sein Dienstausweis zu sein. Jetzt, da sie das Ding in der Hand hat, erinnert sich Lea, dass er ihn am Nachmittag Frau Hansen gezeigt und ihn lose zurück in die Tasche gesteckt hat. Um beim Kauf einer Eistüte kein Missverständnis entstehen zu lassen, lässt die Karte in der Tasche. Im Weitergehen tastet sie mit der freien Hand das Jackett ab, ob es noch weitere Dinge darin zu entdecken gibt. Wenn sie zur Einschätzung kommt, Lennart könnte sie dringend brauchen, würde sie ihn anrufen und ihm Bescheid geben. In einer kleinen Innentasche befindet sich an einem Kettchen ein unscheinbarer Schlüssel, den Lea nicht zuordnen kann. Wenigstens steckt zu ihrer Erleichterung in keiner der Taschen seine Dienstwaffe. Aber die hätte sie aufgrund des Gewichts ohnehin längst bemerkt. Handschellen sind auch nicht zu finden. Trotz seiner noblen Geste, ihr das wärmende Kleidungsstück zu überlassen, begibt sich Lea unmittelbar nach ihrem Eis in die nächste Cafébar, um sich bei einem doppelten Espresso aufzuwärmen. Noch am Tresen fragt sie, ob es im Café eventuell einen Tisch mit Steckdose gebe. Ihr Telefonakku mache allmählich schlapp und es wäre schön, wenn sie ihn aufladen dürfte. Der Barista zeigt einen Platz in der Ecke und fragt, ob er exklusiv für sie den daneben befindlichen Heizkörper aufdrehen soll.

»Sehe ich tatsächlich so verfroren aus?«

»Erhitzte Fieberbäckchen kann ich keine erkennen.«

Lea nimmt eine der ausliegenden Tageszeitungen mit an den Tisch, lässt sich durch den Wetterbericht bestätigen, dass es mit dem gerade erlebten Temperatursturz meteorologisch betrachtet tatsächlich mit rechten Dingen zugeht und widmet sich den aktuellen Nachrichten, die in großer

Ausführlichkeit die unglaublichen Flüchtlingsströme schildern, die über die Türkei und Griechenland nach Europa kommen, um von dort aus möglichst schnell in aufnahmebereite EU-Länder zu gelangen. Mit einem Gefühl von Abscheu überfliegt sie Berichte über das menschenverachtende Verhalten der ungarischen Regierung und über populistische Parolen des bayerischen Ministerpräsidenten und seines Innenministers und den Gewaltakten und Brandanschlägen gegen Asylbewerber-Einrichtungen und den Demos des nationalistischen Mobs, der sich beileibe nicht, wie manche zu glauben scheinen, auf die östlichen Bundesländer beschränkt. Zugleich kann sie kaum glauben, dass ein Großteil der deutschen Bevölkerung eine Willkommens-Kultur und Aufnahmebereitschaft an den Tag legt, mit der sie in ihren kühnsten Träumen nicht gerechnet hätte. Während sie das alles liest, durchlebt sie ein Wechselbad der Gefühle. Während sie die Zeitung zusammenfaltet, wird Lea gewahr, wie intensiv sie sich in den vergangenen Tagen mit dem Fall der Alstertoten beschäftigt hat. Nach ihrer Ankunft in Hamburg muss sie sich um Kontakte zu Hilfsorganisationen kümmern.

Nach einem weiteren wärmenden Espresso bricht sie um sechs Uhr auf in Richtung Hafen, um sich vor ihrem Treffen mit Lennart in Ruhe etwas aus der Frischfischvitrine zu besorgen. Wenigstens für Morgen will sie noch etwas mit nach Hause nehmen. Eventuell passt auch noch was ins Gefrierfach.

Keine 200 Meter vom Laden entfernt liegt noch immer die ›Sonja‹ am Kai. Auch das Kajak befindet sich nach wie vor auf der Backbordseite an Deck. Aus der Distanz wirkt der von Joachim Burger restaurierte Kutter leer. Dennoch macht sich Lea darauf gefasst, dass jemand vom Unterdeck nach oben kommen könnte. Auf Höhe des vorderen der beiden Poller, an denen der Kutter festgemacht ist, bleibt sie stehen. Sie spielt die interessierte Passantin und glaubt, niemanden an Bord zu wissen. Da weit und breit kein Mensch zu sehen ist, kann sie nicht widerstehen. Ein großer Schritt und sie ist an Deck, um dort auf der Backbordseite hinter dem Schiffsaufbau in Deckung zu gehen. Niemand scheint ihr unbefugtes Boarding bemerkt zu haben. Der Geruch frisch aufgetragener Farbe steigt ihr in die Nase. Sie hebt den Kopf, wirft einen Blick ins Ruderhaus. Die Instrumente machen auf Lea einen funktionstüchtigen Eindruck. Ob der Kutter tatsächlich seetauglich ist, kann sie jedoch nicht beurteilen. Nach ihrer Einschätzung wirkt alles ganz ordentlich. Sie reckt sich nach der Klinke, stellt überrascht fest, dass sich die Tür zum Ruderhaus öffnen lässt. In geduckter Haltung huscht sie hinein, zieht die Tür hinter sich ins Schloss. Zum ersten Mal in ihrem Leben befindet sie sich an Bord eines Kutters. Leichte Wellen schlagen mit sanftem Plätschern gegen die Planken. Lea folgt dem Niedergang in den Bauch des Schiffes. Sie tastet nach einem Lichtschalter, findet jedoch keinen und benutzt die Taschenlampe ihres Smartphones. Unter Deck ist der Ausbau weit weniger fortgeschritten als oben. Um sich hier wohlfühlen zu können, muss noch einiges geschehen. Da hat Jo Burger noch jede Menge Arbeit vor sich. Inmitten von Farbkübeln, Baumaterialien und Werkzeug lässt ein provisorisches Nachtlager darauf schließen, dass er hier geschlafen hat. In der Decke über Lea befinden sich zwei Klappluken. Offenbar steht sie im ehemaligen Fracht- oder Laderaum. Auf einer Lage Bretter stehen Taschen und Kartons. Aufs Geratewohl hebt Lea den ersten Deckel, braucht nicht lange, um zu erkennen, dass sich in dieser Kiste die von Lennart in der Wohnung vermissten persönlichen Dokumente und Gegenstände befinden. Zu welchem Zweck hat die Kirchheimer die Sachen an Bord geschafft? Um sie auf hoher See zu entsorgen? Es dürfte kaum ein besseres Versteck als den Meeresgrund geben. Laute Männerstimmen vor dem Kutter lassen Lea den Schreck in die Glieder fahren. Sie löscht ihr Licht, lauscht nach draußen. Aufgrund der wenigen klar zu verstehenden Wortfetzen kann sie sich zusammenreimen, dass ein paar Einheimische auf dem Kai Halt gemacht haben, um den Kutter in Augenschein zu nehmen. Fachsimpelnd begutachten sie, was diese großmäulige Landratte, womit sie mutmaßlich Jo Burger meinen, in den vergangenen Wochen und Monaten zuwege gebracht hat. Es macht den Anschein, als habe keiner der Männer da draußen ihm zugetraut, den Kutter in seetüchtigen Zustand zu versetzen. Lachend und diskutierend ziehen sie weiter. Lea kehrt an Deck zurück, um das unsichere Terrain schleunigst zu verlassen. Zumal sie inzwischen nur noch wenige Minuten hat, um pünktlich beim verabredeten Treff mit Lennart zu erscheinen.

Tatsächlich hat Lennart bereits an einem Tisch am Fenster des Imbiss-Fischgeschäfts Platz genommen. Als er Lea kommen sieht, steht er auf, um sie zu begrüßen, als hätten sie sich Ewigkeiten nicht gesehen.

»Haben dir deine Kollegen von der Wasserschutzpolizei geglaubt, dass du einer der Ihren bist?«

»Warum nicht?«

Sie zieht den Dienstausweis aus seiner Jacketttasche.

»Ich hoffe, du hast keinen Missbrauch damit betrieben.«

»Selbstverständlich hab ich das. Du kennst mich.«

»Dann sollte ich in Zukunft besser darauf aufpassen.« Er

nimmt ihn entgegen und steckt ihn in einen Kartenschlitz seines Portemonnaies.

»Wenn es im Präsidium noch eine Zukunft für dich gibt«, sagt Lea. »Sollte je rauskommen, wo ich mir mit deinem Ausweis überall Zutritt verschafft habe, kannst du deine Karriere knicken. Möchtest du dein Jackett wiederhaben?«

Er zeigt auf den rechten Ärmel. »Erst nachdem du sie aus der Reinigung geholt hast«, meint er lächelnd.

Natürlich ist Lea der Farbfleck, auf den er sie aufmerksam macht, im doppelten Sinn peinlich. Zum einen, weil sie seine ritterliche Geste, ihr das wärmende Jackett zu überlassen, damit belohnt, es verschmutzt zurückzubringen. Zum andern, weil sie kaum mehr drum herumkommt, ihm zu erzählen, dass sie sich kurz zuvor auf die ›Sonja‹ geschlichen hat. So ein eigenmächtiges Vorgehen kann er aus seiner Position heraus gar nicht gutheißen. »Ich war auf der ›Sonja‹«, sagt sie trotzdem.

Kaum merklich schüttelt er den Kopf, sieht ihr in die Augen. Verlegen hebt sie die Schultern. Noch ein Kopfschütteln. Für einen Moment senkt er die Lider, als wollte er das Geschehene wegwischen wie ein störendes Staubkörnchen, das sich auf die Hornhaut gelegt hat. Sie schweigen. Durchaus schuldbewusst legt Lea die Stirn in Falten.

»Möchtest du was essen?« Lennart scheint dringend einen Themenwechsel zu wünschen.

Stillschweigend akzeptiert Lea die gehisste weiße Flagge und steht auf, um sich am Tresen etwas auszusuchen. »Ich weiß aber noch nicht was. Kommst du mit?« Möglichst unauffällig beobachtet sie, wie er sich aus dem Stuhl erhebt, und hat den Eindruck, dass sich der Zustand seines Rückens wieder verschlimmert hat. Während ihres tiefgründigen Gesprächs der letzten Nacht waren sie sich auch in dem

Punkt einig, dass sie sich beide noch immer von äußeren Triggern beeinflussen lassen. Im Moment hat Lea den Eindruck selbst einer der Trigger zu sein, der Lennart nicht wirklich guttut. Wie auch immer sie sich verhält, alles scheint Lennarts Unterbewusstsein zu provozieren, ihm Schaden zuzufügen. Und er scheint auf der Stelle zu treten und nicht aus dem Kreislauf ausbrechen zu können. Offenbar kann er nicht in vollem Umfang akzeptieren, dass die Beziehung zu Lea nun mal ist, wie sie ist. Zack, grätscht ihm sein Unterbewusstes dazwischen und gaukelt ihm vor, dass er ganz dringend Schmerzen haben muss. Da ihm offensichtlich an Lea gelegen ist, muss er künftig wohl jede Menge gedanklicher Arbeit leisten, um mit ihren bisweilen kaum nachvollziehbaren Handlungen klarzukommen und damit zu leben.

»Verzeih mir, wenn ich das sage«, sagt er neben ihr vor der Vitrine stehend, »mit dir zusammen zu sein, ist für mich wie Achterbahn fahren.«

Lea lässt diese Aussage sacken. Der Vergleich lässt großen Spielraum für freie Interpretation. Kompliment oder Vorwurf? »Dann stellt sich für mich die Frage, ob du Achterbahn magst oder nicht.« Sie sieht ihn von der Seite an. Auch er lässt sich mit einer Antwort Zeit.

»In meiner Jugend hab ich meine Kohle zusammengehalten, um auf dem Hamburger Dom möglichst oft die wildesten Dinger fahren zu können. Je steiler die Kurven, je enger die Loopings, desto besser. Vermutlich wollte ich damit den Mädels imponieren, von denen sich manche gar nicht reingetraut haben. Hätte mich damals ein Achterbahnbetreiber gefragt, ob ich einen Job als Chip-Einsammler haben möchte – ich hätte Ja gesagt.«

»Junger Mann zum Mitreisen gesucht«, sagt Lea.

Er nickt. »So ungefähr. Irgendwann ist der Reiz verflogen. Im aktuellen Zustand würde ich sicher nicht einsteigen und mich durchschütteln lassen. Obwohl mir klar ist, dass man trotz aller Schmerzen, die man gerade hat, alles machen sollte, was man machen möchte.«

Lea fragt sich, was hinter der Geschichte mit der Achterbahn stecken mag, und versucht, Lennarts Gedanken hinter seinen Worten zu interpretieren. Ehe sie sich eine Deutung zurechtlegen kann, sind sie an der Reihe und die Bedienung fragt, wie sie helfen könne. Während des Essens leitet Lennart einen erneuten Themenwechsel ein und kehrt zum Fall zurück. Er erzählt, dass er bei der Wasserschutzpolizei in Erfahrung bringen konnte, dass Jo Burger sowohl Fahrzeughalter des weißen Transporters als auch Besitzer der ›Sonja‹ ist. Natürlich haben sowohl die Hafenmeisterei als auch die Polizei immer ein Auge darauf, dass bei Instandsetzung alter Kutter kein Altöl oder Schiffsdiesel ins Wasser gerät. Joachim Burger scheint durchaus mit Sorgfalt vorzugehen und hat sich nichts zuschulden kommen lassen. Nur habe ihn der Hafenmeisterei mehrfach darauf ansprechen müssen, dass er mit den Liegegebühren in Verzug geraten ist. Daraufhin hat Burger jedes Mal versucht, die Quadratmeter, nach denen die Gebühr erhoben wird, kleiner zu rechnen oder einen Rabatt rauszuschlagen.

»Ist ihm aber nicht gelungen«, spricht Lea ihre Vermutung aus. »Wissen die, ob er so weit fertig ist, dass er auslaufen könnte?«

»Theoretisch jederzeit. Die Schiffsabnahme hat er hinter sich.« Er blickt auf die Uhr. »Aber so kurz vor Einbruch der Dunkelheit und einsetzendem Niedrigwasser sollte man laut Wasserschutzpolizei lieber im Hafen bleiben. Die ersten Seemeilen vor der Küste haben es wohl in sich. Im Watt ändern sich die Fahrrinnen offenbar ständig.«

»Was ist, wenn sie es trotzdem versuchen? Vielleicht kennt sich die Kirchheimer aus. Und wenn er tatsächlich Kiter ist, wird auch der Burger nicht ganz unerfahren sein und müsste sich gerade im Küstenbereich halbwegs orientieren können.«

»Zumindest darf er die ›Sonja‹ steuern. Die Kollegen haben's überprüft.«

»Haben wir eigentlich etwas gegen die beiden in der Hand? Dürften wir sie kontrollieren oder gibt es sogar eine Grundlage, um sie zu verhaften?«

Lennart kann sich ein Schmunzeln nicht verkneifen. »Wir?« Lächelnd schüttelt er den Kopf. »Und dass du immer gleich jemanden verhaften möchtest.«

»Okay. Dann nenn es meinetwegen eine vorläufige Festnahme oder sonst irgendwie. Es ist mir vollkommen egal, wie das offiziell heißt. Ich will bloß wissen, ob du überhaupt etwas unternehmen könntest und sie beispielsweise am Auslaufen hindern?«

»Für eine Befragung würde es reichen. Und wenn ich ihrer habhaft werde, würde ich eine solche auch mit Sicherheit durchführen.«

»Obwohl du in Schleswig-Holstein bist?«

»Ich kann jederzeit meine Kollegen aus einem anderen Bundesland um Hilfe bitten. Sie haben mir zugesichert, den Kutter im Auge zu behalten, damit die beiden uns nicht einfach durch die Lappen gehen.«

»Ach, so was darfst du einfach so? Obwohl du gar nicht im Dienst bist heute? Bei dir gibt's also keine Regeln, an die du dich halten musst?«

Er lehnt sich zurück, betrachtet sie, als wäre sie ein Orakel, dessen Rätsel er nicht durchschauen kann. »Worauf willst du jetzt eigentlich hinaus? Bislang hatte ich den Eindruck, dass es dir bedeutend dringlicher ist als mir, an die Kirchheimer ranzukommen, um sie befragen zu können, was sie mit dem Tod der Frau in der Alster zu tun hat.«

Lea ist selbst nicht klar, was sie gerade reitet und weshalb sie ihn penetrant auf seine sicher verzeihlichen kleinen Regelverstöße hinweist. »Ach, egal.«

»Ganz offensichtlich nicht.«

Sie verschränkt die Arme vor der Brust. »Okay. »Ich habe Mühe damit, dass du immer wieder zweierlei Maß anlegst.«

»Tut mir leid, aber ich verstehe jetzt wirklich nicht, worauf du hinauswillst.«

»Wenn ich die Chance habe, irgendwas rauszufinden, und dafür fünfe gerade sein lassen muss, hältst du mir einen Vortrag, dass das so nicht geht. Wenn du dich nicht ganz normgerecht verhältst, dient es der Sache und ist in Ordnung. Du biegst dir deine Ermittler-Freiheiten zurecht, wie du es für richtig hältst, und mir wirfst du permanent vor, dass ich Dinge tue, mit denen ich meine Kompetenzen überschreite.« Bereits während dieses hilflosen Erklärungsversuchs ist Lea klar, dass sie alles viel höher aufhängt, als es sein müsste und als sie es möchte. Sie versteht nicht einmal ihre eigenen Motive. Sie hat das Gefühl, auf Krawall gebürstet zu sein.

»Erstens bin ich Polizist«, erwidert Lennart sachlich. »Es gehört durchaus zu meinem Berufsbild, mich in solche Dinge einzumischen.«

»Und ich halte es für meine Bürgerpflicht.«

Erneut verdreht er kopfschüttelnd die Augen. Lea weiß, dass sie es sein lassen sollte. Trotzdem kann sie nicht aufhören, ihn weiter herauszufordern und zu provozieren. »Okay – du stellst mich, weil es dir gerade passt, einfach mal so als Kollegin vor. Wenn du das machst, ist das in Ordnung. Wenn ich mich aber selbst als Polizistin ausgebe, ist es das nicht?«

Er stutzt, versteht nicht, worauf sie anspielt.

»Wer hat mich denn heute Nachmittag bei Möllers Nachbarin als Kollegin vorgestellt?« Wenn Lea wüsste, wo der Halteknopf ist, würde sie ihn sofort drücken. Und dann auf schnellen Rücklauf bis zu der Stelle, an der sie ihr Lamento begonnen hat. Sie hält den Atem an und hofft, dass Lennart bereit ist, auch dieses Thema von sich aus fallen zu lassen, und nicht weiter nachhakt.

Er verschränkt die Arme vor der Brust, schaut sie prüfend an. »Wann hast du dich als Polizeibeamtin ausgegeben?«

Lea wird heiß. Erst durch seine nüchtern gestellte Frage wird ihr bewusst, dass sie das gerade eben selbst im Nebensatz ausgeplaudert hat. »Gestern«, erwidert sie zerknirscht. Aus dieser Nummer kommt sie höchstens noch mit Halbwahrheiten oder Lügen raus.

»Bei den Leuten, wo du das Boot gefunden hast?«

Eine Steilvorlage, die sie nutzen könnte. Würde sie das jetzt einfach bejahen, hätte sie im letzten Moment eine Hintertür aus ihrem Dilemma gefunden. Aber sich einfach so aus der Situation rausschleichen ginge ihr noch mehr gegen den Strich. Das kann sie nicht. Mit Lennart schon gar nicht. Den Blick auf die Tischplatte geheftet, als könnte sie dort eine Antwort finden, schüttelt sie kaum wahrnehmbar den Kopf. Ihn zu belügen, kommt nicht infrage. »Ich war mit Rüdiger in der Wohnung von der Kirchheimer.«

Er legt den Kopf in den Nacken und blickt zur Decke.

»Das ist jetzt nicht dein Ernst, Lea! Sag bitte, dass das ein Scherz ist.«

Sie schweigt. Sie kann mit Sicherheit davon ausgehen, dass er weiß, dass ihr nicht nach Scherzen zumute ist.

»Und?«

Natürlich fordert er nun Details. Damit war zu rechnen. Soll sie ihm alles erzählen? »Rüdiger hatte sich vor einiger Zeit näher auf sie eingelassen. Als sie für uns noch Iris war, hatten die zwei etwas miteinander. Damals hatte er etwas in ihrer Wohnung gelassen, das er jetzt, nach ihrem vermeintlichen Tod, gerne wiederhaben wollte.«

»Und was war das?«

Sie sieht ihn um Verständnis suchend an. »Das sag ich dir, wenn du am Ende meinst, dass es wirklich notwendig ist. Versprochen. Ich bin allerdings der festen Überzeugung, dass du es nicht wissen musst.«

»Lea, ich bin nun mal bei der Kriminalpolizei – es gehört zu meinem Beruf, in solchen Fällen detailliert nachzufragen …«

»Willst du wissen, wie es dazu gekommen ist, dass ich mich als Polizistin ausgegeben habe oder nicht?« Obwohl es Rüdiger gewesen ist, der sich als Polizist ausgegeben hat, nimmt sie dies auf ihre Kappe. Um ihn zu schützen. Weshalb sie dies nach seinem jüngsten Gebaren überhaupt noch tut, ist ihr selbst ein Rätsel. Verdient hat er es durch sein gestriges Verhalten wahrhaftig nicht. Sie schildert Lennart, wie sie die Nachbarin dazu bewogen haben, sie mit ihrem Ersatzschlüssel in die Wohnung zu lassen. Im Versuch, die Schwere ihres Vergehens zu reduzieren, betont sie, dass das Siegel zu diesem Zeitpunkt schon entfernt war und dass sie selbst nichts anderes vorgehabt hat, als vielleicht doch irgendwelche brauchbaren Indizien oder Spuren zu sammeln. Zum Beispiel habe sie in einem Ziploc-Beutel die Zahnbürste von der Ablage des Badezimmers gesichert. In unnötiger Ausführlichkeit beschreibt sie, welche Eindrücke sie sonst in der Wohnung gewonnen hat und dass ihr auch dort aufgefallen sei, dass es kaum persönliche Andenken oder Dinge gab, von denen man Rückschlüsse auf die Vergangenheit der Kirchheimer ziehen könne. »Und das war's auch schon.« Lea wundert sich, dass Lennart nicht längst zum Notizblock gegriffen hat, um alles mitzuschreiben. Womöglich um ihr zuliebe die strafbare Handlung nicht auch noch schriftlich festzuhalten?

»Hat Rüdiger gefunden, was er suchte?«

»Nein«, antwortet Lea neutral.

Seinen eindringlichen Blick empfindet sie wie ein Brennen auf ihrer Haut. In diesem Moment tun ihr die Leute leid, die Lennart wegen was auch immer verhört. So wie er da sitzt und sie stumm betrachtet, würde sie am liebsten aufspringen und davonrennen. »Wir haben der Nachbarin den Schlüssel zurückgegeben und sind gegangen. Und dann haben wir die Alster nach dem Kajak abgesucht.«

»Du und Rüdiger gemeinsam? Hast du nicht gesagt, du hättest es alleine entdeckt?«

»Ja, richtig. Rüdiger ist schon nach wenigen Minuten abgehauen.«

»Ihr habt euch gestritten?«

Lea sieht ihn erstaunt an. Wie kommt er auf diese Frage? Wie kann er aus dem, was sie ihm so neutral und so sachlich wie möglich beschrieben hat, darauf schließen, dass sie sich gestritten haben? Ist das Wörtchen ›abgehauen‹ tatsächlich so verräterisch? Wenn jemand gegangen ist, sagt man das doch einfach so dahin – abgehauen. Offenbar muss sie ihre Worte sorgfältiger wählen. Zumindest ihm gegenüber. Er scheint jedes einzelne Wort auf die Goldwaage zu legen. Wieso nimmt er sie überhaupt so ins Verhör? Sie fühlt sich von seinen Fragen bedrängt. Sie versucht den Ärger, der in ihr lauert, im Zaum zu halten. Ärger bewirkt immer das Gegenteil von dem, was man erreichen möchte. Sie versucht, sich gegen die sich verselbstständigende Dynamik dieses Prozesses aufzulehnen. Sie will diesen kontraproduktiven Ärger nicht haben, weil er zu nichts führen wird. Früher kam sie aus ihren Wutspiralen ohne fremde Hilfe nicht mehr raus. Sie konzentriert sich aufs Atmen. Fünfmal tief ein, fünfmal tief aus.

»Worüber habt ihr euch gestritten?«, unterbricht Lennart ihren Versuch, sich zu konzentrieren.

Gut. Dann soll er sie haben. Die Wahrheit. In einem wasserfallartigen Schwall an Details, Fakten und Einzelheiten, scheint Lea ihr Gegenüber ertränken zu wollen. Angefangen von Rüdigers Scherz während des Essens am Sonnabend, die Kirchheimer erschlagen zu haben, über sein Geständnis, die Frau wegen eines erhofften Schuldenerlasses erpresst zu haben, bis hin zu jenem aus der Wohnung entwendeten faustgroßen Flusskiesel, den er in der Alster entsorgte, erzählt Lea alles und löst damit bei Lennart eine Art Schockstarre aus. Mit großen Augen sitzt er vor ihr und betrachtet sie mit einem Ausdruck der Fassungslosigkeit.

»Wir schließen dann!«, ruft die Frau vom Tresen her.

Während Lea die Aufforderung zu gehen mit einem entschuldigenden Lächeln quittiert, erhebt sich Lennart ruckartig von seinem Stuhl, als wäre es ihnen nach dem durchaus freundlich vorgetragenen Hinweis keine Sekunde länger gestattet, zu verweilen. »Wir wollten sowieso gerade gehen.« Ohne Lea noch einmal anzusehen, wendet er sich zur Tür, verabschiedet sich mit einer zaghaften Handbewegung von der Bedienung und ist auch schon draußen. Die sonst so unaufdringlich höfliche Art, ihr freundlich die Tür aufzuhalten, ist ihm in diesem Augenblick abhandengekommen.

Lea kann ihm kaum folgen. »Lennart!«, ruft sie draußen hinter ihm her und ist überrascht, dass es schon beinahe dunkel ist. Mit weit ausholenden Schritten, zu denen er gestern Abend nicht fähig war, versucht er offenbar möglichst schnell eine räumliche Distanz zwischen ihnen zu schaffen. »Lennart!«

Er bleibt stehen, dreht sich um. Sie eilt zu ihm hin, rechnet damit, dass er sich wieder abwendet, um weiter vor ihr zu fliehen. Denn was ist es anderes, als eine Flucht? Mit den Händen in den Taschen bewegt er sich jedoch nicht von der Stelle, bis sie unmittelbar vor ihm steht. »Willst du mich jetzt hier in Büsum zurücklassen? Soll ich den Zug nehmen oder was?«

»Nein, natürlich nicht.« Er fasst sich an die Stirn. »Lea, das ist, du bist, was du mir da gerade ...« Er bringt keinen sinnvollen Satz zustande, weiß offensichtlich nicht, was er sagen soll. Auch er möchte sich wohl durch tiefe Atemzüge beruhigen. Endlich scheint er sich gefasst zu haben. »Dir ist schon klar, dass du soeben einem Kriminalbeamten beschrieben hast, wie sich einer deiner Freunde in höchstem Maße verdächtig gemacht hat, diese Frau umgebracht zu haben?«

»Er war's nicht.«

»Ach. Weil du ihn schon so lange und so gut kennst? Was meinst du, wie oft ich diesen Satz von Angehörigen, Freundinnen, Freunden, Ehefrauen gehört habe? Lea! Darüber kann ich doch nicht einfach hinwegsehen. Dein Rüdiger ist aufgrund deiner Aussage so was von verdächtig. Der einzige konkrete Verdächtige, den wir bisher haben.«

»Neben der Kirchheimer.«

»Meinetwegen. Aber das macht euer unbefugtes Eindringen in die fremde Wohnung nicht besser. Und ihn nicht weniger verdächtig.« Er gestikuliert aufgebracht mit den Armen, blickt sich nach allen Seiten um, als wolle er überprüfen, ob ihnen jemand zuhört. Er wirkt wie ein Fliehender auf der Suche nach einem Ausweg. »Lea, hör zu, gib mir bitte eine halbe Stunde Zeit. Ich muss jetzt alleine sein. Wenn du willst, kannst du dich ins Auto setzen und dort auf mich warten. Ich geb dir den Schlüssel. Ich brauche im Moment einfach ganz dringend frische Luft und meine Ruhe, um meinen Kopf klar zu kriegen.«

»Ich kann dich ja beglei…«

»Nein. Bitte nicht«, fällt er ihr forsch ins Wort, um dann deutlich sanfter einzulenken. »Sorry. Tut mir leid. Ich brauche einfach nur ein paar Minuten für mich, um das alles zu sortieren.«

»Okay.« Behutsam legt sie ihre Hand auf seinen Arm und ist überrascht, dass er die Geste zulässt. »Möchtest du dein Jackett?«, fragt sie, um überhaupt etwas zu sagen.

»Nein, mir ist nicht kalt. Treffen wir uns in einer halben Stunde?«, fragt er. »Im ›Diabolo‹? Was anderes kenne ich hier nicht.«

Lea nickt. Er wendet sich ab. Sie sieht hinter ihm her, bis er in der Dunkelheit des Hafengeländes verschwunden ist, und fragt sich, wie es zu dieser unsäglichen Situation gekommen ist. Nur weil ihr Ego es nicht vertragen hat, dass Lennart glaubt, mehr Spielräume für sich in Anspruch nehmen zu dürfen als sie, und er es ihr mehr oder weniger pauschal abspricht, das Recht, wenn es die Situation erfordert, ein klein wenig zu biegen? Während er sie als Polizeimitarbeiterin vorstellen darf, hätte sie seiner Ansicht nach die Nachbarin von Iris Möller sofort dahin gehend aufklären müssen, dass Rüdiger kein Polizist ist. Was soll diese Unterscheidung? Das ist doch reiner Kinderkram. Wegen Kinderkram sollte man sich allerdings nicht streiten.

Sie geht am Kai entlang. Noch ehe sie an der ›Sonja‹ vorbei ist, sieht sie den Streifenwagen, in dem sie Lennarts Kollegen von heute Nachmittag erkennt. Lea bleibt neben der Fahrertür stehen, bückt sich hinunter zum Fenster und erntet zunächst einen verstörten Blick des am Steuer sitzenden Beamten. Als er schließlich doch etwas mit ihrem Gesicht anfangen kann und sie erkennt, lässt er die Scheibe herunter, um sie mit einem herzlichen »Moin« zu begrüßen.

»Moin«, erwidert Lea ebenso freundlich. Sie zeigt auf die ›Sonja‹. »Die beiden sind wohl nicht mehr aufgetaucht.«

»Werden sie auch kaum noch. Es ist Nacht, wir haben kurz nach Neumond, in Kürze ist Niedrigwasser – kein normaler Mensch kommt da auf die Idee, in See zu stechen. Ich denke, wir können uns bald zurückziehen.«

»Sind Sie sicher?« Natürlich kann sie die Worte und den Standpunkt des Beamten nachvollziehen. Es mag ja stimmen, wenn er normalen Menschen nicht zutraut, unter den genannten Bedingungen einen sicheren Hafen zu verlassen. Jedoch hält Lea den Begriff ›normal‹ für dieses spezielle Pärchen nicht unbedingt für angebracht.

Ehe der Beamte antwortet, erhalten er und sein Kollege einen Ruf, um den sie sich umgehend zu kümmern haben. Ein Auffahrunfall. »Das ist ja dann wohl ein Wink des Schicksals«, sagt der Fahrer, startet den Motor und verabschiedet sich von ihr.

Wenn es im Laufe der letzten Stunden nicht noch weiter abgekühlt wäre, würde sie das Boot aus sicherer Entfernung im Auge behalten. Wenigstens bis sie sich wieder mit Lennart trifft. Sie kann jedoch weit und breit keinen geschützten Unterstand entdecken, von dem aus dies möglich ist, ohne innerhalb weniger Minuten auszukühlen. Die Brise geht trotz des Jacketts durch und durch. Sie steigt die Treppe hinauf zur Deichkrone, um am anderen Ende des Hafenbeckens ins ›Diabolo‹ zu gehen und dort auf Lennart zu warten. Sie ist noch keine 20 Meter weiter, als sie auf der Kaistraße unterhalb ein unüberhörbar heftig diskutierendes oder gar streitendes Paar wahrnimmt und auf den ersten Blick erkennt, dass es sich um die Kirchheimer und wahrscheinlich um den Burger handelt. Sie kniet nieder, um dort oben auf dem Deich nicht von ihnen erkannt zu werden. Obwohl er sich eine halbe Stunde erbeten hat und davon höchstens zehn Minuten verstrichen sind, hält Lea Ausschau nach Lennart. Ihre Hoffnung, ihn in der Dunkelheit zu entdecken, ist gering. Die zwei Streitenden führen mehrere Einkaufstaschen mit sich. Vielleicht der Proviant für ein, zwei Tage? Burger springt aufs Schiff, stellt seine Taschen ab, nimmt ihre Taschen entgegen, hält ihr die Hand hin. Sie lehnt, wie Lea von ihrem Beobachtungspunkt aus interpretiert, recht trotzig ab und springt ohne seine Hilfe an Bord. Im kleinen Ruderhäuschen geht das Licht an. Die Kirchheimer verschwindet nach unten, vermutlich um die Sachen zu verstauen. Er startet den Diesel. Die beiden scheinen trotz der widrigen Bedingungen noch vorzuhaben, abzulegen und in die Nacht hinauszufahren. Wo ist Lennart? Vom Geschehen auf dem Kutter magnetisch angezogen, eilt Lea die Treppe hinunter zum Kai. Während der Diesel grummelnd vor sich hin tuckert, verlässt Burger den Steuerplatz, kommt nach draußen an

Deck, macht die Leinen los. Lea geht davon aus, dass er sie in der Dunkelheit höchstens zufällig entdecken kann. Sie ist aufgrund der Schiffsbeleuchtung deutlich im Vorteil und verfolgt jeden seiner Handgriffe. Er ist noch immer mit Losmachen beschäftigt. Die Bugleine scheint sich verfangen zu haben. Lea denkt nicht lange über ihren nächsten Schritt nach. Während er sich weiter mit der Leine abmüht, springt sie von Achtern an Bord und duckt sich im Schatten des Ruderhauses an die Wand. Bald hört sie die Tür ins Schloss fallen, die Drehzahl des Motors geht lauter werdend nach oben. Sie legen ab. In Kauerstellung verharrend sieht Lea hinter sich die Heckwellen auseinanderdriften. Schließlich entdeckt sie am Kai den heraneilenden Lennart. Offenbar hat er ihren Sprung aus der Ferne beobachten können und ist losgerannt, um sie zu erreichen. Sie schaltet ihr Telefon ein, hält es hoch, damit er ihr leuchtendes Display sehen kann. Vielleicht versteht er ihre Botschaft, dass sie telefonisch Kontakt mit ihm halten möchte. Als sie auch sein Telefon leuchten sieht, prüft sie geistesgegenwärtig, ob ihres auf stumm geschaltet ist. Nicht dass der Klingelton sie verraten würde, wenn Lennart anruft. Doch der Anruf bleibt aus. Er scheint eine andere Nummer gewählt zu haben. Mit wem er spricht, kann Lea nur vermuten. Mit den Kollegen der Wasserschutzpolizei, die sie tagsüber mit der ›Helgoland‹ an der Hafenausfahrt hat liegen sehen? Schließlich verliert sie ihn in der Dunkelheit aus den Augen. Mit gemäßigter Geschwindigkeit nähert sich die ›Sonja‹ der offenen Nordsee. Sie passieren den Liegeplatz der ›Helgoland‹. Er ist leer. Kein gutes Zeichen. Sie scheint unterwegs zu sein. Je nachdem, wie weit draußen sie sich befindet, kann es lange dauern, bis die Wasserschutzpolizei nach Lennarts eventuellem Anruf eine Suche nach dem spät ausgelaufenen Kutter aufnehmen kann. Lea blickt zurück auf die sich entfernenden Lichter Büsums. Sie zählt die Sekunden des Büsumer Leuchtturms. Drei Sekunden an. Drei Sekunden aus. Drei Sekunden an. Drei Sekunden aus. Wie lange mag sie sich noch an diesem optischen Orientierungspunkt festhalten können?

# 13. KAPITEL

Lea ist kalt. Mit steifen Fingern tippt sie eine Nachricht ins Telefon. Ein knarzendes Quietschen über ihrem Kopf lässt sie bis ins Mark erschrecken. Sie haben von drinnen ein Fenster geöffnet. Vermutlich, um gegen das Beschlagen der Scheiben im Ruderhaus die Luftzirkulation zu verbessern. Durch den Spalt kann Lea die beiden nun reden hören. Zumindest bekommt sie ein paar Wortfetzen ihrer Unterhaltung mit. In ihrer Nachricht teilt sie Lennart mit, dass sie nicht reden könne, dass ihr Telefon auf stumm gestellt ist, damit die beiden sie nicht bemerken. Er solle auf keinen Fall anrufen. Nur texten. Wenige Sekunden nachdem sie die Nachricht abgeschickt hat, ertönt ein durchdringendes Ping. Obwohl es nun nichts mehr nutzt, presst sie ihr Smartphone gegen die Brust, um die Lautstärke des Tons zu dämpfen. Offensichtlich hat sie in ihrer vorherigen Hektik die Töne nicht aus- sondern angestellt. Gebannt lauscht sie hinauf zum Fenster. Konnten die beiden trotz des rumpelnden Dieselmotors das Signal für die eingegangene Nachricht hören? Erst als sie sicher ist, dass sie sich ganz normal weiter unterhalten wie zuvor und keine Anstalten machen, nach draußen zu kommen, um hinter dem Schiffsaufbau nach dem Rechten zu sehen, liest sie die Nachricht. Nicht Lennart hat ihr etwas getextet, sondern Inga Neumeyer, ihre Sozialbetreuerin aus der Jugend. »Na, was macht die Liebe?«, fragt sie. »Ich selbst bin endlich wieder mal auf Wolke sieben. Melde dich, wenn du Zeit hast. Hoffe, dir geht es so gut wie mir.«

Darauf wird Lea absehbar erst einmal nicht antworten. Doch. Inga ist eine der zentralsten Personen ihres Lebens. Sie soll sich keine Sorgen machen. »Alles gut. Genieß es. Melde mich!«, schreibt sie an ihre vielleicht wichtigste Freundin.

Vorsichtig wechselt sie ihre Position, kniet sich hin, um näher am Fenster zu sein und dem Gespräch der beiden in der Kabine besser folgen zu können. Aufgrund des phasenweise aggressiven Tons, den vor allem Burger immer wieder anschlägt, interpretiert Lea, dass dieses seltsame Paar weit davon entfernt ist, sich in allen Punkten einig zu sein. Während er ganz und gar nichts davon zu halten scheint, im Dunkeln aufs Meer zu fahren, argumentiert die Kirchheimer dagegen. Ihm sei ja wohl klar, dass sie nicht länger haben bleiben können. Wenn er tatsächlich so happy sei, sie nach all den Jahren endlich wiedergefunden zu haben, wie er behauptet, bleibe ihm nichts anderes übrig, als mit ihr gemeinsam unterzutauchen.

»Und wieso müssen wir ausgerechnet bei Nacht übers Meer verschwinden? Wenn es unbedingt noch heute sein musste, hätten wir genauso mit meinem Camper abhauen können.«

»Wer hatte denn die Idee, sich über die Nordsee abzusetzen, weil damit keiner rechnen würde?«

»Aber doch nicht im Dunkeln, verdammt noch mal. Ich kenne mich mit den ganzen Sandbänken hier nicht aus.«

»Halt einfach Kurs auf die offene See. Ich dachte, du kannst Seekarten lesen.«

»Ja, natürlich.«

»Na also. Und wenn ich mich richtig erinnere, hast du selbst behauptet, dass auf der Karte nichts eingezeichnet ist, was uns aufhalten kann.«

Erneut zuckt Lea erschrocken zusammen. Aber wenigstens gibt ihr Telefon diesmal keine Töne von sich, sondern vibriert nur in ihrer Hand. Auf dem Display erscheint Lennarts Nummer. »Lea, alles okay bei dir?«, fragt er leise. Sie presst die kalte Oberfläche des Displays dicht an Ohr und Wange, um bloß kein Geräusch zu den beiden vordringen zu lassen.

»Ja«, flüstert sie. »Die wollen abhauen.«

»Die ›Helgoland‹ braucht etwa eine Stunde, um in deine Nähe zu gelangen. Weißt du welchen Kurs die halten?«

»Einfach erst mal nach draußen, hat sie gesagt«, haucht Lea und hofft, dass er sie trotz der Geräusche des Dieselmotors hören kann. »Lennart, sag bitte nichts mehr. Ich halte das Telefon hoch ans Fenster. Vielleicht kannst du mithören, was die beiden vorhaben. Ich kann nicht reden. Sonst kriegen die mit, dass ich an Bord bin.«

»Okay«, hört sie ihn leise sagen. Sie stellt ihr Smartphone auf Freisprechen und hält es am gestreckten Arm unter den offenen Spalt des Fensters. Mit ein wenig Glück erwähnen sie, wohin die Reise gehen soll. Vielleicht hilft das der Besatzung der ›Helgoland‹, sie zu orten.

»Wenn die mich finden, fahr ich ein. Das ist dir schon irgendwie klar, oder?«, sagt die Kirchheimer. »Die Leiche meiner Schwester wegzuschaffen, ist schließlich kein Verkehrsdelikt.«

»Hörst du dir ab und zu eigentlich selbst mal zu, was du sagst?«

»Ach? Hast du jetzt plötzlich doch ein Problem damit?«

»Fasst dich das denn überhaupt nicht an? Sie war verdammt noch mal deine Zwillingsschwester. Manchmal bist du echt zum Fürchten. So was von kalt.«

»Hör auf. Ich kannte sie doch kaum. Sie ist mir doch

selbst erst vor einem halben Jahr über den Weg gelaufen. Hab auf dem Kiez ein Bier getrunken und da steht 'ne Frau vor mir, die aussieht wie ich.« Sie stößt ein kaltes Lachen hervor. »War echt lustig. Wir hatten zwar beide gewusst, dass es irgendwo eine Zweite geben muss. Hatten aber keine Ahnung, wie die andere heißen könnte oder wo sie aufgewachsen ist. Mir hat es dann nach zweimal Treffen gereicht. Ich konnte mit der Frau wirklich nichts anfangen. Und wenn sie zehnmal meine Schwester gewesen ist.«

»Und weshalb hast du dann dieses verdammte Treffen zwischen mir und ihr in deiner Wohnung arrangiert?«

»Ich fand's einfach witzig. Hättest sie ja wirklich nicht gleich umbringen müssen.«

»Mann, verdammt!«, ruft er aufgebracht. »Wie oft soll ich das denn noch sagen? Sie war nicht tot, verdammte Scheiße. Und außerdem war's Notwehr. Die ist auf mich los wie angestochen.«

Eine Zeit lang herrscht Schweigen. Erneut fragt sich Lea, ob sie entdeckt wurde. Oder ob sie sicherheitshalber aufhören sollte, das Telefon als Abhörgerät in die Luft zu recken. Auch ist die Haltung auf Dauer äußerst unbequem. Ihre Schulter schmerzt. Ihr ist kalt.

»Wenn man's genau nimmt, hast du ja mich erschlagen«, sagt die Kirchheimer.

»Blödsinn.«

Sie antwortet mit einem kehligen Lachen. Lea erinnert sich an dieses Lachen. Als die Kirchheimer noch Iris Becker war, hat sie es sogar gemocht. Es klang so natürlich. Auch jetzt, in diesem Moment. Obwohl sie sich gegenüber diesem Burger zutiefst zynisch geäußert hat, klingt ihr Lachen noch immer angenehm. Lea kann sich nicht erklären, wie die Frau das hinbekommt. Ihre Persönlichkeitsstruktur ist und bleibt ihr unbegreiflich. Oder vielmehr unheimlich.

»Komm, red dich nicht raus. Ich kenne dich. Du dachtest in jenem Moment, sie wäre ich. Schließlich wusstest du noch gar nicht, als du mich in Hamburg besuchen kamst, dass es mich zweimal gibt.«

»Vielleicht hättest du mir sagen können, dass es noch eine zweite Ausgabe gibt? Zum Beispiel, als du mich nach Hamburg eingeladen hast?«, wirft er ihr im Ton eines trotzigen Grundschülers vor. »Stell dir das doch mal anders herum vor: Erst will ich dich nicht kennen, nachdem du mich seit Jahren endlich wieder mal siehst, und dann lade ich dich nach Hause ein. Kaum bist du da, mach ich wieder einen auf: Dich kenn ich doch gar nicht und geh mir bloß vom Leib. Mann! Wie sollte ich das denn kapieren, solange ich nichts von deiner Schwester wusste?«

Wie naiv ist der Kerl eigentlich?, denkt Lea. Kapiert der nicht, dass die Frau ihn eiskalt benutzt hat? Vorhin hat er es ihr doch selbst noch vorgeworfen. Für Lea stellt sich die ganze Angelegenheit so dar, dass Sonja ihren früheren Lover oder was er auch gewesen sein mag, bewusst in diese Situation gebracht hat, weil sie davon ausgehen konnte, dass der Typ ihrer Schwester im Streit was antun würde.

»Immerhin hast du zugeschlagen, obwohl du glaubtest, mich vor dir zu haben. Dabei hat mich die arme Sabrina, als sie mich anrief, nur vor dir warnen wollen. Ihr war sofort klar, dass du sie mit mir verwechselt haben musstest. Da hätte das kleine Schwesterlein wohl ein wenig besser auf sich selbst aufpassen sollen. Nun ist sie tot. Und du hast sie erschlagen. Vor wem muss man sich hier fürchten?«

»Sie war nicht tot. Wie oft soll ich dir das noch sagen?«

Lea nickt. Er hat vollkommen recht. Wie sonst hätte man

in Sabrina Möllers Lunge Alsterwasser finden können? Sie muss noch geatmet haben, als sie untergegangen ist. Lea stellt sich das Ganze inzwischen so vor, dass Burger vor einigen Wochen sicher war, in der Zwillingsschwester die Kirchheimer erkannt zu haben. Als die Möller sich weigerte, mit ihm zu reden, dachte er, seine alte Liebe würde ihn verleugnen. Er hat sie observiert, ist ihr sogar nach Hamburg gefolgt. Oder die Möller hat ihre wiedergefundene Zwillingsschwester vor diesem Mann, der sie von früher gekannt haben muss, gewarnt. Und die Kirchheimer arrangiert das Aufeinandertreffen der beiden in ihrer eigenen Wohnung. Als Überraschung. Und im Streit ist dieses Treffen – ganz im Sinne der Kirchheimer – dann eskaliert.

Unklar ist Lea, weshalb sich die Kirchheimer danach wieder auf diesen Typen eingelassen hat. Wie es aussieht, scheinen die zwei nicht wirklich so richtig zu harmonieren. Offenbar können sie weder miteinander noch ohne einander glücklich sein. Da sie inzwischen längere Zeit schweigen, lässt Lea den Arm sinken, um ihre verspannte Schultermuskulatur, die kurz vor einem Krampf steht, zu entlasten. Sie blickt aufs Display. Ihr Telefon ist aus. Sie hat keine Ahnung, wann die Verbindung zu Lennart abgebrochen ist. Sie versucht erneut, ihn zu erreichen. Kein Signal. Ist sie inzwischen zu weit von der Küste entfernt? Ob man ihr Telefon auch ohne Netz orten kann? Lea hat keine Ahnung. Mit solchen Dingen kennt sie sich nicht aus. Sie weiß nur, dass sie nun endgültig auf sich allein gestellt ist. Noch kann sie das blinkende Feuer des Büsumer Leuchtturms sehen. Sie zählt den Rhythmus. Eins, zwei, drei, an. Eins, zwei, drei, aus. Eins, zwei, drei, an. Ohne zu wissen, wohin die Reise geht, entfernt sie sich im zweimal drei Sekunden Takt von der Küste. Irgendwo vor ihnen liegt

Helgoland. Was könnten die beiden dort wollen? Auf einer Insel der Größe Helgolands würden sie als Fremde auffallen. Nein, das kann nicht ihr Ziel sein. Eins, zwei, drei, an. Eins, zwei, drei, aus. Lea friert. Die Kälte ist ihr längst unter die Kleidung gekrochen. Lennarts Jackett hilft auch nicht mehr. Als könnte sie sich daran wärmen, umklammert sie mit beiden Händen ihr Smartphone. Eins, zwei, drei, an. Eins, zwei, drei, aus. Die beiden da drinnen schweigen einander noch immer an. Lea hebt den Kopf, richtet sich halb auf, versucht, aus spitzem Winkel einen Blick ins Ruderhaus zu werfen. Sie reckt sich höher. Eigentlich müsste sie inzwischen die Köpfe der beiden sehen. Ob sie das Steuer sich selbst überlassen haben und nach unten gegangen sind? Steif gefroren, wie sie sich fühlt, könnte sie bei jeder Bewegung ächzen und stöhnen. Da in der Kabine niemand mehr ist und sie von drinnen nicht gesehen werden kann, richtet sie sich ganz auf und versucht, die Durchblutung des kribbelnden linken Beines wieder in Gang zu setzen.

»Ich fass es nicht! Die Mertens!«, ruft die Kirchheimer. Ehe Lea reagieren kann, greift die Spitzelin in die Innentasche ihrer Outdoor-Jacke und richtet eine Waffe auf sie.

Damit hätte Lea rechnen können: Die Frau hat ihre Dienstwaffe behalten. Lea geht zumindest davon aus, dass es sich um die Polizeiwaffe handelt. Kälte- und schockstarr blickt sie auf den Lauf. Sie hört, wie sich Burger von hinten nähert. Offenbar ist er in entgegengesetzter Richtung um den Schiffsaufbau gegangen, um sie von zwei Seiten in die Zange zu nehmen. Wodurch hat sie sich verraten? Sie hat geglaubt, sich geräuschlos bewegt zu haben. Wenn der Typ sie gleich von hinten packt – mit nichts anderem rechnet Lea in diesem Moment –, könnte sie ihm mit einem kräftigen Hinterkopfstoß das Nasenbein brechen. Auf diese Weise hat sich Lea im Laufe ihres Lebens schon mehrfach erfolgreich zur Wehr gesetzt. Wie würde die Kirchheimer darauf reagieren? Würde sie eiskalt abdrücken und schießen? Nein, ein Kopfstoß macht keinen Sinn. Lea bleibt stehen. Wartet ab, mustert die Kirchheimer. Selbst im schwachen Licht der Lampe des Ruderhäuschens kann Lea die Veränderungen gegenüber früher erkennen. Sie hat sich den leicht punkigen Look ihrer Schwester verpasst. Mit Ohrringen und asymmetrischer Frisur. Sie ist in eine neue Rolle geschlüpft. Nach Leas Einschätzung sicher nur eine vorübergehende Rolle, die sie vermutlich nicht länger aufrechterhalten möchte als unbedingt nötig.

»Das ist doch die, die mir hinterhergeschnüffelt hat. Sag mal und du kennst die etwa auch?«, fragt Burger, sich noch immer in Leas Rücken befindlich.

»Die war in der Aktionsgruppe, die ich betreut habe.«

›Betreut‹. Bei dieser Formulierung kann Lea nur zynisch lachen.

»Was machen wir jetzt mit der?«

Die Kirchheimer scheint in ihren Taschen nach einem weiteren Gegenstand zu suchen. Sie fischt ein paar Handschellen hervor. Stück für Stück komplettiert sie ihre polizeiliche Ausstattung. Was wird sie als Nächstes hervorzaubern? Einen Schlagstock? Pfefferspray?

»Fürs Erste bringst du sie unter Deck.« Sie tritt näher, achtet jedoch darauf, nicht in Leas Reichweite zu geraten. Die Waffe weiter auf Lea richtend, hält sie Burger die Handschellen hin. »Schließ sie unten an einem Rohr fest.«

Lea weiß nicht, wie sie sich bei dieser Bedrohungslage zur Wehr setzen könnte. Während er schon ihr linkes Handgelenk umschließt, fordert die Kirchheimer Lea stumm gestikulierend auf, ihr das Smartphone zu geben. Was bleibt ihr übrig? Sie reicht es ihr. Kaum hat sie es entgegengenommen, schleudert die Kirchheimer Leas Telefon über Bord. Mit der Waffe winkend deutet sie ihrem Partner an, Lea zum Niedergang zu begleiten und sie nach unten zu bringen. Ruppig zerrt er sie an den Handschellen hinter sich her. Die Kirchheimer folgt in sicherem Abstand. Noch ist Lea nirgends fixiert. Selbst wenn sie die Handschellen nur an einem Handgelenk hat, kann sie noch immer beide Hände frei bewegen. Soll sie sich über die Reling stürzen? Und dann? Erfrieren? Ersaufen? Erschossen werden?

»Halt sie fest«, ermahnt die Kirchheimer Burger. »Die Kleine ist fit. Nicht dass sie uns über Bord springt.«

Auf dem Weg zur Treppe ergibt sich für Lea keine Gelegenheit zu irgendeiner Aktion. Burger schiebt sie vor sich her nach unten. Auf halber Höhe hört sie hinter sich einen dumpfen Schlag, gefolgt von einem Ächzen. Unter dem Gewicht des auf sie stürzenden Burger sackt auch Lea auf dem schmutzigen Boden zusammen. Sofort versucht sie, sich von dem über ihr liegenden, offenbar bewusstlosen Mann zu befreien. Hat er sich an der Querstrebe so heftig den Kopf gestoßen, dass er die Besinnung verloren hat? Noch immer versucht Lea seinen Körper von sich zu schieben. Als sie halb unter ihm hervorgekrochen ist, sieht sie über sich mit emotionslosem Gesichtsausdruck ihre Widersacherin stehen. Erst jetzt begreift Lea, dass sich Burger nicht gestoßen hat. Die Kirchheimer hat ihm ihre Waffe von hinten übergezogen.

»Führ die Handschelle hinter dem Rohr durch und schließt euch beide zusammen.«

Lea sieht sich um. Sie zögert. Obwohl ihr sofort klar ist,

was gemeint ist. Wenn sie sich erst einmal mit ihm zusammengeschlossen hat, wie es die Kirchheimer von ihr fordert, hat sie keinerlei Chance, ohne fremde Hilfe wieder loszukommen. »Und dann?«, fragt sie.

»Mach!«

Da Lea ihrem Befehl noch immer nicht folgt, feuert die Kirchheimer einen Schuss in die Holzplanken. Die Frau scheint endgültig wahnsinnig geworden zu sein. Ist ihr auch das eigene Leben vollkommen gleichgültig? Will sie mit Lea und Burger in diesem Kutter untergehen? Mit einem Hauch von Erleichterung stellt Lea fest, dass das Geschoss den harten Planken offenbar nichts anhaben konnte. Eingeschüchtert von der Möglichkeit, dass ein nächster Schuss höchstwahrscheinlich nicht mehr in die Planken geht, robbt Lea seitlich zu jenem Rohr, um das sie die Kette der Handschellen legen soll, um sich an Burger zu ketten. »Das geht nicht«, sagt Lea. Die ums Rohr gelegte freie Schelle reicht nicht bis zum Handgelenk des Bewusstlosen. Die Waffe weiter auf Lea gerichtet, kommt die Kirchheimer ungeduldig die Treppe herunter. Sie packt den am Boden Liegenden grob am Kragen, wuchtet ihn mit einem Ruck näher an Lea heran und versetzt sie damit in die Lage, die zweite Handschelle um sein Handgelenk legen zu können und sie einrasten zu lassen. Wie soll sie hier wieder rauskommen?

»Na bitte, geht doch«, stößt die Kirchheimer knapp hervor. Ohne die beiden Aneinandergefesselten weiter zu beachten, schafft sie in den nächsten Minuten ihre Taschen und Kisten nach oben. Währenddessen hat sie den Diesel gestoppt, sodass der Kutter ungesteuert vor sich hin treibt. Unter Deck kann Lea nur ahnen, was die Frau da oben macht. Aufgrund der Schritte auf den Planken über ihr mutmaßt Lea, dass sie die Sachen ins Meer entsorgt.

Schließlich ist es für geraume Zeit still. Burger, bei dem Lea mittlerweile den Puls gefühlt und erleichtert festgestellt hat, dass sie nicht an einen Toten gekettet ist, regt sich noch immer nicht. Erneut kommt die Kirchheimer unter Deck und trägt nun einen Neoprenanzug. In der einen Hand hält sie die Waffe, in der anderen einen Kuhfuß.

»Was hast du vor?«, fragt Lea und findet es selbst befremdlich, dass sie die Frau aus alter Gewohnheit duzt.

»Keine Sorge, dauert nicht lang.« Sie macht sich an einem Rohr zu schaffen, das in der Bordwand endet und mit einem einfachen Hebelhahn versehen ist. Sie setzt den Kuhfuß an, nach einer Reihe vergeblicher von Fluchen begleiteten Versuche gelingt es ihr zwar nicht, das Rohr aus der Bordwand zu reißen, es aber so zu beschädigen, dass augenblicklich Wasser hereinströmt. Trotzdem scheint die Kirchheimer mit ihrem Werk der Zerstörung nicht zufrieden. Mehrfach schlägt sie weit ausholend mit dem Werkzeug auf das Rohr ein, um das Leck zu vergrößern. Als ihr dies auch nach mehreren Hieben nicht gelingen will, schleudert sie den Kuhfuß in die von Lea entfernteste Ecke, um dann, ohne sich noch einmal umzusehen, nach oben zu verschwinden.

Lea schreit hinter ihr her. Brüllt aus Leibeskräften, dass sie das nicht machen könne. Dass sie Burger und sie hier doch nicht ersaufen lassen könne. Nichts. Keine Antwort. In einem dicken Strahl schießt das Wasser in den Rumpf. Als es anfängt, Burger immer mehr zu umspülen, scheint auch er zumindest unterbewusst mitzubekommen, dass etwas um ihn herum geschieht. Stöhnend hebt er kurz die Hand aus der Pfütze, um sie sofort wieder sinken zu lassen.

Mit zunächst keuchendem Ächzen setzt sich der Dieselmotor wieder in Gang, findet jedoch bald seinen Rhythmus und tuckert in gleichmäßigem Takt vor sich hin. Zwischen zwei ihrer hilflosen Schreie glaubt Lea draußen ein Platschen zu hören. Anscheinend hat die Kirchheimer ihr Kajak zu Wasser gelassen, um selbst nicht unterzugehen. Es scheint von Anfang an ihr Plan gewesen zu sein, damit zurück zum Festland zu paddeln und Burger auf seinem Kutter zurückzulassen. Der Wasserspiegel im Stauraum steigt. Lea beobachtet das Leck. Wenn sie hinübergelangen würde, könnte sie versuchen, es provisorisch zu stopfen. Mit Lennarts Jackett vielleicht. Aber wie bekommt sie die verdammten Handschellen los? Die Filmhelden öffnen diese Dinger meist mit spielender Leichtigkeit. Ob Büroklammer, Haarnadel oder Schlüssel, die Protagonisten tragen die rettenden Utensilien stets bei sich. Der Schlüssel. Sie hat sich vorhin gefragt, in welches Schloss der Schlüssel aus Lennarts Jackett passen könnte? Mit ihrer freien Hand durchsucht sie die Taschen. Sie hat ihn. Jetzt bloß nicht fallen lassen. Noch während sie ihn mit klammen Fingern ins Schloss steckt, schießt Lea die Frage in den Kopf, ob sich alle Handschellen von ein- und demselben Normschlüssel öffnen lassen? Das Wasser steht bereits mehrere Zentimeter hoch. »Er passt!«, ruft sie sich selbst zu, kann kaum fassen, dass sich die Handschellen von ihrem Gelenk lösen lassen. Was soll sie mit Burger machen? Sie kann ihn nicht einfach hier unten liegen und ersaufen lassen, während sie sich nach oben rettet. Sie packt ihn unter den Achseln, schleppt ihn hinüber zu einem alten ramponierten Sessel neben dem Aufgang. Obwohl Burger von kleiner Statur ist, gelingt es ihr nur mit Mühe, den labilen Körper auf das Sitzmöbel zu verfrachten. Er stöhnt, kommt jedoch noch immer nicht zu sich. Sein Kopf pendelt zur Seite, kippt nach vorn. Sie müsste ihn in eine stabile Seitenlage bringen. Dann liefe er zwar nicht mehr Gefahr zu ersticken, würde jedoch bei weiter steigendem Wasserpegel auf dem Boden liegend ertrinken. Sie zieht einen Tisch heran, legt seine Arme darauf und lagert den Kopf in nach vorn gebeugter Haltung. Das müsste gehen. Anders weiß sie sich im Moment nicht zu helfen. Vorsichtig tastet sie seinen Kopf nach Verletzungen ab und fühlt knapp über dem rechten Ohr direkt hinter der Schläfe eine beeindruckend große Beule. Lea geht davon aus, dass der Mann möglichst schnell ärztliche Hilfe braucht. Für den Moment scheint er sich in einer Position zu befinden, die ihn sowohl vor dem Ertrinken als auch dem Ersticken bewahren sollte. Durchaus darauf gefasst, die Kirchheimer doch noch an Deck anzutreffen, steigt Lea mit tastenden Schritten die Treppe hinauf, schiebt den Kopf um den Türpfosten, blickt sich in der Steuerkabine um. Erst als sie sicher ist, dass sich außer ihr und dem bewusstlosen Burger niemand mehr an Bord befindet, tritt sie hinters Steuerrad und versucht sich einen Überblick zu verschaffen, wie sich so ein Kutter manövrieren lässt. Durch die beschlagenen Fenster sucht sie in der Dunkelheit nach markanten Punkten, an denen sie sich orientieren kann. Außer der dunklen Nordsee ist überm Bug jedoch nichts zu erkennen. Sie dreht sich um, macht durch die Heckscheibe ein grünes Leuchtfeuer aus. Wie weit es entfernt ist, weiß sie nicht abzuschätzen. Auch hat sie keine Ahnung, wie lange sie inzwischen hinaus aufs offene Meer gefahren sind. Wie spät mag es inzwischen sein? Ihr Smartphone, von dem sie die Zeit ablesen könnte, liegt auf dem Meeresgrund bei den Krabben.

Intuitiv bedient sie einen Hebel, um Fahrt wegzunehmen, mit beherztem Schwung dreht sie das Steuerrad, versucht ein Gespür dafür zu bekommen, wie der Kutter auf derlei Manöver reagiert. Wenn auch etwas träge, lässt er sich auf die von ihr beabsichtigte Wende ein. Als sie über mehrere Sekunden hinweg das regelmäßig blinkende Licht exakt über der Bugspitze vor sich hat und mit diesem Ziel vor Augen ihre Hoffnung auf Rettung wächst, drückt sie den Hebel an den Anschlag und erhöht die Drehzahl des Dieselmotors. Der Kurswechsel scheint gelungen zu sein. Sie nähert sich der Küste. Es sei denn, das blinkende Licht vor ihr kennzeichnet lediglich einen Gefahrenpunkt auf hoher See? Den Mast eines Windrades vielleicht? Oder es markiert eine Untiefe? Lea verfügt hinsichtlich nautischer Signale über keinerlei Kenntnisse. Umso intensiver starrt sie hinaus in die diffuse Dunkelheit, um sofort reagieren zu können, sobald sie etwas Vertrautes erkennt. Nebelfetzen liegen über dem nachtschwarzen Wasser. Lea hält auch Ausschau nach dem roten Kajak der Kirchheimer. Schließlich führt die Frau, der sie am liebsten nie wieder begegnen möchte, eine Waffe bei sich und würde nach dem, was Lea inzwischen über sie weiß, keinerlei Skrupel haben, jemanden umzubringen und zu beseitigen. Vermutlich hat sie vom Kajak aus deutlich bessere Chancen, den Kutter zu entdecken, als Lea vom Kutter aus den Einsitzer orten kann. Schon allein wegen des verräterischen Geräuschs des Dieselmotors wird die Kirchheimer früher auf sie aufmerksam werden. Nachdem sich Lea aus ihrer Fesselung befreien konnte, will sie die skrupellose Spitzelin jedoch nicht in die Lage versetzen, das Feuer auf sie eröffnen zu können. In der Hoffnung, das Boot doch zu erkennen, ehe sie in Reichweite von Kirchheimers Handfeuerwaffe kommt, starrt sie trotzdem beharrlich nach draußen. Wenigstens ist es im geschlossenen Ruderhaus windgeschützt und längst nicht so kalt wie zuvor an Deck. Minutenlang hält Lea auf das blinkende Licht zu. Ab und an wirft sie einen Blick nach unten, wo der Wasserspiegel weiterhin kontinuierlich steigt. Das Wasser reicht Burger bereits an die Knie. Sie fragt sich, warum sie vorhin nicht versucht hat, das Leck abzudichten. Macht es Sinn, sich jetzt noch darum zu kümmern? Womit könnte sie das Rohr umwickeln? Würde sie die eindringende Wassermenge reduzieren oder sind solche provisorischen Maßnahmen sowieso vollkommen nutzlos? Lea entscheidet sich, oben zu bleiben und Kurs zu halten. Als sie vor sich ein Stück weiter links ein zweites Leuchtsignal ausmachen kann, steigt ihre Hoffnung auf Rettung noch mehr. Das Signal ist heller, kräftiger als jenes direkt vor ihr. Soll sie den Kurs wechseln? Weshalb hat sie das zweite Licht nicht schon früher beachtet? Wurde es erst später eingeschaltet? Unsinn. Vermutlich liegt es an den Nebelschwaden, die in der Ferne nicht als solche zu erkennen sind, den Blick auf das Leuchtfeuer aber trotzdem verschleiern. Schon ist das Blinken wieder verschwunden. Was passiert, wenn der Nebel dichter wird? Wenn Lea auch das bisherige Signal aus den Augen verliert? Wenn sie keinen Punkt mehr hat, an dem sie sich festhalten kann? Sie überfliegt das überschaubare Instrumentenbord, kann als unbedarfte Landratte jedoch keine Anzeige, keine Armatur erkennen, die ihr beim Navigieren helfen könnte. Aber was soll die Angst? Solange sie auf die Küste zuhält, kann nichts schiefgehen. Einfach immer weiter. Geradeaus Kurs halten. Wenn der leck geschlagene Kutter sie nur lange genug über Wasser hält, bis sie Land erreicht. Und falls nicht, kann sie schwimmen. Im September dürfte die Nordsee noch nicht so kalt sein, dass sie allzu schnell unterkühlen wird. Ja, sie wird hier rauskommen. Prompt fühlt Lea eine wärmende Welle durch ihren

Körper strömen, eine Art Glücksgefühl oder gar Euphorie, die sie beflügelt. Sie wird dieser Situation entkommen. Die durch ihre Blutbahn schießenden Hormone lassen sie schmunzeln. Beinahe amüsiert ertappt sie sich dabei, dass sie zuvor in den Kategorien links und rechts gedacht hat. An Bord eines Schiffes – wo es auf See doch backbord und steuerbord heißen muss.

Was ist mit Burger? Sehr lange kann sie ihn nicht mehr dort unten im Sessel sitzen lassen. Sollte sie nicht allmählich versuchen, ihn nach oben zu schaffen? Wenn sie tatsächlich von Bord muss, um zu schwimmen, kann sie ihn nicht einfach seinem Schicksal überlassen. Sie nimmt die Hände vom Steuerrad, beobachtet, ob die ›Sonja‹ auf Kurs bleibt. Es scheint, als würde sie zumindest bei ruhiger See die Richtung halten. Lea geht nach unten, spricht Burger an. Er regt sich, bewegt den Kopf, stöhnt. Die Augen hält er weiter geschlossen. Sie steigt hinab ins Wasser, tritt hinter ihn und packt ihn erneut unter den Armen, um ihn auf der schmalen Treppe nach oben zu ziehen. Die ersten drei, vier Stufen sind kein Problem. Das Wasser hebt einen Teil seines Gewichtes auf. Erst nachdem sie ihn über die Wasserlinie hievt, wird es für Lea harte Arbeit. Sich selbst Stufe um Stufe höher setzend, wuchtet sie ihn in diesem Rhythmus hinter sich her. Ehe sie die letzten beiden Stufen hinter sich bringt, legt sie eine Pause ein. An Deck bringt sie ihn in die stabile Seitenlage. Sie kann es kaum fassen, als aus der Brusttasche seines Hemdes ein Telefon gleitet und über die Decksplanken rutscht. »Yes!«, jubiliert Lea, obwohl sie damit längst noch nicht in Sicherheit ist. Sie richtet sich auf, tritt ins Licht der Kabine, erkennt auf dem Sperrdisplay einen von fünf Signalbalken. Als sie es benutzen will, muss sie sich zusammenreißen, das Telefon nicht in hohem Bogen über Bord zu schleudern. Es ist mit einem Zahlencode gesichert. Und Burger befindet sich nicht in dem Zustand, ihr den Code geben zu können. Notfall! Auch sein Telefon verfügt über die Notfallfunktion. Sie hat den Ziffernblock vor sich, wählt 110. Die Verbindung kommt zustande. Eine Frauenstimme meldet sich von der Notrufzentrale.

»Hallo, hier Lea Mertens. Ich befinde mich vor der Küste auf einem Kutter mit dem Namen ›Sonja‹. Wir haben ein Leck. Ich weiß nicht, wie lange wir noch über Wasser bleiben. Ich halte Kurs auf ein Blinklicht an der Küste.« Die Frau fragt Lea nach Farbe und Rhythmus des Feuers. Sie zählt die Sekunden, gibt sie durch, nennt die Farbe. Die Frau teilt ihr mit fester, ruhiger Stimme mit, sie solle Kurs halten. Sie könne aufgrund ihrer Angaben recht genau einschätzen, wo sich Lea befindet. Die Seenotrettung wäre so gut wie unterwegs.

»Ich habe einen Verletzten an Bord. Er ist bewusstlos. Sonja Kirchheimer hat ihn niedergeschlagen.«

»Sie sind zu dritt?«

»Nein, die Frau ist mit ihrem Kajak geflohen. Einem roten Kajak. Ich nehme an, sie hält ebenfalls auf die Küste zu. Sie ist bewaffnet.«

Lea ist froh, die besonnen wirkende Frau am Telefon und ihre ruhige Stimme im Ohr zu haben. Sie hört, wie sie Maßnahmen einleitet und Leas Meldung an die entsprechenden Stellen weitergibt.

»Wie lange sind Sie schon da draußen?«

»Ich weiß es nicht, ich habe keine Uhr bei mir. Doch, Moment. Das Telefon hat eine Zeitangabe.« Sie nimmt das Telefon vom Ohr, blickt aufs Display, merkt erst jetzt, dass sie heult und hinter ihren Tränen anstelle von Zahlen nur eine verschwommene grüne Fläche erkennen kann. »Ich weiß nicht, wie spät es ist.«

»Es ist 23 Uhr. Wann sind Sie ausgelaufen? Seit wann sind Sie denn unterwegs?«, fragt die Frau erneut ganz ruhig.

»Seit etwa drei Stunden«, sagt Lea und prallt im nächsten Augenblick so heftig vorwärts gegen das Steuerrad, dass es ihr den Atem nimmt. Das Telefon ist ihr entglitten und über die Ablage bis vor ans Fenster gerutscht.

»Hallo? Was ist passiert?«, hört sie die Frau rufen.

Um Luft ringend hält sich Lea auf der rechten Seite eine Handbreit unterhalb der Brust die Rippen. Sie scheint bei diesem seltsamen Ruck gerade eben unliebsamen Kontakt mit dem Steuerrad aufgenommen zu haben. Sie reckt sich nach dem Telefon. »Ich bin mir nicht sicher. Aber ich glaube, wir sind auf Grund gelaufen«, stößt sie ächzend hervor. »Was soll ich machen?«

»Bleiben Sie vor allem ganz ruhig. Wenn die ›Sonja‹ leckgeschlagen ist, konnte Ihnen nichts Besseres passieren, als auf Grund zu laufen. Da liegen Sie erst mal sicher. Und noch eine gute Nachricht: Ich bekomme soeben die Mitteilung, dass die Besatzung des Seenotretters ›Paul Neisse‹ Ihre Position geortet hat. Lassen Sie den Motor niedertourig laufen. Wir haben auflaufendes Wasser, wenn es so weit steigt, dass Sie doch noch einmal von der Sandbank freikommen, halten Sie weiter Kurs auf die Molenfeuer. Wie geht es dem Verletzten?«

»Unverändert.«

»Möchten Sie, dass ich die Verbindung aufrechterhalte?«

»Ja!«

# 14. KAPITEL

Kurz vor Mitternacht sitzt Lea in Decken gehüllt im Überwachungsturm des Eidersperrwerks. Auch der verletzte Burger ist in Sicherheit und befindet sich bereits auf dem Weg ins Krankenhaus. Lea wartet auf Lennart, der sich durch ständigen Kontakt zur Wasserschutzpolizei auf dem Laufenden gehalten hat. Die Tür geht auf. Kaum dass er sie sieht, blickt er zur Decke und presst vor der Brust die Hände gegeneinander, als wolle er einer höheren Kraft danken, Lea wohlauf zu sehen. Sie steht auf, lässt sich von ihm in die Arme schließen. Obwohl sein Kuss, den er ihr aufs Haar drückt, eine durchaus sehr intime Berührung ist, wie sie zwischen ihnen bisher noch nicht vorgekommen ist, stört es sie ganz und gar nicht, dass er ihr auf diese Weise seine Erleichterung und Zuneigung zeigt. Allerdings drückt er sie ein wenig zu fest. Ihre Rippe schmerzt bei der Berührung heftig. »Sorry«, sagt sie leise und rückt von ihm ab, »aber hier tut es mir ein wenig weh.«

Besorgt fragt er nach, was ist, ob sie sich nicht untersuchen lassen möchte. Sie verneint, will nur noch nach Hause. Während sie sich von ihren Rettern verabschiedet und sich bedankt, wird im Eidersperrwerk die Nachricht verbreitet, dass die Besatzung der ›Helgoland‹ die Kirchheimer per Radar geortet und inzwischen aufgegriffen hat. Ohne darüber nachzudenken, hebt Lea triumphierend die Hand, Lennart geht, ohne auch nur eine Sekunde zu zögern, auf diese Siegesgeste ein und klatscht mit ihr ab.

Dass diese Frau nun der Justiz zugeführt werden kann, hat etwas Befreiendes.

Während der Rückfahrt nach Hamburg ist zunächst beiden nicht nach vielen Worten. Lea fragt nach, wie viel Lennart von jenem telefonisch übermittelten Dialog zwischen den beiden mitbekommen hat, ehe die Verbindung abgebrochen ist, und ob er nun ausreichend Material gegen die Kirchheimer zusammenhat, um sie dranzukriegen.

Er vertröstet sie mit einer Einschätzung auf die nächsten Tage. Bei diesem Fall wäre die Sachlage wohl noch immer ungewiss. Und ob diese Frau jemals selbst nachvollziehbar schildern wird, wie jener Abend abgelaufen ist, an dem sie Sabrina Möller in ihr Kajak gesetzt hat, stünde nach seinem Dafürhalten in den Sternen. Dagegen wäre es schon beinahe beruhigend, dass ihr der doppelte Mordversuch an Burger und Lea mit Gewissheit nachgewiesen werden kann. Allein das würde zum Glück ja reichen, um sie ein paar Jahre einfahren zu lassen. Und was ihren früheren Lover angeht, den sie offenbar nur ausnutzte, um unterzutauchen, glaubt Lennart, müsse dieser mit einer Anklage wegen versuchten Totschlags rechnen.

Lea ist erleichtert, dass Lennart das Thema Rüdiger nicht noch einmal anspricht. Sie geht davon aus, dass er ebenso froh ist, nicht mehr in diese Richtung ermitteln zu müssen. Es sei denn, man bräuchte zur Überführung doch noch das Tatwerkzeug, mit dem Sabrina Möller niedergeschlagen wurde. Lea geht davon aus, dass es wohl für immer ein Geheimnis bleiben wird, ob Burger tatsächlich jenen Stein vom Schreibtisch benutzt hat. Vielleicht hatte die Kirchheimer irgendwo noch einen zweiten herumliegen und Burger hat ihn mit aus der Wohnung genommen und beseitigt.

Und weshalb Rüdiger den anderen in die Alster geworfen hat, wird der vermutlich auch nicht verraten. Danach fragen wird sie ihn trotzdem.

»Wer ersetzt mir jetzt eigentlich mein Telefon?«, fragt sie nach einer weiteren einvernehmlichen Schweigephase in die Nacht hinein. Sie löst ihren Blick von der Autobahn und schaut zu ihm hinüber. Lennart blickt sie an, wirkt ob ihrer Frage überrascht. Er grinst, schüttelt den Kopf, blickt zwischendurch wieder nach vorn auf die Straße, schüttelt erneut den Kopf, sieht wieder hinüber zu seiner verblüfften Beifahrerin, die sich fragt, was jetzt an dieser einfachen Frage so komisch war. Lachend schlägt er mit der flachen Hand aufs Lenkrad. Lacht immer mehr, immer befreiter, wischt sich schließlich Tränen aus den Augenwinkeln. »Hach, Lea.«

»Was denn?«, fragt sie verwundert.

»Tut mir leid, vermutlich liegt's am langen Tag.« Als könnte er sein Amüsement damit beenden, schüttelt er noch einmal den Kopf. »Sorry, gleich vorbei. Ich lache nicht über dich. Aber deine Frage – die ist einfach klasse.«

»Und?«

Er reißt sich zusammen, presst die Lippen aufeinander. Allmählich scheint er sich wieder unter Kontrolle zu haben. Mit halbwegs ernster Miene sagt er, ohne den Blick von der Straße zu nehmen: »Wie wär's mit Rüdiger?« Schon prustet er aufs Neue los.

»Na, super.« Ein wenig trotzig verschränkt Lea die Arme vor der Brust. Sein Lachen jedoch ist äußerst ansteckend. Obwohl sie partout nicht einstimmen mag, hat sie Mühe sich zusammenzureißen.

»An zweiter Stelle kannst du dich sicher noch an die Kirchheimer wenden. Die hat es schließlich der See übergeben.« Er nimmt sie einfach nicht ernst. Jedenfalls nicht in diesem Moment.

»Stimmt«, erwidert sie gespielt nüchtern. »Wann meinst du, kann ich sie das fragen? Oder soll ich einfach eine Rechnung schicken?«

Ihre Sachlichkeit scheint ihn zu verblüffen. Er sieht zu ihr herüber.

Im Streulicht eines entgegenkommenden Fahrzeugs nimmt sie seinen perplexen Gesichtsausdruck wahr. »Scherz.«

Endlich prusten sie gemeinsam. Lea fasst sich an die Rippe. So befreiend das Lachen in diesem Moment ist – es tut richtig weh.

Lennart setzt sie zu Hause ab. Ihr Angebot, ihm zum Abschluss noch einen anständigen Espresso zu zelebrieren, lehnt er ab. Er bräuchte seinen Schlaf, wolle fit sein für morgen, um den Fall wenigstens weitgehend abzuschließen. Hoffentlich mit Geständnissen der beiden. Was er vor allen Dingen bei der Kirchheimer jedoch schwer bezweifelt. Aufgekratzt, wie sie sich fühlt, zelebriert sie den Espresso für sich alleine. Auch wenn es kurz vor 3 Uhr ist, braucht sie den jetzt, um herunterzukommen.

Automatisch greift sie nach ihrem Telefon und stellt fest, dass es nicht da ist und sie sich ohne irgendwie nackt fühlt. Wie oft am Tag macht sie es für gewöhnlich wohl an, um Nachrichten, Mails und Neuigkeiten in den sozialen Netzwerken zu checken? Sobald sie sich ein neues gekauft hat, will sie ihren Medienkonsum mal ein wenig näher betrachten. Sie könnte ja noch den Laptop hochfahren und sich wenigstens den Maileingang ansehen? Nein, so dringend ist es nicht. Das hat Zeit bis nach dem Frühstück. Aber auch ein Glas Rotwein kann zum Runterkommen nicht schaden. Ihre innere Unruhe wird sie trotzdem nicht los. Der Drang, vor dem Zubettgehen noch einmal mit der Welt zu kommunizieren, ist größer als der Vorsatz, sich auch mal ausklinken zu wollen. Sie nimmt die Fahrradtasche, in der noch immer ihr Laptop steckt, vom Garderobenhaken, legt ihn auf den Küchentresen und fährt ihn hoch.

27 neue Mails. Mehr als die Hälfte Newsletter, Werbekram und Spam. Rüdiger entschuldigt sich und bittet darum, sie treffen zu dürfen. Sie schüttelt den Kopf. Ein Treffen mit ihm kann sie sich jetzt nicht vorstellen. Jedenfalls nicht in den nächsten Tagen. Nicht weil sie ihn schmoren lassen möchte. Nein. Das ist es nicht. Sie braucht selbst erst mal Distanz. Zugleich hofft sie, dass Lennart die erhofften Geständnisse tatsächlich bekommt und er Rüdiger nicht mehr befragen muss. Ihr selbst reicht es auch, wenn sie ihn in zwei, drei Wochen danach fragt, was er sich bei der Aktion mit dem Stein gedacht hat. Ricardo fragt, ob sie nicht mehr ans Telefon gehe und ob sie wegen seines knappen Tons am Nachmittag sauer sei. Er bestätigt jedoch alle getroffenen Terminabsprachen. Ihre Freundin Inga berichtet in einer kurzen aber euphorischen Mail von ihrer neuen Liebe und dass sie ein Städtereise nach Hamburg mit ihm plane. Sobald sie den Termin wisse, würde sie sich melden.

Auch Phil fragt per Mail nach, weshalb er sie nicht erreiche. Er habe ihr schon mehrmals auf die Box gesprochen, weil er unbedingt mit ihr reden müsse.

Was auch immer das bedeuten mag – Lea braucht dringend ein neues Telefon.

# ES DARF GEKOCHT WERDEN – REZEPTE AUS ALSTERWASSER:

Laugengebäck
Matjes-Rote-Beete-Salat
Sauerkraut Lasagne
Pasta all'arrabbiata
Trüffel mit Tagliatelle
Gegrillte mit Schafskäse gefüllte Spitzpaprika mit Hörnchenkartoffeln

## LAUGENSTANGEN, -BRÖTCHEN, -KNOTEN, -BREZELN

*Zutaten für 8 bis 12 Teilchen:*

500 g Mehl
250 ml lauwarme Milch (oder 200 ml Milch und 50 ml Wasser)
1 Würfel Hefe oder 1 Päckchen Trockenhefe
50 g Butter
1 Prise Salz

ggf. 50 ml zusätzliche Milch, um Teig geschmeidiger zu kneten

Natron aus der Apotheke oder der Backzutaten-Abteilung

Hefeteig herstellen, gehen lassen, Stangen, Brötchen, Brezeln oder mit daumendicken Teigrollen kleine Knoten formen und auf einem Brett zwischenlagern.

Natronlauge herstellen:

2 gehäufte EL auf 1 Liter Wasser in flachem Topf oder Pfanne aufkochen.

Abhängig von der Topfgröße jeweils 3 bis 5 Teilchen (Brezeln/Knoten/Brötchen) ca. 60 Sekunden in die heiße (knapp unterm Siedepunkt!) Lauge geben. Auf das gefettete (und hauchdünn gemehlte) Backblech geben. Backpapier ist die fett- und mehllose Alternative. Etwa 30 bis 40 Minuten an zugluftgeschütztem Ort gehen lassen.

Bei ca. 180° Umluft 15 bis 20 Minuten lang backen, bis die typische Laugenbräune erreicht ist.

# MATJES-ROTE-BEETE-SALAT

# (KLEINE VORSPEISE 6-8 PERSONEN)

4 Matjes-Hälften
300 g Kartoffeln (festkochend)
200 g Rote Beete (ggf. gegarte/ eingeschweißte Ware)
2 Gewürzgurken
1 Zwiebel
1 bis 2 TL Meerrettich (als Variante Wasabi-Paste)
Saft einer halben Zitrone
Zucker nach Geschmack
je 2 bis 3 EL Olivenöl und klaren Essig
Salz und Pfeffer
Nach Geschmack auch einen Hauch von fein gehacktem Knoblauch.

Ob Meerrettich oder Wasabi, zu beiden Varianten passt zum Abschmecken auch Kurkuma.

Kartoffeln kochen und ebenso in 1 cm Würfel schneiden wie die Rote Beete. Matjes-Filets quer in ca. 1 cm breite Streifen schneiden. Gewürzgurken und Zwiebel fein würfeln. Alle Zutaten vermengen und möglichst 4 bis 6 Stunden im Kühlschrank ziehen lassen. Eine Stunde vor dem Essen aus dem Kühlschrank nehmen und an Zimmertemperatur annähern.

## SAUERKRAUT-LASAGNE

## (VIER PERSONEN)

*Nudelteig:*

entweder fertige Lasagne-Platten verwenden oder den Teig einfach selbst zubereiten:

250 g Hartweizengrieß
250 g Weizenmehl
250 ml Wasser

Von Hand bzw. mit der Küchenmaschine Teig kneten, bis er sich geschmeidig anfühlt, und ruhen lassen.

*Füllung:*

3 bis 4 Zwiebeln
400 g Sauerkraut
30 g Butter
1/2 TL Kümmel gemörsert
1/2 bis ganze Muskatnuss
1-2 Lorbeerblätter
1 bis 2 EL Honig
1 EL mittelscharfer Senf
Salz, Pfeffer, Curry, Curcuma
250 ml naturtrüben Apfelsaft (wer eine alkoholische Note bevorzugt, kann den Apfelsaft teilweise oder ganz mit Portwein, Sherry oder Weißwein ersetzen)
150 ml Schlagsahne

150 ml Gemüsebrühe
1 geh. EL Mehl
1/2 TL getrockneter Majoran oder 2-3 Stängel frischer Majoran

Zwiebeln in feine Ringe schneiden und in Butter bräunen. Das abgetropfte Sauerkraut zugeben und ebenfalls bei Mittelhitze bräunen. Kümmel (gemörsert), Lorbeer und Honig zugeben, salzen, Saft (bzw. Alkohol) zufügen und einkochen, bis Flüssigkeit verdampft ist. Den aufgefangenen Saft des Sauerkrauts zugießen und eindampfen lassen. Mehl mit Sahne und kalter Brühe verquirlen, zum Kraut gießen und 2 Minuten kochen. Vom Stängel gezupften bzw. getrockneten Majoran unterrühren, mit Salz, Pfeffer und Zucker abschmecken.

Tomate in dünne Scheiben schneiden, Käse hobeln, Auflaufform buttern. Nudelteig in drei gleichgroße Portionen teilen. Den ersten Ballen der Größe der Auflaufform entsprechend ausrollen und in die gebutterte Form legen (oder Lasagne-Platten verwenden). Erste Sauerkrautschicht darauf verteilen, mit geriebenem Käse bestreuen. Zweimal in gleicher Weise fortfahren. Die letzte Krautschicht mit Tomatenscheiben belegen und abschließend (nicht zu dick) mit Käse bestreuen.

Im vorgeheizten Backofen bei 180 bis 200 Grad Umluft auf Mittelschiene ca. 30 Minuten backen. Vor dem Servieren ein paar Minuten ruhen lassen.

## MANGO-CHILI-JOGURT-SORBET

1 Mango groß und reif
250 g Joghurt
1 bis 2 Zentimeter Ingwer gerieben
3 EL brauner Zucker (wer's mag, ersatzweise 3 EL Rübenkraut)
250 ml Sahne
50 ml Limetten- oder Zitronensaft
ggf. 1 rote Chilischote

Sahne schlagen und kalt stellen. Mango schälen, Fruchtfleisch würfeln, Ingwer und 1/2 Chili (entkernt!) fein raspeln bzw. hacken. Alle Zutaten fein pürieren und unter die Sahne heben. Wer eine Eismaschine hat, kann die Masse auch darin weiter verarbeiten. Ohne Eismaschine die Masse 3 bis 4 Stunden in einer Schüssel ins Gefrierfach geben und ca. alle 30 Minuten mit dem Schneebesen durchrühren. In Dessertschalen portionieren und mit 2 bis 3 hauchdünnen Ringen der restlichen Chilischote garnieren.

## PASTA ALL' ARRABBIATA

500 g Pasta (häufig wird Penne verwendet, Lea bevorzugt Spaghetti, Tagliatelle oder Lasagnette)
2 EL Olivenöl
1 Zwiebel
1 dicke Knoblauchzehe
1 Dose Tomaten (gestückelt)
1 EL Tomatenmark
Sambal Oelek nach Geschmack
Salz, Pfeffer
2 EL getrocknete Tomaten oder in Öl eingelegte Trockentomaten
frischer oder getrockneter Oregano
2-3 EL Kapern
2-3 EL schwarze Oliven
frische Basilikum-Blätter
Parmesan

Zwiebel hacken, in Olivenöl leicht bräunen, mit den Dosentomaten ablöschen. Gehackten Knoblauch, die gehackten Trockentomaten und Sambal Oelek nach individuellem Schärfeempfinden zugeben, auf kleiner Flamme reduzieren. Ggf. noch Flüssigkeit (Rotwein oder Wasser) nachgießen. Die entkernten schwarzen Oliven grob hacken und mit den Kapern in die leicht köchelnde Soße geben. Ganz zum Schluss frisch gezupften Basilikum darüber streuen, Pasta (al dente) abgießen und untermischen. Mit geriebenem Parmesan servieren.

## TRÜFFELPASTA-TASCHEN

## (RAVIOLI ODER GIRASOLI)

*Nudelteig nach demselben Rezept wie für Lasagne*

250 g Hartweizengrieß
250 g Weizenmehl
250 ml Wasser

Von Hand bzw. mit der Küchenmaschine Teig kneten, bis er sich geschmeidig anfühlt und ruhen lassen.

*Füllung:*

150 g Ricotta
1 hohle Hand Petersilie
2 hohle Hände Basilikum
3-5 dünne Scheiben Trüffel
1 Tl. Trüffelöl oder Olivenöl
1 Prise Salz
Pfeffer nach Gusto
Zutaten zu geschmeidiger Paste vermengen

Eigelb zum Bestreichen der Pastaränder
Parmesan zum Servieren

Teig ca. 0,6 mm dick ausrollen, runde Scheiben (Ø ca. 6 cm) ausstechen (wer nichts Passendes zum Ausstechen hat oder es ohnehin lieber eckig mag, kann auch Quadrate schneiden). Mit zwei Teelöffeln aus der Füllung kleine Bällchen formen und mittig auf die eine Hälfte der Teigscheiben legen. Die andere Hälfte der Teigscheiben an den Rändern mit Eigelb bepinseln, auf die mit Füllung belegten Scheiben legen und an den Rändern zusammendrücken. Ergibt ca. 20 bis 25 Stück.

Bis das Nudelwasser (mit Salz!) zum Kochen gebracht ist und die Teigtaschen auf kleiner Flamme etwa 10 Minuten vorsichtig simmern, kann nebenher die Soße zubereitet werden.

*Soße:*

1 Schalotte

1 Knoblauchzehe (nur wer will)

1 hohle Hand Basilikum (nach Geschmack – abschließend gehackt darüber streuen)

200 ml Sahne

3-5 Scheiben Trüffel

nach Geschmack Abrieb und/oder Saft einer halben Limette

Muskat oder Kurkuma können je nach Gusto verwendet werden

Sahne, das restliche Eigelb vom Bestreichen, das übrige Eiweiß (ggf. auch übrig gebliebene Füllmasse) mit Schneebesen oder Gabel verquirlen. Schalotten und Knoblauch sehr fein würfeln, in Olivenöl gelb andünsten, mit verquirlter Flüssigkeit ablöschen und kurz aufkochen lassen. Fertig.

Mit geriebenem Parmesan servieren

## GEFÜLLTE SPITZPAPRIKA & HÖRNCHEN-KARTOFFELN (ODER GEMÜSE NACH WAHL)

*Zutaten pro Person:*

1 Spitzpaprika
ca. 70 g Schafskäse
1 Karotte
1 mittelgroße Zwiebel
5-10 cm Lauch
1 kleine Knoblauchzehe
4 kleine Hörnchen-Kartoffeln
1 Tomate
2 Champignons (oder andere Pilze nach Wahl)
Rosmarin (oder andere Kräuter nach persönlichem Geschmack)
... auch Zucchini und Auberginen und weiteres Gemüse nach Wahl und Geschmack sind möglich

Von der Spitzpaprika Ansatz entfernen und, ohne die Frucht zu zerstören, die Kerne herausnehmen. Zunächst fein gehackten Knoblauch in die Paprika geben, dann mit Schafskäse füllen. Um später das Auslaufen des erhitzen Schafskäses zu verhindern, die Paprika mit einem aus einem Pilz oder einer Tomate zurechtgeschnittenen »Korken« verschließen.

Kartoffeln kochen, bis sie noch einen leichten Kern haben. Schälen, längs halbieren. Alle anderen Zutaten in ca. fingerdicke Scheiben/Stücke schneiden. Karotten und

Lauch können auch längs in Fächer geschnitten werden (das Auge isst mit!).

Als Erstes die gefüllten Spitzpaprika, die Zwiebeln und die Karotten in die Grillpfanne geben und scharf anbraten. Später die schnell garenden Gemüsesorten und die vorgekochten Kartoffelhälften hinzugeben. Zuletzt noch den Pilzen und den Tomaten einen »Grillkick« mitgeben. Abschließend mit Pfeffer, grobem Salz würzen, hübsch anrichten und servieren.

**WERNER FÄRBER**
Baumkiller

978-3-8392-1756-6 (Paperback)
978-3-8392-4775-4 (pdf)
978-3-8392-4774-7 (epub)

## »Die Umwelt-Aktivistin Lea Mertens ermittelt – auch gegen ihren Ex-Freund!«

Nach Monaten der Funkstille meldet sich Yannick, Leas Ex, plötzlich wieder bei ihr. Einer seiner Partner wurde auf dem Altonaer Hauptfriedhof erhängt in einem Baum gefunden. Zunächst deutet alles auf Selbstmord hin. Doch bald beginnt Lea zu bezweifeln, dass der Tod des Landschaftsgärtners selbst gewählt war. Als Yannick sie dann auch noch in ein falsches Alibi verwickelt, beginnt sie sich zu fragen: »Hat Yannik etwas mit Hannos Tod zu tun?«

**SANDRA DÜNSCHEDE**
Friesenmilch

978-3-8392-1834-1 (Paperback)
978-3-8392-4925-3 (pdf)
978-3-8392-4924-6 (epub)

»Wie das Land, so die Morde – Kommissar Thamsen und seine Freunde ermitteln erneut in einem brisanten Fall an der rauen Nordseeküste.«

Eine Putzfrau findet Dr. Scholz tot in seiner Praxis. Schnell ist die Todesursache geklärt: ein vergifteter Joghurt der ortsansässigen Meierei in Niebüll. Bei seinen Ermittlungen erfährt Kommissar Thamsen, dass die Molkerei erpresst wird. Doch wer steckt hinter den Drohungen und dem Giftanschlag? Der Sohn des Meiereibesitzers und einige Mitglieder einer Aktivistengruppe geraten ins Visier der Polizei. Doch keiner der Ermittlungsansätze führt zur Lösung des Falls und der Druck wächst rasant, als es ein weiteres Opfer gibt.

**REINHARD PELTE**
Inselgötter

978-3-8392-1840-2 (Paperback)
978-3-8392-4937-6 (pdf)
978-3-8392-4936-9 (epub)

»Tomas Jung und Charlotte Bakkens ermitteln in einem weiteren Nordfriesland-Krimi.«

Vier Menschen sind spurlos verschwunden. Alle wollten sie nach Sylt, auf die Insel der Schönen und Reichen. Alle telefonierten von Niebüll aus das letzte Mal mit ihren Angehörigen. Kriminalrat Tomas Jung und Charlotte Bakkens machen sich auf die Suche. Von Anfang an wird ihre Arbeit von höchster Stelle aufmerksam verfolgt. Sie fühlen sich kontrolliert. Wer hat ein gesteigertes Interesse an der Aufklärung der verworrenen Geschehnisse? Bis zum Schluss werden die Fragen immer drängender und die Antworten scheinen in immer weitere Ferne zu rücken.

GMEINER SPANNUNG

WWW.GMEINER-VERLAG.DE
*Wir machen's spannend*